4차원
셀프
리더십

4차원 셀프 리더십

지은이 • 임동기
펴낸이 • 채주희
펴낸곳 • 해피&북스
등록 • 제10-1562호
주소 • 서울시 마포구 합정동 433-62
E-mail • elman1985@hanmail.net
전화 • 02-323-4060
팩스 • 02-323-6416
2007년 6월 30일 초판 1쇄

값 12,000원

* 잘못된 책은 구입하신 서점에서 바꿔 드립니다.
  무단복제를 금합니다.

이순신
링컨
다윗
예수 에게서 배우는 **인생의 성공 원칙**

4차원
셀프
리더십

임동기 지음

해피&북스

차 례 •••

리더십의 중심(中心) ● 7

큰 리더는 꿈으로 영혼을 감동시킨다 **링컨** ● 13

목적이 이끄는 리더 **이순신** ● 33

나를 고용한 사람은 바로 나 자신이다 **다윗** ● 63

참된 리더십은 즐거움이다 **예수** ● 87

최고의 리더십만이 살아남는다 ● 111

먼저 2인자의 리더십을 배워라 ● 127

원칙 중심의 셀프 리더십 실천 ● 137

무엇이든 먼저 준비하라 ● 151

사소한 것도 철저한 리더십 ● 163

희생의 리더십 ● 197

섬기는 리더십 ● 273

셀프 리더십의 근간은 건강 ● 289

실패는 선택이 아니다 ● 301

에필로그 ● 312

리더십의 중심(中心)

 훌륭한 사람, 뛰어난 사람, 멋있는 사람, 위대한 사람, 존경받고 본받을 만한 사람, 영향력 있는 사람 등 사람은 누구나 이런 사람이 되고자 한다. 그래서 이런 사람이 되는 길을 제시한 책들이 끊임없이 출간된다. 하지만 '4차원적'이고 '하늘이 준' 방법으로 세상 속에서 훌륭한 사람이 되는 길을 제시해주는 책은 그리 많지 않다. 4차원의 리더십, 신적인 인간학을 다루면서 성공의 여정을 걷도록 해주는 책이 아쉬운 것은 필자만의 고민일까?

 한 기업이 '고객 감동'이라는 문구를 내걸고 홍보 전략을 펼친 이후 사회 각 분야에서 다 이 문구를 쓰고 있다. 고객을 감동시키는 것이 가장 효과적인 사업전략이라는 뜻이다. 이는 사업에서만 적용되는 게 아니다. 인간관계의 모든 영역에서 감동이야말로 최상의 가치로 인정받고 있다. 특히 리더십 분야에서는 갈수록 '감동적인 리더'

에 대한 관심이 높아가고 있다.

성공지향적인 현대인들에게 '리더', 혹은 '지도자'는 매혹적인 단어이다. 그래서인지 너도나도 이런 단어로 치장하기에 바쁘다. 그런데 그들에게 그런 치장이 합당한가에 대해선 의심스러운 일이 많다. 특히 사회 모든 분야가 다양화·양극화로 치닫는 요즘과 같은 시대에 '리더'와 '리더십'으로부터 발생하는 문제는 점점 심각해지고 있다.

미국 제16대 대통령 에이브러햄 링컨 사망후 100년 되던 해에 미국 신문편집인협회가 역사상 가장 존경받는 인물을 뽑았을 때, 그는 예수 다음으로 많은 표를 얻어 민족의 영웅이 되었다. 링컨은 왜 그렇게도 국민의 존경을 받는 것일까? 한마디로 국민을 속이지 않은 정직·성실한 인간으로서 믿음이 가는 지도자였기 때문이다.

그러나 한국의 역대 대통령이나 일부 정치 지도자들은 정직하지도 성실하지도 않았다. 집권 3년 반을 맞은 '국민의 정부'도 국민을 우롱하는 일이 비일비재하며, 관련 당사자들은 조금도 부끄러운 줄 모르고 있다. 고급 옷 상납 사건, 정치인의 병무 비리, 군 고위직의 백두사업 비리, 경부고속철도사업 수주 비리, 국무총리의 재산 은닉 및 탈세, 인위적인 정계 개편 및 공동정권 만들기…. 그 어느 하나도 부끄럽지 않은 것이 없건만 단 한 가지도 적나라하게 사건 경위나 전개 과정은 밝혀지지 않은 채 베일에 가려져 있다. 이 현상과 진실에 관련한 당국의 보도가 왜곡·편중·굴절되고 있음을 모두가 안다.

그 정확한 내막이 속 시원하게 매스컴에 보도되지 않으니, 국민의 알 권리는 봉쇄되고, 유언비어가 확대 재생산됨으로써 불신은 증폭된다. 남북정상회담 추진과정도 불투명, 불합리투성이다.

리더십을 〈고린도전서〉 12장에 나오는 '아홉 가지 은사'와 연관해 풀어보면 성경이 말하고자 하는 가치가 4차원적임을 알 수 있다. 그래서 먼저 '예수를 모델'로 리더십을 풀어갈 방법을 찾았다. 그리고 다시 이와 비슷한 두 사람을 대비해서 리더십을 살펴보았다. 그가 바로 구약의 명장 다윗이고 우리나라의 성웅 이순신이다.

이들 리더십의 공통점은 먼저 자신을 낮추고 준비한 '셀프 리더십'이라는 것이다. 남을 다스리기 전에 자신에게 엄격하고 자신을 먼저 통제하는 리더십, 이것이 우리가 찾아야 할 리더십의 표본이다. 급변하는 정보화 시대에서 흔하게 강조되는 지성적인 리더, 제왕적인 리더십보다는 섬김을 바탕에 깔고 사람의 가슴을 따뜻하게 데워줄 수 있는 감동적인 리더야말로 진정한 리더임을 강조하고 싶다. 셀프 리더십의 준비는 비전이다. 내가 어떠한 사람으로 역사에 남겠다는 분명한 비전이 자신을 더욱 엄격하게 하고 다듬을 수 있게 한다.

비전은 단순히 생각만 하는 것이 아니다. '관심', '습관', '사전 준비', '전략과 실천' 등 관계되는 작은 실행들을 통해 구체화 되고 완성되는 것이다.

어떤 개발자가 있었다. 그는 그 기술의 특허를 받았고, 특허 덕에 창업자금도 지원받았다. 그런데 회사는 부도가 나고 말았다. 사람들이 따라주지 않았고 경영에 실패한 것이다. 어떤 리더십이기에 이런 일이 벌어지며 어떤 리더십을 갖추어야 이런 일을 막을 수 있을까?

이 모든 게 마음의 일이다. 리더가 되고자 하는 사람이 자신의 마음을 잃게 되었을 때 좌절하거나 실패하고 자신의 마음을 붙들지 않으면 원하는 열매를 딸 수 없다. 셀프 리더십의 중요성을 깨닫게 하는 대목이다. 실제로 오늘날 각종 리더 양성 프로그램이 넘쳐나고 있다. 정보와 기술을 습득하면 성공할 수 있다고 자신하는 세미나와 책들이 넘쳐난다. 실패하는 대부분의 사람은 이처럼 '…하는 법'에선 뛰어났을지 모르지만 정작 중요한 자신의 마음을 잃어버렸기 때문에 어려움을 겪은 것이다. 세상에서 얻을 수 있는 리더십의 통찰력과 전문지식을 다 얻는다 해도 마음의 병이나 마음의 실패를 이길 수는 없다.

리더십을 갖추려면 초심으로 돌아가야 한다. 하늘이 인간에게 준 가장 중요한 본심, 즉 인간의 마음에서 하시는 일에 다시 관심을 갖고 그 일을 살펴야 한다. 리더십은 남을 이끄는 기술이 아니라 먼저 자신의 '마음 빚기'를 통한 자기 통제의 능력, 즉 셀프 리더십이 필요하다는 말이다.

한민족의 성웅(聖雄) 이순신, 7000년 역사의 이스라엘 민족의 성웅(聖雄) 다윗, 그리고 22억 인구의 리더 예수, 그들에게서 공통으로 발견되는 리더십은 무엇일까? 시대가 가고 역사가 흐르고 가치관이 바뀌어도 변하지 않는 리더십이 있다면 그 중심(中心)의 공통점이 있을 것이다. 나는 그것을 파고들려 한다. 이순신과 다윗은 무장(武

將)이라는 공통점이 있다. 이들과 예수는 그 시대의 다른 리더들과는 다른 자기만의 리더십을 발휘했다는 공통점이 존재한다. 본서는 이러한 공통점을 찾아내려 한다.

나는 이들의 리더십을 '4차원 셀프 리더십' 이라 부르고 싶다. '거룩한 리더십' 이라는 말이다.

급격한 변화의 시대에 하루하루 힘겨운 삶을 사는 젊은 리더들이 4차원 셀프 리더십을 배워 든든한 삶의 기초 석을 다지도록 하고 싶다. 이 책은 이러한 거룩한 리더십으로 무장되기를 원하는 사람들을 위한 안내서이다. 나의 작은 깨달음과 지혜가 많은 분에게 등불이 되기를 바란다.

2007년 봄을 보내며 저자 배상

**꿈을 크게 가져라
오직 큰 꿈만이 영혼을 감동시킬 수 있다**

아우렐리우스

절대적인 성공을 보장한다고 했을 때 당신이 하려고 하는 일을
구체적으로 적어 목록을 만들어 봅니다.
그리고 나서 한 가지 행동을 정해 오늘부터 실천에 옮겨봅니다.

큰 리더는 꿈으로 영혼을 감동시킨다

링컨

큰 리더는 큰 꿈을 가진 자이다

첫째, 리더십이 중요한 이유는 하늘이 시대를 바꿀 때 지도자를 찾으시기 때문이다. 하늘은 사람을 통하여 그것도 특히 지도자를 통하여 일하신다. 성경 〈에스겔〉 22장 30절에 "이 땅을 위하여 성을 쌓으며 성 무너진 데를 나아가 막아섰을 때 나로 멸하지 못하게 할 사람을 내가 그 가운데서 찾다가 얻지 못한 고로"라고 말씀하였다. 이 말씀은 지도자는 중보자라는 것이다. 하늘과 사람 사이를 연결해주고 책임져 주는 사명이 있다. 중보자가 있으면 하늘의 은혜를 사람에게 전달하고, 사람의 문제를 하나님께 호소할 수 있다.

지도자는 "파멸을 막는 자"이다. 사탄의 공격을 막아주고, 하나님께서 허락하신 멸망을 취소시키는 힘이 있다. "나로 멸하지 못하게 할 사람"이라고 했다. 즉 훌륭한 지도자가 있으면 하나님의 심판도, 혹은 심판하실 하나님의 의도도 바꿀 수 있다. 그 대표적인 경우가 모세이다. 하나님 앞에 죄를 지은 이스라엘 백성에게 진노의 심판이 예정되어 있었으나 그때마다 이스라엘 지도자 모세는 하나님 앞에 나아가 자비를 구했고, 그 결과 심판을 경감받거나 면제받았다.

〈예레미야〉 5장 1절도 하나님이 지도자를 찾으신다는 것을 암시하는 말씀이다. "너희는 예루살렘 거리로 빨리 왕래하여 그 넓은 거리에서 찾아보고 알라. 너희가 만일 공의를 향하며 진리를 구하는 자를 한 사람이라도 찾으면 내가 이 성을 사하리라."

나아가 지도자는 공의와 진리가 확실한 자여야 한다. 현대 지도자학에서도 리더십의 3대 요소를 지식(knowledge), 능력(power), 도덕성(trust)으로 주장하고 있다. 확실한 지도자 한 사람만 있어도 도시 전체가 구원받을 수 있다는 것이다.

리더십이 중요한 두 번째 이유는 사람들이 지도자를 찾기 때문이다. 모든 사람이 다 지도자가 되기를 원하는 것은 아니다. 많은 사람이 지도자가 되기보다는 지도자를 따라가기 원한다. 즉 지도자보다는 추종자가 되기를 소원하는 것이다. 수많은 추종자는 참된 지도자가 나타나기를 갈구한다. 사람들이 지도자를 추종하는 이유는 각양각색이겠지만 공통적인 것은 자신을 위하여 지도자를 원한다는 것이다.

조지 리델(Georage Liddell)은 지도자를 갈구하는 사람들의 마음을 다음과 같은 기도문에 담아 표현했다.

"내게 하나님의 사람을 주소서, 한 사람을. 그의 믿음이 그의 마음을 지배하는 사람을 주소서. 그러면 나는 모든 오류를 바로잡고, 그리고 인류의 이름을 축복하겠나이다. 내게 하나님의 사람을 주소서, 한 사람을. 그의 혀가 하늘의 불에 접촉된 사람을 주소서. 그러면 나는 가장 어두운 밤을 밝혀 높은 결식과 깨끗한 열망을 지닌 마음들이 되게 하겠나이다. 내게 하나님의 사람을 주조서, 한 사람을. 주님의 능력이 있는 한 선지자를 내게 주소서. 그러면 나는 칼이 아닌 기도로 이 땅에 평화를 가져오겠나이다. 내게 하나님의 사람을 주소서, 한 사람을. 그가 보는 환상에 성실한 사람을 내게 주소서. 그러면 나는 무너진 당신의 성소를 재건하고 그 앞에 민족이 무릎 꿇게 하겠나이다."

리더십이 중요한 세 번째 이유는 시대적인 위기가 지도자를 찾고 있기 때문이다. 기업이 무너지려고 할 때, 교회가 위기를 당할 때, 국가가 뿌리째 흔들릴 때 사람들이 가장 갈망하는 것이 그러한 위기를 극복할 지도자이다. 가장 큰 문제는 문제 자체가 아니라 그 문제를 해결할 수 없다는 사실이다. 그래서 철학자 칼 야스퍼스는 '사회의 문제는 곧 리더십 부재의 문제'라고 했고, '리더십의 공황이 가장 큰 사회적 위기'라고 진단했다.

J. M. 번즈(Burns)도 "오늘 우리 시대에 있어서 보편적인 최고의 열망은 강력한 창조적 리더십에 대한 열망이다."라고 했다. 위기일수록 현상유지를 추구하는 관리자보다 새로운 도전과 개혁을 추구하는 지도자가 더 필요하다. "난세가 영웅을 만든다."라는 말이 바

로 이러한 위기관리로서의 리더십 개념에서 비롯되었다고 할 수 있다. '지도자의 의사결정에 의하여 투자가 될 수도 있고 낭비가 될 수도 있다' 라고 리더십 학자인 헨리 민쯔버그(Henry Minstzberg)가 말한 바 있다.

리더십이 중요한 네 번째 이유는 어떤 종류의 조직이든지 그 조직의 성장에는 리더십이 필수적이기 때문이다. 조직은 개인의 집합체이다. 각 개인의 성장은 조직의 성장에 영향을 미친다. 그런데 조직의 성장에 가장 결정적으로 영향을 미치는 존재가 바로 지도자이다.

그런 점에서 조직성장은 개인성장의 결과요 열매이다. 리더십이 없는 조직은 이미 조직으로서의 가치를 상실한 것이다. 조직의 사명은 조직의 존재 목적을 이루는 것인데, 그 목적의식은 탁월한 리더십에서 출발한다.

「영적 리더십」의 저자로 잘 알려진 오스왈드 샌더스(J. Oswald Sanders)는 교회의 초자연적인 속성을 책임지는 리더십의 필요성에 대해서 이렇게 말했다. "종교단체든 교회든 초자연적인 특성은 보통 인간의 수준을 초월하는 리더십을 요구하게 마련이다. 자라나는 세대에 대한 의무를 이행하기 위해서 권위 있고 영적이며, 희생적인 리더십을 최우선적으로 필요로 하고 있다."

지도자란 '현상유지 정신(maintenance mentality)' 이 아니라 '성장형 정신(growth mentality)' 을 가진 자이다. "여기가 좋사오니"라는 안전지대 콤플렉스를 거부하고 새로운 세계를 향하여 과감하게 도전하는 리더십이 있을 때 그 조직이 성장할 수 있는 것이다. 리더십이 없으면 어떠한 조직도 무력해지고 와해된다. 뿐만 아니라 그 조직의 유능한 구성원들조차도 "침묵하는 다수"로 전락하고 마는 것이다. 리더십은 항상 조직을 위해 섬기는 위치에 있어야 한다. 조직이 리더십을 위해 있는 것이 아니라 리더십이 조직을 위해 존재한다는 것, 이것이야말로 오늘날 모든 조직이 원하는 리더십 정신이다.

오직 큰 꿈만이 영혼을 감동시킬 수 있다

리더십이 중요한 또 다른 이유는 리더십이 현실의 극복뿐만 아니라 미래의 새로운 창조를 위해서 필수적이기 때문이다. 지도자는 과거와 현재가 아닌 미래를 위해 존재한다. 과거는 전통(tradition)이 다스리고, 현재는 관리(management)가 다스리지만, 미래는 리더십(leadership)이 다스린다. 그런 점에서 리더십이 없으면 미래가 없다고 할 수 있다. 리더십의 제1 조건으로 미래를 위한 꿈과 비전을 이야기하는 이유가 바로 여기에 있다.

리더십이 곧 비전이고 비전이 곧 리더십이라고 달하는 사람이 많은 이유도 그것 때문이다. 조지 바나(George Barna)는 "비전이 없으면 지도자가 되지 말라."라고 까지 주장한다.

그런 점에서 미래지향적인 조직이 되려면 과거의 유산인 고정관념을 깨야 한다. 최근 들어 '패러다임의 변화(paradigm shift)'를 많이 주장하는데, 그 이유는 어떤 가치관이나 관점의 변화 없이는 행동과 구조의 변화를 기대할 수 없기 때문이다. 패러다임의 변화가 있을 때 이른바 행동 혹은 관습의 변화(practice shift)가 일어날 수 있다. 이에 대해 리더십 학자 존 코터(John P. Kotter)는 이렇게 말했다. "새로운 사업 환경에서 효율적으로 경쟁하고 생존하려면 기존 방식에 대한 커다란 변화가 필수적이며 변화가 심할수록 리더십의 역할이 중요해진다."

모든 단체나 조직의 성장에서도 마찬가지이다. 미래가 보이는 사람이 지도자가 되어야 그 조직에 희망이 있다. 비전은 보이지 않는 미래의 성장을 믿음으로 보고 현실화시키는 능력이다. 비전은 바로 믿음이다. 비전은 바라는 것을 실상으로, 보지 못하는 것을 증거로 취하는 용기 있는 행위이다. 비전은 크게 생각하는 능력이다. 이러한 지도자의 비전은 하늘로부터 나오는 것이다.

리더십이 중요한 이유 중 특별히 인간과 관계된 것은 리더십이 인간 존재의 목적을 실현하는 효과가 있기 때문이다. 리더십은 개인과 조직의 생존을 목적으로 한다. 워렌 베니와 버트 나누스는 이렇게 말했다. "조직에 자본이 부족하면 빌릴 수 있다. 위치가 나쁘면 다른 곳으로 옮길 수 있다. 그러나 리더십이 부족하면 생존 가능성 자체가 희박해진다."

왜 그럴까. 그것은 개인이든 조직이든 존재하는 목적을 이루기 위한 통로이기 때문이다. 리더십은 단지 생존하는 것을 목표로 하지 않는다. 진정한 리더십의 목표는 부흥이다. 생존(survival)이 아닌 부흥(revival), 현상유지가 아닌 발전이 리더십의 목적이 될 때 리더십의 가치는 극대화한다.

우리는 이미 초등학생 시절부터 링컨 대통령의 업적에 대해 들어 알고 있다. 그의 삶 면면을 다룬 책과 논문들은 지천으로 깔렸다. 그의 초상은 미국 동전에, 5달러짜리 지폐에, 저축 채권에, 예금증서에 새겨져 있다. 사실 그가 미국을 구하는 데 필요한 리더십 자질과 능력을 충분히 갖추었다는 사실을 아는 사람은 극소수에 불과했다. 혼란과 급박함, 절망과 위기로 가득 찬 어려운 상황에서도 그는 사태를 직시하고 대통령의 권한을 100퍼센트 활용함으로써 대통령의 권위와 리더십에 대한 새로운 기준을 만들어나갔다.

오늘날 리더들이 에이브러햄 링컨의 리더십 스타일과 철학에 관심을 가지는 이유는 무엇일까? 현대의 기준으로 보더라도 링컨이 가장 뛰어난 리더, 나아가 전 세계에서 가장 위대한 리더라는 사실은 의심할 수 없다. 그는 아이아코카, 레이건, 부시 등 현대의 리더들을 능가한다. 링컨은 통치하는 비결을 실제로 알고 있었다. 그는 현대의 비즈니스 리더들이나 정치 지도자들에게 중요한 교훈을 제공하는 탁월한 리더이다. 이제부터 그의 리더십 교훈과 원칙을 하나하나 짚어보자. 여기서는 도널드 필립스가 지은 「비전을 전파하라- 신념의 CEO 링컨」을 정리해서 인용해 보려고 한다.

사람에 대한 믿음

링컨 대통령은 4년 재임 기간 대부분을 병사들을 직접 만나는데 보냈다. 그는 일선에 선 병사들을 가장 중요하게 여겼다. 대업(大業)을 수행하는 사람들이 바로 그들이었기 때문이다. 그는 육군성 전보실에 살다시피 했기 때문에 중요한 정보를 손쉽게 접해 신속하고도 시의적절한 결정을 내릴 수 있었다. 그는 장군과 각료들을 그들의 집과 집무실과 전장에서 만나 그들에게 각종 지침을 제시했다. 또한 해군 조선소와 워싱턴 안팎의 요새들을 직접 둘러보고 신무기의 기능도 자세히 살폈다. 무장한 군대의 능력을 정확하게 알아보기 위해서였다. 이렇게 군사 관련 시설을 직접 방문함으로써 그는 다른 사람들의 말에 의지하지 않고도 정확한 결정을 내리는 데 필요한, 몸으로 체득한 지식을 갖게 되었다. 아울러 링컨은 병원을 방문해 일선 병사들을 위로하는 등 부상병들에게 각별한 애정을 보였다.

 톰 피터스(Tom Peters)와 낸시 오스틴(Nancy Austin)은 「초우량 기업을 향한 열정(A Passion For Excellence)」이라는 책에서 MBWA(Management By Walking Around, 순회 관리)를 "알기 쉬운 기술"이라고 규정했다. 이는 고객을 직접 만나고 공급업자를 직접 만나고 부하 직원들과 직접 만나는 것을 말한다. 이로써 혁신을 조장하고 조직의 모든 구성원에게 가치를 제시하는 것이다. 다시 말해 가치를 경청하고, 조장하며, 가르치고, 강화하는 것이다. 이것이 리더십이 아니고 무엇이겠는가? 이러한 까닭에 MBWA는 리더십 기술이다. 휘하 사람들을 이끈다는 것은 무엇보다도 먼저 주의를 기울인다는 것이다. 주의를 기울이는 기술의 대가(大家)는 상징과 드라마를 활용하는 데 능숙할 뿐 아니라 뛰어난 이야기꾼이자 신화를 만들어내는 사람이기도 하다. 링컨은 사람이야말로 정보의 주요한 원천이라는 사실과 그들과 가까이 있어야 훌륭한 리더가 된다는 사실을 알았다. 현장을 찾아가서 직접 사람들의 말을 듣는 것은 성공하는 리더십의 가장 중요한 원칙이다.

　현장을 직접 '찾아가는' 것처럼 링컨의 리더십 스타일을 대표하는 것은 없다. 그러나 자신이 백악관에서 나올 수 없는 경우에는 사람들이 자신을 '찾아오도록' 했다. 링컨처럼 국민이 쉽게 다가갔던 대통령도 없을 것이다. 정부 공무원, 직장인, 일반 시민은 문자 그대로 링컨 대통령을 만나겠다는 희망을 품고 백악관 앞에 줄을 지었다. 링컨은 거의 모든 사람을 만났고, 심지어 언제든 찾아오도록 격려까지 했다. 링컨은 1863년에 인디애나 주에 사는 한 남자에게 이런 답장을 보내기도 했다. "나를 찾아오는 사람을 못 만나는 경우는 많지 않습니다. 나를 찾아온다면 당신을 만나 뵐 겁니다." 이러한 링컨의 기조는 여론수렴뿐 아니라 다른 효과도 발휘했다. 리더에게 쉽게 다가갈 수 있다는 사실을 알면 사람들은 리더를 더욱 긍정적으로 바라보고 신뢰하게 된다.

고난 앞에서의 품위

　그는 최고의 정책은 정직과 성실이라고 믿었다. 미국 철학자 윌리엄 호킹(William Ernest Hocking)은 "진실을 없애는 신화가 있는가 하면 진실을 더욱 값지게 만드는 신화도 있다."라고 했다. 정직과 성실에 대한 링컨의 명성은 다소 부풀려진 부분이 있지만, 후자에 가깝다고 할 수 있다. 실제로 살았던 인물에 대한 정보가 많을수록 그의 행적은 더욱 공고해진다. 이 경우 신화는 실제성을 띠게 된다. 링컨은 지금까지 알려진 것처럼 정직했고, 그 자질에 힘입어 위대한 리더가 되었다. 리더십이라는 건축물은 정직과 성실이 없으면 무너지고 만다. 정직과 성실은 모든 조직을 하나로 묶는 초석이다. 톰 피터스는 가장 공격적이고 성공적인 조직은 성실과 신뢰를 강조하는 조직이라고 주장했다. 그는 "의심할 바 없이 정직은 항상 최고의 정책이었다."라고 적고 있다. 베니스와 나누스는 "관리자들은 일을 올바르게 하고 리더들은 올바른 일을 한다."고 말했다. 제임스 맥그리거 번즈는 "윤리를 떠나면 리더십은 단순한 관리 및 정치 기술로 전락하고 만다."라고 경고한다.

링컨은 오랜 세월 미국인들을 움직여왔던 가장 근본적인 두 가지 가치, 곧 '자유와 평등의 추구'를 지속적으로 공유하고 강조했다. 그의 성실은 곧 국가의 성실이었다. 링컨이 북부의 각료와 국민에게 그토록 효과적으로 동기를 부여하고 헌신을 끌어낼 수 있었던 것은 그리 놀라운 일이 아니다. 그는 모든 이의 기본적인 상식과 성실에 호소했다. 나아가 링컨은 자신이 말한 바를 몸으로 실천했다. 대통령이 되었을 때 그는 자신을 따르는 사람들이 더 나은 삶을 살 수 있도록 힘을 실어주고 그들을 세심하게 돌보았다. 그는 인내와 신뢰와 존중으로써 사람들이 성공의 계단을 오르도록 도왔다. 이렇게 하는 가운데, 링컨은 번즈가 말하는 '공유하는 리더', 곧 조직의 정체성을 밝히고 가능한 한 원대한 목표와 높은 도덕적 수준에서 조직의 강점을 정의하여, 이를 미래로 구체화하는 자신의 역할을 인식하는 리더가 되었다.

링컨은 항상 올바른 일을 했고, 적어도 그렇게 하려고 애썼다. 정직하지 않다고 여기는 사람은 상대하지 않았다. 이와 관련해 링컨은 다음과 같이 주장했다. "올바르게 행동하는 사람이라면 이유를 불문하고 지지하라. 다시 말하거니와 그 사람이 옳은 경우에는 그를 지지하되, 잘못된 길을 가면 헤어져라." 링컨은 이유를 불문하고 정직하지 않은 사람이나 상황에 직면할 때마다 상대방을 경멸했고 분노를 터뜨렸다. 그와 관련된 많은 일화 및 여러 가지 표현은 거짓말쟁이, 사기꾼, 협잡꾼을 겨냥한 것이다. 그는 웃으면서 등 뒤에 비수를 꽂는 사람을 식물의 몸통을 옥죄어 결국 죽게 만드는 덩굴에 비유하였다. 링컨은 이렇게 말했다. "덩굴은 어느 정도 인간과 습성이 비슷하다. 덩굴 식물은 다른 생명을 죽이면서 그렇지 않은 것처럼 교묘하게 꾸민다."

대통령으로 재임한 4년 동안, 링컨은 자신에 대한 모든 잔인한 적개심과 비난을 꿋꿋이 이겨냈다. 비난을 이겨냈을 뿐만 아니라 그것을 극복해서 남북전쟁에서 승리했고 미국을 지켜냈다. 이 과정에서 그는 군사 제도를 재편했고, 대통령 권한을 확대했으며, 노예제도를 철폐했고, 미국인의 애국심을 새롭게 고취했다. 오늘날 리더들도 부당한 비난을 극복한 링컨의 방법을 숙지해야 할 것이다. 링컨은 자신에게 쏟아진 비난을 다양하게 처리했다. 사실 그는 대부분의 비난을 무시하는 것으로 이겨냈다. 이 방법은 정치 지도자들에게 특히 유용할 것이다. 선거 과정에서 나오는 비난은 대부분 비열하고, 본질적으로 터무니없는 것들이기 때문이다. 사실 링컨은 비난에 일일이 대응할 만큼 한가하지도 않았다. 그리고 설령 노골적인 비난으로 상심하고 낙담할 때조차도 비난하는 사람들에게 보복하지 않았다.

그러나 링컨은 잘못된 공격으로 국민이 자신의 원칙을 오해할 때는 적극적으로 자신을 변호했다. 또한 자신을 향한 공격이 대다수의 믿음과 상반될 경우에는 결코 물러서지 않았고 타협하지도 않았다.

오늘날의 리더들, 특히 정치 지도자들은 역경을 극복하고 성공을 거둔 링컨의 행적에서 중요한 시사점을 얻을 수 있다. 리더는 모름지기 불굴의 의지를 가지고 헌신적으로 일하며 매사에 자신감을 가져야 한다. 무엇보다도 자기 자신을 신뢰해야 한다. 나아가 거친 비난과 비판에 대응하는 일정한 스타일 및 관계를 개발해야 한다. 리더의 위치에 있다는 이유만으로 리더는 수많은 비난과 비판을 듣게 마련이다. 리더로서 성공하느냐의 여부는 어떤 비난에 자신이 어떠한 영향을 받는가에 달렸다. 링컨처럼 행동하라. 사소한 비난일 경우에는 못 들은 척 그것을 무시하라. 하지만 전면적인 비난으로 자신에게 영향을 미칠 경우에는 그것을 되받아쳐라. 분노와 감정을 드러내는 편지를 써라. 하지만 비난에 얽매이지 마라. 나아가 항상 유머 감각을 유지함으로써 인생의 밝은 면을 잃지 마라. 고난 앞에서도 품위를 지켜라. 시시비비를 가려라. 그리고 용기를 가져라.

비전에 대한 헌신

참된 리더십은 결단력을 가질 때 비로소 영향을 발휘한다. 링컨은 몇 가지 면에서 최초의 현대적 대통령으로 인정받는다. 그는 노예를 해방하고 미합중국이 분열되지 않게 한 것으로 유명하지만,

대통령의 권위와 권한을 대폭 확대한 것으로도 유명하다. 처음부터 그렇게 할 의도는 아니었지만, 그는 대통령제를 실질적으로 개선했고 동시에 미국의 헌법을 대폭 수정했다. 링컨이 대통령에 당선되었을 당시 미국은 합중국 체제의 위기를 맞고 있었다. 정부는 전복될 위기였고 전쟁의 가능성도 있는 절체절명의 상황이었다. 링컨은 권위와 리더십의 영역을 넓혀감으로써 이 위기를 극복했다. 미국은 전임 대통령도 해결하지 못했고 건국의 아버지들도 염두에 두지 않았던 남북전쟁을 겪게 되었다. 급박한 상황에 직면한 링컨은 혁신적인 자세로 무장했고, 헌법에 대한 대통령 선서를 새롭게 해석함으로써 대통령의 권한 확대를 정당화했다. 혼란과 절망에 빠진 긴급한 현실은 오히려 링컨이 단호하게 행동하는 데 호기로 작용했다.

강제로 밀어붙여야 할 경우 링컨은 관련자들에게 매우 단호한 태도를 보였다. 물론 매우 까다로운 각료들도 있었다. 그중에서도 체이스 재무부장관이 가장 골칫거리였다. 대통령을 향한 그의 열망은 워싱턴 정가에서 모르는 사람이 없을 정도였다. 이처럼 체이스가 내각에 있는 의도가 분명했지만, 링컨은 그를 계속 붙잡아두었다. 무엇보다도 체이스는 업무 능력이 출중했고, 링컨은 정부를 운영하고 전쟁비용을 조성하는 데 그만한 적임자가 없다고 판단한 것이다. 링컨은 업무 능력이 뛰어나다면 각료들이 아무리 마음을 상하게 하고 심기를 건드려도 너그럽게 넘어가는 편이었다. 그러나 안타깝게도 체이스는 계속해서 링컨을 골치 아프게 만들었다. 대부분 링컨은 체이스의 의사에 맡긴 채 좀처럼 간섭하지 않았다. 그러나 링컨이 개입해

체이스의 결정을 무효로 만든 일이 두 번 있었는데, 이에 체이스는 항의의 표시로 사표를 제출했다. 그는 결국 1864년에 사임했다.

링컨은 필요하다고 생각하면 단호한 결정을 내리는 의지가 있었고 능력도 있었다. 또한 시급한 사안이라 생각할 때는 주저하지 않고 신속하게 행동했다. 링컨이 단호하지 않았다면 결과는 어떠했을까? 당시 일어난 혁신적인 변화는 그의 결단이 없었다면 실현될 수 없었다. 그는 사람들의 생각과 행동, 그리고 삶의 방식을 변화시켰다. 나아가 노예제도를 철폐하고, 남부 연합이 연방에서 이탈하지 않도록 함으로써 미국의 면모를 일신시켰다. 무엇보다도 그는 실제로 자신을 위대한 리더에 걸맞은 리더로 만들고자 노력했고, 실현했다. 그는 목표를 세웠고, 자신의 비전을 널리 전파했으며, 주어진 사명을 완수했다. 의사결정이 단순하게 흑백으로만 이루어지지 않는 오늘날 변화무쌍하고 경쟁적인 비즈니스 환경에서는, 링컨과 같은 견고한 의사결정 리더십이 없다면 효과적인 비전과 고결한 목표도 무용지물이 된다.

열정을 공유하는 커뮤니케이션

리더는 대중 연설의 달인이 되어야 한다. 로널드 레이건 미국 전 대통령은 자타가 인정하는 뛰어난 커뮤니케이터였다. 그러나 수사(修辭)를 통해 국민을 설득하는 능력에서는 레이건도 링컨의 적수가 되지 못했다. 널리 알려졌듯이 링컨은 자신의 연설문을 직접 작성했는데, 그중 대다수가 시적이고 미적인 표현의 걸작으로 인정받고 있다. 그는 청중의 감정을 불러일으키는 능력을 갖춘 대중 연설가였다. 뿐만 아니라 더글러스와의 논쟁 기록에서 입증되었듯이 미국 최고의 즉흥 연사로도 손꼽히고 있다. 그는 노예해방령을 직접 작성했으며, 자신의 뜻을 이해시키고자 기꺼이 수천 통의 편지를 썼다. 효과적인 커뮤니케이션을 위한 그의 노력은 성경보다 두꺼운 그의 선집(選集)이 입증해준다. 당대 사람들은 링컨의 연설을 직접 듣는 생생한 경험을 할 수 있었다. 널리 퍼지는 그의 목소리는 뛰어난 자산이었다. 실내에 들어오지 못한 많은 청중이 실외에서 그의 연설을 들을 수 있었기 때문이다.

끊임없이 비전을 전파하라

사전에서 "리더"를 찾아보면 가장 먼저 "식물이 살아갈 수 있도록 영양을 공급하는 식물의 가장 중요한 줄기"라는 정의가 나온다. 이 정의 그대로 기업의 비전을 체화하여 커뮤니케이션하는 리더의 능력에 따라 기업은 발전하기도 하고 사라지기도 한다. 경영자와 감독이 직원들에게 어떻게 영향을 미치는지에 따라 부서 및 그 상위 조직, 나아가 기업 전체의 건강은 천양지차로 달라진다. 이 모든 것은 뛰어난 리더와 평범한 관리자를 구별하는 '비전'이라는 말로 귀결된다. 톰 피터스와 오스틴은 "비전을 널리 전파하라."고 주장했다. 톰 피터스는 효과적인 비전이 구성원들을 고무시킨다고 보았다. 비전은 "명확하고, 도전적이며 탁월한 것을 추구한다." 뿐만 아니라 이치에 맞고 시간이라는 시험도 이겨낼 수 있다. 비전은 견고하면서도 유연하다. 효과적인 비전에 힘입어 구성원은 능력을 갖추게 되고, 과거에 뿌리를 두면서 동시에 미래를 준비한다.

주지하다시피 남북전쟁 내내 링컨은 연설과 기고문, 그리고 대화를 통해 미국 역사상 유례없을 정도로 미국의 비전을 널리 알렸다. 링컨은 당시 미국에 가장 필요한 것을 정확히 제시했다. 미국이 나아갈 방향에 대해 명확하고 간결하게 진술하고, 무시무시한 내전에서 북군의 무력 행동을 정당화했다. 결과적으로 링컨은 풀뿌리 리더십을 보여준 것이다. 그는 가는 곳마다, 또한 기회 있을 때마다 미국의 토대가 된 기본 원칙을 사람들에게 확인시키고 거듭 주장했다. 그의 비전은 단순했다. 링컨의 비전은 애국적이고 경건한 것이었으며 성실, 가치 및 높은 이상으로 충만했다. 비전처럼 일반 국민과 그와의 유대감을 잘 드러내는 것은 없었다.

승리는 승리를 낳는다

손자의 고민은 에이브러햄과 같이 '어떻게 조직의 역량을 다져 승률을 높일 것인가?'였다. 조직의 역량을 손자는 형(形)과 세(勢)로 나누어 설명했다. 형(形)은 외형적 힘(power)이고, 세(勢)는 내부적 힘(energy)이다. 외부적 조건이 좋고 내부적 조건이 강점이 많으면 형세가 좋다고 말한다. 형세(形勢)가 좋은 조직은 승리할 가능성이 크다. 사람도 외형과 내실이 좋으면 하는 일마다 승승장구(乘勝長驅)다.

승리는 승리를 낳는다. 한 번 승기를 타면 오랫동안 그 승기를 유지할 수 있다. 문제는 '어떻게 형세를 높일 것인가?' 이다. 손자는 단언하여 말한다. 외부의 파워와 내부의 에너지를 높이기 위해서는 객관적이고 현실적인 물질적 조건이 갖추어져야 한다는 것이다.

「손자병법」에서는 5단계로 승리하는 조건을 제시한다. 첫째는 토지가 커야 한다(一曰度). 둘째는 곡물생산량이 많아야 한다(二曰量). 셋째는 소집 가능한 병력의 숫자가 많아야 한다(三曰數). 넷째는 적과 나의 전력을 비교하여 내가 우세여야 한다(四曰稱). 다섯째는 승리할 수 있는 조건이다(五曰勝).

이 다섯 가지 형세를 높이기 위한 어떤 것도 정신적인 요소는 없다. 오직 물질적인 조건만을 강조하였다. 손자는 나아가 이 다섯 가지 승리의 조건을 단절된 것이 아닌 연속된 인과율(因果律)로 설명했다.

'땅이 커야 개간된 토지가 커진다(地生度). 개간된 토지가 커져야 곡물생산량이 많아진다(度生量). 곡물 생산량이 많아져야 전쟁에 참가하는 병력의 숫자가 많아진다(量生數). 병력의 숫자가 많아지면 적보다 우세한 형세가 만들어진다(數生稱). 우세한 형세가 만들어지면 승리의 조건이 많아진다(稱生勝).' 확실히 손자의 사고는 신(新)사고다. 전쟁의 기초는 물질적 조건이라는 그의 사고는 근대적 사유의 전형이며 합리화된 사고다. 손자 이전의 시대에는 정신력이 강조되었다. 군자의 '마음이 있으면 뜻을 이루리라' 는 다소 과장된 신화의 세계에서 손자는 비켜나 있다. 당시 같은 시대를 살았던 유가(儒家) 지식인들은 손자와 다른 생각을 했다. 승리하는 국가와 지도자가 되기 위한 사고는 그 전제에서부터 손자와 다르게 출발하였다.

유가의 대표적인 경전 중 하나인 「대학」에서 승리하는 조건들의 연관성을 지적하고 있다. "지도자는 자신의 인격(德)을 닦아야 합니다. 인격이 완성되면 자신을 좇는 귀족들이 늘어납니다. 이들이 늘어나면 저절로 토지가 생깁니다. 토지가 생기면 재정이 늘고 재정이 늘면 국력을 확장하는데 쓸 수가 있는 겁니다. 그러니 나라의 부국강병을 위해서는 무엇보다도 지도자의 인격이 가장 기본이고 자본은 말단입니다. 그런데 그 근본을 도외시하고 말단을 근본으로 하는 정치를 하니, 온 나라 사람이 서로 다투고 빼앗으려고 눈이 벌겋지요. 결국 지도자가 재정을 너무 끌어 모으려 하면 일반 민중은 도망가고, 재정을 풀면 민중은 찾아오게 돼 있습니다."

정말 유교적 부국강병 정책과 손자의 부국강병 정책은 너무나 다른 전제에서 출발한다. 손자는 가시적인 물질적 조건 속에서 나라가 부강해진다고 믿는 반면, 유가에서는 무형적 요소인 지도자의 인격과 덕성이 부국강병의 기초라고 보는 것이다. 확실히 손자를 중심으로 한 '병가(兵家)' 지식인들은 합리주의를 체득하고 물질적 조건에 기초하여 세상을 바라보는 혁신적 개혁파였다. 반면에 '유가(儒家)' 지식인들은 지도자의 무형의 정신과 인격이 세상을 바꿀 수 있다고 보는 보수적 개혁파였다.

링컨의 리더십 능력에 깃든 진정한 자질은 아직까지 간과되는 경우가 많다. 그러나 상당 기간 링컨의 이너서클(inner circle, 소수의 핵심 권력 집단)에 속해 있던 몇 명의 핵심 인물들은 그의 리더십 기술의 깊이를 이해했고 높이 평가했다. 수어드 국무장관은 링컨에게 깃든 "최고 위치에 있는 사람의 힘과 에너지"를 간파했고, 스탠턴 국방장관은 링컨이 "역사의 한 페이지를 기록할 것"이라는 사실을 알았다. 심지어 대통령 및 행정부와 마찰을 겪었던 호레이스 그릴리까지도 링컨의 역량을 대단히 높이 평가했다. 호레이스 그릴리를 비롯한 링컨 당대의 사람들은 그의 진정한 능력을 알았다. 그러나 암살 이후에 링컨은 순교자가 되었고 다투어 '링컨 신화'가 만들어졌다. 그 결과, 링컨의 진정한 리더십 능력은 간과되어 시간이 지날수록 흐릿한 존재로만 남게 되었다.

 미국 역사상 가장 어려운 시기 내내 거의 혼자 힘으로 미국인이 가진 정부 개념을 수호하고 보존한 사람이 바로 링컨이다. 그가 리더가 아니었다면 남부 연합의 연방 탈퇴로 미국은 노예제도가 있는 나라와 없는 나라로 분열될 수도 있었다. 그는 자기의 시대에서 1세기 이상 앞선 리더의 능력과 직관으로 자신에게 주어진 과업을 성취했다. 진정한 리더십은 하루하루 조용히, 그리고 섬세하게 영향을 미침으로써, 또한 구성원을 비롯한 많은 사람을 직접 만남으로써 더욱 쉽게 실현된다는 사실을 링컨은 알고 있었다. 그는 지위고하를 막론하고 모든 사람을 똑같은 예의와 존경으로 대했다. 대통령으로서 링컨의 자세 및 행동은 본질적으로 예의와 도덕을 지키는 인간관계를 상징한다고 할 수 있다. 그런 의미에서 링컨이야말로 리더십의 정수인 것이다.

목표가 확실한 사람은
아무리 거친 길에서도 앞으로 나갈 수 있다
목표가 없는 사람은 아무리 좋은 길이라도 나갈 수 없다

토마스 칼라일

목표를 적어둔 메모장을 생각하며 생각나는 대로 적어

그 목표를 달성할 수 있는 계획을 연구합니다.

나의 장점은 무엇일까, 나의 단점은 무엇일까.

목적이 이끄는 리더
이순신

성웅 리더십이란?

이순신은 임진왜란이 일어났던, 그날 무얼 하고 있었을까? 〈난중일기〉에 따르면 전날과 같이 동헌에 나가 공무를 보고 활을 쏘았다. 이순신은 전라 좌수사로 그의 담당 구역을 지키고 있었고, 경상 좌수사 박홍과 경상 우수사 원균은 부산에서 왜적을 맞아 대패하고 도망을 해 버렸다. 그러면 임진왜란의 명장으로 일컫는 '이순신'은 과연 어떤 사람이었을까?

〈난중일기〉는 '성웅(聖雄) 이순신'이 아닌 '인간 이순신'을 만나게 하는 책이다. 거기에 이 책의 참 의미가 있다. 〈난중일기〉 속의 이순신은 단순히 군사를 호령하고 함대를 이끌고 왜적을 쳐부순 무패의 장수가 아니었다. 이순신은 부하였던 이의 궁핍한 사정에 기꺼이 옷을 벗어 주고, 아들의 죽음에 오열하고, 부하가 다른 장수를 욕하는 것에 귀 기울이기도 하고, 오랜 싸움에 몸져눕기도 하는 인간이었다.

'지도자는 태어나는 것이 아니라 만들어지는 것'이라고 한다. 우리는 새 시대에 알맞고 어울리는 적합한 지도력을 갖춘 사람들을 키우는 일을 게을리 해서는 안 될 것이다. 안정된 상황에서 지도자의 비중은 크지 않지만 오늘날처럼 격변하는 시대에서 지도자의 책임은 더욱 커진다.

미래는 진정한 지도자를 요구한다. 우리가 준비하고 계획을 세워 한 사람씩 지도자로 키워나가면 언젠가는 결실을 거둘 때가 올 것이다. 한국사회의 재건을 위해서 사람을 키워야 할 뿐 아니라 사회가 바로 되도록 사람을 키워야 한다.

우리는 지금까지 잘못된 지도자 한 사람이 얼마나 나라를 망칠 수 있으며, 사회를 망칠 수 있는가를 공부해 왔다. 잘못된 기업가 한 사람이 얼마나 많은 사람에게 불안과 고통을 안겨다 줄 수 있는지도 배우고 있다. 이제 더는 시행착오를 안 했으면 하는 것이 우리 모두의 바람일 것이다.

21세기는 복합적이고 다양한 시대이므로 다방면에서 준비된 지도자가 배출되어야 한다. 특히 기업은 더 늦기 전에 정직하고 편협하지 않으며 성경적 가치관을 확립한 하나님의 사람들을 각계 각 층에서 배출함으로써 하나님 나라가 확장되도록 해야 한다. 복음이 구체적으로 구석구석에서 이루어질 수 있도록 교육이 되고 준비된 사람들을 키워가야 할 것이다.

아무리 세월이 흐르고 시대가 변해도 성공한 리더의 리더십은 결코 퇴색되지 않는다. 오히려 어려운 위기를 헤쳐 나갈 교훈으로 여겨진다. 23전 23승에 빛나는 충무공 이순신의 리더십이 바로 그러하다. 수백 년 전, 전쟁 과정에서 발휘되었던 그의 리더십은 현재 우리 상황에 적용되어 충분히 빛을 발할 수 있다. 가치 없는 것을 가치 있게, 위기를 기회로 만드는 이순신의 리더십, 그 실천 방법을 알아보자.

이순신은 지난 2002년 월드컵 때 히딩크가 유행시킨 멀티 플레이어형 인재였다. 해전 전문가였지만 육전에도 베테랑이었으며 거북선을 만들고 신무기 개발에도 탁월한 능력을 발휘할 정도로 과학기술 분야에서도 전문가였다. 게다가 '한산섬 달 밝은 밤 수루에 홀로 앉아'로 시작되는 〈한산도가〉와 그 외에 수많은 시문을 지을 정도로 문학적 재능도 뛰어났다.

이처럼 능력 있는 리더의 대표적 특징은 멀티 플레이어형이라는 것이다. 자신의 전문분야뿐만 아니라 다양한 분야의 해박한 지식을 가지고 있어 어떤 상황 어떤 문제가 생기더라도 부하직원들을 침착하게 이끌고 가치를 생산해내고야 만다. 현재보다 더 큰 가치를 생산하고 각자의 개성을 지닌 부하직원을 하나로 통솔하려면 현재의 내 분야에만 안주하지 말고 다양한 분야에서 다양한 지식을 쌓아야 할 것이다.

유비무환만이 승리를 준다

　이선호(李善浩) 씨가 지은「이순신의 리더십- 국가안보 위기와 지도자의 사명」을 보면 전쟁에서 유비무환이 얼마나 중요한지를 임진왜란과 한국전을 예로 들어 설명한다. 조·일 7년 전쟁은 일본의 침공으로 7년간, 6·25전쟁은 북한의 침공으로 3년간 계속된 전쟁이었는데, 둘 다 무승부로 끝났다. 또한 다 같이 외국군이 참전했던바 다국적군 내지 연합군에 의한 국제전쟁의 성격을 띠었다. 임진왜란이나 한국동란 같은 국제법이나 국제정치적 차원에서 볼 때 잘못된 호칭은 더 이상 사용치 않아야 한다.

　이 두 전쟁의 경과와 결과는 차치하고, 전쟁원인부터 따져 본다면 일맥상통하는 바가 있다. 한마디로 양 전쟁은 다 같이 우리의 국가안보가 실종된 상황 아래에서 초래된 자업자득이었다.

　국가의 핵심가치를 안팎의 위협으로부터 지킨다는 현대적 국가안보 개념은 제2차 대전 후 정립되었지만, 16세기 말 전제군주국가 체제 하의 조선왕조 역시 주권국가로서 국권과 국민 그리고 영토의 보존과 수호는 통치권자인 왕과 조정이 수행해야 할 절체절명의 사명이고 책임이었음은 두말할 나위가 없다.

　그럼에도 그들은 왕권(sovereignty)과 왕실의 이익(royal interest)을 수하하기에 급급했고, 3공 6조(三公六曹)를 비롯한 문무백관들은 기득권 확보를 위한 4색 당파의 당리당략과 세력 다툼에 빠져 있었다.

　특히 탐관오리들의 백성수탈은 민생도탄을 가중시켰으며, 무위도식하는 부유(腐儒)들의 탁상공론은 조정의 눈을 멀게 하여 국가안보의 객체인 적대국에 대한 위협평가가 오판·오도되었고, 국가안보의 주체인 조정의 안보 유관 정책과 제도는 왜곡·굴절되었으며, 국가안보의 주 수단인 군사력의 배비태세는 유명무실하였으나 아무도 이를 바로 잡으려 하지 않았다. 문자 그대로 개문납적(開門納賊, 문을 열어 도둑이 들어오게 한다는 뜻)의 본보기라고 하겠다.

몇 가지 사례를 든다면, 7년 전쟁 발발 10년 전에 우리 민족의 선각자 이율곡 선생은 병조판서 재직 중 '시무육조(時務六條)'라는 국방의 당면과제 6가지를 조정에 건의하였으나 거부되었다. 이것의 핵심이 유명한 10만 양병론인데, 그 내용은 율곡의 정확한 정세판단에 따른 선견지명이 있는 국가안보정책의 6대 현안이었다.

① **양군민(養軍民)**

서울에 2만, 8도에 각 1만 명의 상비군을 양성하여 배비한다.

② **족재용(足財用)**

1년분 군량미를 비축하고, 1년간 재정수입과 지출균형을 유지한다.

③ **고번병(固蕃屛)**

서울을 중심으로 주위 4방에 병풍처럼 성을 설치하여 수도권을 고수 방어한다.

④ **비전마(備戰馬)**

군마를 양성하도록 마적을 정비하고, 보병을 기병화하여 기동력을 강화한다.

⑤ 명교화(明交化)

군사를 예(禮)로서 가르치고, 의(義)로서 가다듬어 치(恥)를 알게 함으로써 군 기강을 확립한다.

⑥ 임형능(任形能)

유능한 자의 등용 및 적재적소 보직으로 공평한 병역과 인사 처리를 도모하고 군의 비리를 척결한다.

여기에서 이율곡의 상비군 10만 명 양성을 위한 아이디어는 그 당시 조선인구가 500만 명 정도였음을 고려할 때, 인구 2% 수준의 군사력인바, 다소 과도한 것 같은 느낌이 든다. 그러나 로마군대 이후 현대에 이르기까지 평화 시 군대의 수가 인구의 1%를 웃돌지 않는다는 것을 전제할 수 있지만, 전쟁 시는 국가의 가용 노동력이 총동원되는바 일본의 침공 가능성을 예견했기 때문에 결코 많은 상비군은 아니었다. 당시 이 건의가 채용되지 못한 이유가, 만약 이를 이행할 경우 종신국가(從臣國家)로서 명나라에 대한 불경과 반역으로 오해받을 수 있기 때문이었다고 하니 참으로 한심한 노릇이었다. 그 당시 우리나라는 병농일치제로서 사실상 상비군이 없었고 혹한기와 농번기를 고려한 일정기간 교대 복무를 하는 계절제 비상비군제였다.

또한 당시의 진관체제(鎭管體制)는 양병·용병(養兵·用兵) 개념상 지역책임제 군사력 동원·운용제도였다. 즉 8도를 기준으로 하여 도별로 1~2개의 병영(兵營)과 수영(水營)을 편성하고, 그 책임자인 병사(兵使)와 수사(水使)가 담당 행정구역 내의 내륙 또는 연안 군(郡), 부(府), 현(縣)을 행정 및 작전통제 하여 조정에서 지정한 규모의 군사력(육조 및 수군)을 조성 및 운용키 위한 인력과 자원을 동원·관리하는 자수자전(自守自戰)하는 체제였던바, 수포대역(收布代役) 등 병역면제제도 때문에 부조리와 비리가 극심하였다.

특히 한심한 것은 전쟁 직전에 이 진관체제가 제승방략(制勝方略) 체제로 바뀌는데, 내용인즉 지역별 군사력을 필요에 따라 집중 운용하되, 중앙에서 내려가는 문신의 경장(京將)인 도원수(都元帥)가 현지의 육군과 수군의 군사력을 통합 지휘할 수 있도록 한 일종의 통합군체제였던 것이다. 그러나 이를 위한 여건이나 행정적인 뒷받침이 없어 지휘 공백은 물론 지휘체제의 중복과 갈등으로 혼란이 극심하였다.

설상가상으로 수군은 방왜육전(防倭陸戰) 개념으로 바뀌어 침공하는 일본군을 해상이나 연안에서 싸워 격퇴·저지하는 것이 아니라, 육지에 올라온 다음 성을 중심으로 해서 싸우도록 하는 불합리한 전법을 채용했던 것이다. 부유들의 탁상공론이 가져온 폐해였다. 급기야 35만여 명의 일본군이 무혈 상륙하자 겁먹고 도망쳐 버려 무인지경인 조선의 진과 성을 단숨에 제압하고, 일사천리로 북상함으로써 20일 만에 서울, 40일 만에 평양을 함락했다.

그 당시 우리의 주 무기는 활이었고 일본군은 조총이었으니, 사거리나 위력으로 봐 도저히 당해낼 도리가 없었다. 한국전쟁 개전 당시에도 이와 비슷한 상황이 재연되었다. 북한은 T-34 전차 240여 대와 IL 및 YAK 전투기 170여 대를 보유하고 있었으나, 우리는 대항무기체계가 전혀 없었다.

　7년 전쟁 직전에 조선에서 일본으로 파견된 통신사 김성일과 황윤길은 근 1년간 일본에서 보고 듣고 느낀 바가 있었을 것인데, 귀국하여 조정에다 각각 다른 내용의 정세보고를 했다. 전자는 안보위협을 과소평가하여 조정을 안심시키는 교언영색의 보고를 했고, 후자는 안보위협을 정직하게 평가하여 국가위기 초래 가능성을 보고했는데, 조정에서는 정확한 판단이었던 후자의 보고를 일축하고 듣기 좋은 전자의 보고를 수용했던 것이다. 그리하여 선조는 무방비 상태에서 일본군의 침공을 맞고서 자신은 국가를 버리고 명나라로 도망치려고 서울을 떠났다.

　한국전쟁 직전에도 주변정세나 북한의 동향을 봐 공격징후가 농후했으며, 전선에서 포착된 결정적인 단서의 정보보고가 있었음에도 당국이 이를 일축하고서 비상경계 태세를 해제하고 일선 장병을 대량휴가까지 보내는 우를 범하였다. 물론 이때도 서울을 사수한다는 방송을 해놓고는 이승만 대통령과 고위직들은 한강 인도교를 폭파하기 전에 먼저 남쪽으로 피신하였다.

　그 당시 우리 군은 관리·유지하는 재정을 전액 미국의 군사원조에 의존하고 있었던바, 군 내부에 침투한 다수 공산주의자들에 의해 육군의 전투부대, 해군의 함선, 공군의 경비행기가 월북하는 사태가 빈번히 일어났다. 뿐만 아니라, 아무런 전투능력도 갖추지 못한 허수아비 같은 군대를 믿고 북진통일을 외치는 허장성세를 주시하고 있던 미군 당국은 한국군에게 기동장비를 양도하게 되면 북한으로 넘어갈지 모르고 한국군이 강해지면 북침할지 모른다고 두려워한 나머지, 군원은 소모성 물품만 주었지 주요 고가장비는 의도적으로 제한했던 것이다. 궁여지책으로 이승만 대통령이 극민성금을 모아 캐나다로부터 고등훈련기(T-10기) 10대를 구입해왔는데 그때가 전쟁발발 2개월 전이었다.

전쟁이 나자 우리 공군은 이 훈련기에 사제폭탄을 싣고 저공비행하면서 인민군 전차에 투하한 웃지 못 할 일까지 벌어졌다. 그러나 이는 조·일 7년 전쟁 직전에 대마도 도주가 가져다준 일본조총 3정을 선조가 대량생산하여 군비를 갖출 생각은 못하고 창고에다 집어넣어 놓았던 것과 비교하면 훨씬 창의적인 생각이었다.

조·일 7년 전쟁과 한국전쟁은 다 같이 상황판단 착오, 안보정책·전략 오도, 군사력 배비태세 부실, 전의 상실 등이 빚은 인과응보로써 무비유환·유비무환의 표본적 교훈을 주기에 충분한 조건이다.

국가안보는 0.1%의 안보 위협이나 위험에도 사전에 대비하려는 예방조치와 대응태세가 마련되어야 한다. 아무리 적은 개연성의 안보 위협이라도 이것이 침략으로 현실화될 경우엔 국가이익에 회복불능의 치명타를 가하게 된다는 것이 두 전쟁을 통해 얻을 수 있는 교훈이다.

원칙을 지켜라

이순신은 청렴결백의 상징이다. 상사가 거문고를 만들겠다며 관사 앞 오동나무를 베어오라고 명령했으나 끝끝내 베어오지 않은 일화는 유명하다. 불의를 보면 참지 못하는 강직함 때문에 파면과 백의종군 등 수차례의 위기를 겪어야 했지만 이 위기에서 벗어날 수 있었던 것도 결국 그의 청렴결백 덕분이었다.

그는 공정성을 발휘하여 부하들의 사기를 높이기도 했다. 즉 전쟁 승리 시 군사들의 전과를 일일이 명시해 단 한 사람도 수훈에서 빠지는 일이 없도록 했고 반대로 군령을 어긴 군사는 엄하게 처벌했다.

또한 군사간의 수훈 차가 생기지 않도록 출정 때마다 전투 진용을 바꾸어 부하들에게 공을 세울 기회를 골고루 제공했다. 의복, 무명, 베 등 노획품들도 군사들에게 골고루 나눠줬다. 정쟁에 찌들어 있던 조정 상황에도 이순신이 묵묵히 추진한 것은 앞으로의 변화에 대한 준비였다. 왜군의 침략을 미리 예견한 이순신은 거북선을 만들고 수군을 정예화 하는 일에 주력한 것이다.

즉 미래를 내다보는 선견지명과 변화에 맞서 대응할 수 있는 대책을 마련하고 준비하는 자세가 필요하다. 이순신은 조선의 진정한 대장부요 불세출의 민족적 영웅이다. 또한 그는 교언영색(巧言令色) 하지 않는 강의목눌(剛毅木訥)의 지성적인 인격자였다. 그는 조선의 엘리트 중의 엘리트였을 뿐만 아니라, 뛰어난 무골의 장수이기도 했다.

삶의 굵은 선을 걸어온 이순신은 이상적인 지성인으로서 창조적 소수의 지도적 중추계층의 선비 위품을 갖춘 문무겸비의 지휘관이었다. 우리나라의 선비정신은 애국효행(愛國孝行), 사회의리(社會義理), 선공숭문(先公崇文), 청빈근검(淸貧勤儉), 거경숭례(居敬崇禮), 지조신의(志操信義)의 6가지로 이어져 내려오고 있는데 이순신은 이에 합당한 인품을 지녔던 인물이다.

사대주의와 분파주의 사상에 찌든 16세기 전제군주 사회에서 그는 현실적(zein) 및 이상적(zollen) 인격자로서 진정한 조선의 자랑스러운 대장부였다.

특히 그가 무인으로서 공직생활을 통해 발휘한 리더십은 동서고금을 통하여 그 누구도 그를 따라잡을 수 없을 정도로 무결점의 표본이었다. 그는 지성을 원리로 하는 자유인이었으며, 양심을 원리로 하는 성실인이었고, 봉사를 원리로 하는 사명인이다.

이순신의 대장부답고 리더로서의 자질을 갖추고 리더십의 본보기를 보인 자유인, 성실인 그리고 사명인다운 인간상을 현대적 시각에서 접근해본다.

첫째, 그는 자유인이었다. "진리가 너희를 자유하게 하리라"는 성경 말씀처럼, 그는 확고한 주인정신을 진리로 삼은 주체의식과 개척정신의 선구자였다. 주인정신의 빈곤은 숙명주의, 도피주의, 사대주의, 방관주의, 예속주의 그리고 은둔주의 온상인바 이를 과감히 배격했던 것이다.

그 당시에 사회 풍조가 곡학아세(曲學阿世)를 일삼는 선비들이 판을 치는 혼탁한 세상이었으니, 오늘날의 사이비 내지 반동적 지성을 지닌 식자와 권문 세도의 굴절사회가 지닌 추한 모습과 맥을 같이하고 있다.

그러나 이순신은 그런 속에서도 파사현정(破邪顯正) 하려는 소크라테스적 지성을 지향한 자유인의 자세로 공직생활을 견지했던 것이다.

둘째, 그는 성실인이었다. 말세의 징후가 농후한 도덕과 윤리의 암흑가인 오늘의 현실사회에서 인간답게 살려면 충성과 신의(信義)에 의한 성실을 바탕으로 사람답게 살아야 함은 너무도 당연하다. 현대 사회는 믿음에 의한 계약사회이다. 계약사회에서 국민의 성실을 기본조건으로 하지 않는다면, 불신과 갈등 그리고 왜곡과 파행이 판치는 부조리 사회로 치닫게 된다는 것을 우리는 익히 체득하고 있다.

오늘날 이순신 같은 성실한 대장부가 국가나 사회의 지도자로서 존재하지 않기 때문에 세상이 이렇게 시끄럽고 혼탁한 것이다. 일찍이 공자(孔子)가 "부귀 앞에 혹하지 않고, 빈천으로도 변심치 않으며, 권세에 굴하지 않는 자가 대장부다."라고 하였다. 이순신을 본받으라고 한 말인 것 같기도 하다. 우리는 성실하지 못한 지식인의 병폐는 냉소적 허무주의, 지조 없는 기회주의, 비겁한 도피주의, 무기력한 회의주의, 나약한 패배주의, 아무렇게나 살아가는 무사안일주의를 산출한다는 것을 명심해야 한다.

셋째, 그는 사명인이었다. 사명인이란 이순신처럼 냉철한 머리(cool head)에 따뜻한 마음(warm heart)을 가진 자라야 한다. 지식에는 국경이 없으나 지성인에게는 국경이 있다는 말처럼, 국가와 민족을 사랑하고 봉사·헌신하면서 공익 우선의 책임감과 사명의식을 지닌 자를 뜻한다.

이순신 함대가 백척간두의 조선을 건곤일척으로 구출했음에도 탐관오리들이 모함하여 이순신이 삭탈관직의 백의종군을 하는 사이에 막강한 조선해군은 비겁자 원균 때문에 모조리 수장되고 말았다.

최초, 최고를 지향하라

세계 최초의 철갑선인 거북선을 발명한 이순신. 그 누구도 상상하지 못했던 거북선을 만드는 혁신을 단행했고 그 덕에 이끄는 전쟁마다 승리할 수 있었다. 더불어 이순신은 왜군의 조총을 연구해 정철 총통을 개발한 것은 물론 아이들의 놀이기구인 방패연을 신호수단으로 활용하는 창의력을 발휘했다. 적재적소에 발휘되는 리더의 창의력은 부하직원들의 열정을 불러일으킬 뿐만 아니라 그 누구도 따라올 수 없는 최고를 선사한다.

그밖에 백성을 자신의 부모, 형제, 자식처럼 아꼈던 따뜻한 인간미, 어떤 상황에서든 굴하지 않는 자신감과 전략가적 정신, 그리고 무엇보다 싸움터에서 최후를 맞겠다는 프로정신 등이 우리가 이순신에게 배워야 할 리더십의 덕목이다. 그것을 정리하면 지(智), 신(信), 인(仁), 용(勇), 엄(嚴)의 장재(將才) 여섯 가지이다.

고대 중국의 병법시조인 손무가 그의 병서(兵書)인 「손자(孫子)」의 시계편(始計篇)에서 제시한 장수의 오덕(五德)은 동서고금을 막론하고 리더가 필수적으로 갖춰야 할 핵심적인 자질이라고 하겠다. 이에 비추어 본 리더로서의 이순신은 뛰어난 장수로서의 재능을 고루 갖추었다고 하겠다.

여기에서 지(智)는 지략(智略)이고, 신(信)은 신의(信義)이며, 인(仁)은 인덕(仁德)이고, 용(勇)은 용맹(勇猛)이며, 엄(嚴)은 엄위(嚴威)를 뜻하는바, 현재 우리나라의 500명 가까운 현역 장성과 1,800여 명의 생존한 예비역 장성들 가운데 과연 이 오덕을 겸비하여 이순신과 버금갈만한 그러한 장수가 존재하는지 생각해 볼 일이다.

첫째, 지략 면에서 이순신을 살펴보자. 그는 조·일 7년 전쟁 발발 전에 이미 나라의 대들보답게 스스로 전쟁준비를 철저히 하였다. 당시 그는 군의 통수권을 쥔 국왕도 아니고, 국방·군사 주무장관인 병조판서도 아닌, 1개 해역을 담당한 함대사령관인 전라좌도 수군절도사에 불과했다. 그 자리도 우여곡절 끝에 전쟁발발 1년여 전에 그에게 가까스로 주어졌던 것이다.

그는 창의적인 지략으로 부임하자마자 예하 5관 5포를 순시하면서 출전준비 태세를 완벽하게 갖추어 나갔다. 특히 그는 적의 해상 접근을 미리 관측 보고하도록 기지주변 산정에 신호대를 설치했으며, 큰 돌멩이에 구멍을 뚫어 쇠사슬을 박아 적의 예상접근 수로에 수중 장애물을 부설했다.

뿐만 아니라 그는 혁신적인 해전수단과 방법을 마련해 나갔다. 이순신의 〈난중일기〉에서 보면, 1592년 4월 14일 일본군이 부산에 침공·상륙하기 64일 전에 창제한 거북선에 달 돛 베 29필을 준비했고, 18일 전에 거북선의 함포시험 사격을 했으며, 3일 전에 거북선 돛을 완성 설치했고, 2일 전에 거북선에 장착된 함포의 포술 연습을 끝마쳤던 것으로 되어 있다.

이와 동시에 예하 지휘관 및 참모들의 사격술 연마를 위해 궁술시합을 빈번히 가졌으며, 노 젓는 격군과 함포사수들의 훈련도 철저히 했음을 알 수 있다.

당시로서는 거북선이 인류 최초의 무적전함(invincible battleship)인 철갑선(iron-clad ship)이었던 바, 사료에 의하면 최초 해상대결인 옥포해전에 거북선이 참가했다는 기록이 없어서 일부 논자들은 거북선이 당포해전부터 참전한 것으로 주장하지만, 옥포해전 시의 기동편성을 보면 돌격대장이 임명된 것으로 봐 돌격대장이 거북선에 탑승했을 것으로 판단되며, 일본의 관련 문헌(「志摩軍記」)에도 3척의 신출귀몰하는 쇠붙이로 된 소경배(盲船)로 묘사하고 있음을 볼 때, 거북선의 최초 해전 참가는 부정할 수 없을 것이다.

조·일 7년 전쟁 전 기간을 통하여 일본군은 지상전에서 활과 칼로 무장한 조선군을 압도했으나, 해전에서는 각종 대소구경의 함포를 장착한 조선 수군의 판옥선과 철갑 거북선의 화력과 충격행동에 의해 압도당했던 것이 사실이다.

만약 지상전에서도 조선 육군이 조총으로 무장하고, 지략이 뛰어난 이순신을 통제사에서 해임하지 않고 더 많은 전선과 화포를 만들도록 뒷받침해 주었더라면, 조·일 7년 전쟁은 조선군의 일방적인 승리로 마감되었을 것이다.

둘째, 이순신의 인간적인 신의를 보면 참으로 존경할 만하다. 그는 해상 결전을 앞두고 출전 전에 반드시 예하 지휘관과 참모들을 불러 모아놓고 작전계획의 충분한 토의와 의견교환 끝에 민주적인 의사결정 과정을 거쳐 지휘관 결심을 실행함으로써 부하와의 신의를 돈독히 하였다. 이리하여 부대 구성원의 화합과 단결이 이뤄짐으로써 일사불란한 전투 군기 확립을 도모할 수 있었다.

이순신은 전라좌수사가 되기 이전의 미관말직에서도 여러 가지 인간적인 신의와 장수로서의 체통을 지킨 미담과 일화가 사료에 전해지고 있다. 이율곡이 이조판서로 재직 중에 이순신의 동향 선배인 서애 유성룡을 통하여 이순신을 만나려고 뜻을 전하자, "나와 율곡은 같은 덕수 이씨 문중의 먼 친척이지만, 그가 관리의 인사를 책임지고 있는 한 만나는 것은 옳지 못하다."라고 거절했다는 것이다.

그리고 한번은 하위직급에 있는 이순신에게 당시 병조판서 김귀영이 자기의 서녀(庶女)를 첩으로 삼도록 중신아비를 사이에 넣어 의사를 타진함에, 한마디로 "이제 내가 벼슬길에 갓 나온 사람으로서 어찌 권세의 집에 발을 들여놓을 수가 있겠는가."라고 하면서 거부하는 청백리다운 품위를 보였던 것은 너무도 유명하다.

또 한 가지 기억될만한 사건은 이순신이 전라좌수사가 되기 1년여 전에 정여립(鄭汝立)의 모반사건에 연루되어 이순신과 가까운 사이였던 정언신이 우의정으로 있다가 파직당하여 남해로 귀양을 왔는데 당시 이순신이 정읍현감으로 부임한 직후였다. 그 후 정언신이 다시 서울로 압송되어 함경도 갑산으로 귀양 가서 죽게 되었는데,

갑산으로 귀양 가기 전 옥에 갇혀 있을 때 이순신이 위험을 무릅쓰고 옥문 밖까지 가서 반역자로 낙인찍힌 정언신에게 문안을 드렸던 그 의리와 지조야말로 만인이 감탄하지 않을 수 없다.

셋째, 이순신은 인덕(仁德)을 갖춘 어진 덕장이었다. 그는 무엇보다도 군심과 민심을 얻어 군사작전을 원활하게 수행하는 데 최선을 다하였다. 이에 반하여 원균은 전쟁 초기부터 강개입공(慷慨立功)했으나, 군졸들을 돌보아 주지 않아서 민심을 잃었으며, 경상도 일대 주민 모두가 그에게 등을 돌리게 된 것은 인덕을 갖추지 못한 무자격한 지휘관의 리더십에 문제가 있었기 때문이었다.

그가 한때 충청병사(忠淸兵使)로 전직되었을 때에도 사헌부에서 "원균이 군사들에게 뇌물을 수수하고, 농민을 수탈하면서 잔학한 형벌을 자행하여 죽인 자가 많아서 원망하는 소리가 하늘을 찌를듯 하니, 지체 없이 파직하기를 주청한다."라는 상소문을 조정에 올리기까지 했다.

그러나 이순신은 국가의 군량이 농민의 경작에서 생산된다는 점을 간파하고서 한산해전 이후 전쟁이 소강상태를 유지하자, 전쟁에 동원되었던 군졸들을 교대로 귀가시켜 영농케 했다. 그리고 한산도에 통제영을 설치하여 군량의 자급자족을 도모하고, 해포(海浦)의 일면을 맡아서 소금을 굽고 곡식을 상거래토록 하여 많은 군량을 비축하고 군비를 확충함으로써, 하나의 군·민 일체화 된 거대한 군사기지를 이루었다.

그리고 작전계획을 수립하고 토의하는 장소인 운수당(運壽堂)을 병영 안에 지어 여러 장수와 군대업무를 함께 의논하고, 병사들에게도 진언할 기회를 부여함으로써 원활한 의사소통이 가능하게 했다.

후일 이순신이 파직되어 구속 송치될 때 지방주민들이 길을 막고 울부짖으면서 "통제사께서 지금 떠나시면 우리는 장차 왜적에게 참살당하고 말 것입니다." 하고는 피난 갈 채비를 했던 것은 우연한 일이 아니었다.

후임 통제사로 원균이 부임하자마자 모든 제도를 바꾸고 이순신이 임명한 지휘관과 참모를 모두 해임했다. 그리고 부하와 담당 주민들을 잔혹하게 핍박·처벌하여 "왜적이 쳐들어오면 우리는 다만 달아날 뿐이다."라고 공공연히 말할 정도였으니, 그는 지휘관으로서 인덕이 전혀 없는 냉혈동물이었던 것이다. 칠천량 해전에서 함대가 전멸당한 것은 원균의 자업자득일 수밖에 없다.

넷째, 이순신의 용맹성은 아무리 칭찬해도 지나치지 않을 것이다. 용기에는 멧돼지같이 앞뒤를 안 가리고 돌진하는 저용(猪勇)과 성급하고 사나운 표용(剽勇)이 있고, 침착하고 과감한 침용(沈勇)이 있으며, 충의에서 비롯되는 충용(忠勇)이 있는데, 원균의 용기야말로 저용과 표용의 표본이었으며, 이순신의 용기는 진정한 침용과 충용의 본보기라 해도 과언이 아니다. 조·일 7년 전쟁에서 한 장수의 용기가 곧 부대와 부하 나아가서 국가의 운명을 좌우한다는 실증적인 교훈을 얻게 된다.

첫 번째 싸움 : 부하의 두려움을 없애라!

1592년 5월 4일, 널빤지로 지붕을 이은 판옥선(板屋船) 24척, 협선(挾船) 15척, 민간 고기잡이 배 포작선(鮑作船) 46척까지 모두 85척을 이끌고 왜적과 맞닥트린 이순신 장군. '처음'에 대한 두려움은 인간의 본성이 아니겠는가? 병사들 역시 첫 출전이라 내심 두려움에 떨고 있었음은 불을 보듯 뻔한 일. 이순신은 병사들 마음속에 자리 잡은 두려움을 떨쳐내도록 "가벼이 움직이지 말고 정중하기를 태산과 같이 하라."고 명령한다.

부하들의 마음을 미리 헤아리고 다독였다. "가벼이 움직이지 마라"는 장군의 위엄 있는 명령 한 마디에 병사들은 침착하면서도 질서정연한 전투를 치를 수 있었는데…. 용기백배하여 전투에 임한 병사들의 사기는 한 척 두 척 왜선을 무찌르면서 하늘을 찌를 듯이 올라갔고 결국 단 1척의 배도 단 한 명의 병사도 잃지 않고 총 26척의 왜선을 전멸시킬 수 있었다고 한다. 이 여세를 몰아 이순신은 합포와 적진포까지 진격해 뒤이어 16척의 왜선을 물리쳤음은 물론 다음 전투를 위해 병사들의 사기를 더욱 북돋워 주었다.

사천 출전 : 부하들의 사기를 꺾지 마라!

1차 해전의 승리로 자신감이 치솟은 병사들을 이끌고 2차 해전을 준비하던 이순신은 6월 3일 전라우수사 이억기와 여수 앞바다에서 합세하기로 전략을 미리 짜둔 터였다. 그러나 작전 일에 닿기 며칠 전 원균 측으로부터 적선 10여 척이 사천 곤양으로 쳐들어

왔다는 급한 전갈이 도착한다. 급히 전략을 수정, 휘하 장병을 이끌고 원균을 지원 사격하기로 결심한 이순신은 여수 본영을 군관 윤사공에게, 홍양현을 조방장 정걸에게 채비시키고서 거북선을 거느리고 노량으로 출정한다. 저 멀리 탐문을 나온 왜선 1척을 발견하고 뒤쫓아 불태워버리고서 사천 해안을 보니 12척의 누각대선이 있었고 그 위에서 400여 명에 이르는 왜적들이 조총을 쏘아대고 있었다.

해안이 좁아 왜적을 상대하기에 버거울 수 있다고 판단한 이순신은 왜적을 넓은 바다로 유인하려고 서서히 후퇴한다. 아군의 후퇴에 기세등등해진 왜적들, 빠른 속도로 따라붙으며 맹공을 퍼붓는데, 그것도 잠시였다. 밀물 때를 기다렸던 이순신은 "기회는 이때다!"라며 거북선을 왜적선 속으로 돌진시키며 맹공을 해댔고 다른 전선들도 힘을 합해 집중공격을 해대는 바람에 어찌할 바를 모르던 왜적들은 무릎을 꿇었다.

노량해전에서 왼편 어깨에 관통상을 입어 피가 발뒤꿈치까지 흘러내렸지만 이순신은 끝까지 활을 놓지 않고 진두지휘했으며 싸움이 잠잠해진 뒤에야 철환을 파내었다고 전해진다. 바로 부하들의 사기가 떨어질 것을 염려해 알리지 않았던 것이다.

6차 해전 : 전공은 공명정대하게!

언제 어느 때라도 출전할 수 있도록 늘 만반의 준비태세를 갖춘 이순신은 적선 30여 척의 출몰 보고를 받고, 한산도 앞바다에 집결해 어둠을 틈타 은밀히 이동하고 있었다. 이 무렵 우리 전선을 보고 줄행랑을 놓은 왜선 10척을 발견, 읍전포에서 6척, 어선포(於善浦)에서 2척, 자구미포(紫仇味浦)에서 2척을 모두 불태워버렸다. 당항포에 정박 중이던 왜선 21척에 타고 있던 왜병들은 불에 타는 왜선을 보고는 상륙, 지상전할 태세를 보였다. 이어 이순신은 왜선이 도망칠 수 없도록 당항포 포구를 밤새 지켰는데 겁을 먹은 왜병들은 어둠을 틈타 왜선 21척만을 남겨두고 도망치고 말았다. 결국 총성 한 번 울리지 않고 왜선 31척을 불태울 수 있었다.

그러나 6차 해전의 전공을 모두 경상도 수군의 전공으로 보고하는 바람에 장수들의 불만이 하늘로 치솟고 말았다. 이 사실을 전해 들은 이순신은 도별로 전공이 있는 장수들의 명단을 작성하여 올렸고 왜선에서 취득한 옷과 양식을 군사들에게 골고루 전공으로 나누어 주었다고 한다.

외형적 힘(power), 형(形)과 내부적 힘(energy), 세(勢)

목적을 이끄는 사람과 목적을 이끄는 리더는 성공한다. 목적을 이끄는 리더는 외형적으로나 내부적으로 안정감이 있다. 그러므로 목적을 이끄는 삶을 살아야 한다.

기독교적 관점으로 볼 때 인간의 목적은 세 가지이다. 인생의 제1 목적은 하나님께 영광을 돌리는 것이다. 하나님을 예배하고 하나님의 일을 감당할 때 하나님은 영광을 받으신다. 하나님을 예배하고 하나님의 일을 하게 하는 것이 바로 리더십이다. 목사가 교회의 리더라면 그의 최대 사명은 성도들로 하여금 신령과 진정으로 하나님께 예배드리게 하고, 하나님의 나라를 위해서 주의 일을 할 수 있도록 구비시키는 일일 것이다. 즉 성도를 예배자(worshipper)와 사역자(worker)로 만드는 것이다. 그 일이 바로 리더십의 본질이다.

인생의 제2 목적은 행복하게 사는 것이다. 인생은 그냥 사는 것이다. 살되 행복하게 가치 있게 사는 것이다. 스티븐 코비가 말하는 대로 "인생이란 살며, 사랑하며, 배우며, 유산을 남기는 것"이다.

인생의 제3 목적은 다른 사람을 돕는 것이다. 리더십이야말로 사람을 살리고, 섬기고 돕고 구원하는 것이다. 리더십의 정의로 가장 많이 받아들여지는 것이 바로 영향력이다. 다른 사람에게 바람직한 방향으로 영향을 미치는 관계가 바로 리더십이다. 그런 점에서 다른 사람을 변화시키려면 리더십의 역량이 필수적이다. 리더십이 큰 사람일수록 더 많은 사람을 도울 수 있다.

그러므로 다른 사람을 돕는다는 인생의 목적을 이루기 위해서는 리더십을 키우는 것이 첩경이다. 이같이 목적을 이끌어 가는 삶을 추구하는 것이 지도자의 자화상이 되어야 한다. 지도자는 사람들로 하여금 목적을 이끌어 가는 인생(the purpose-driven life)이 되도록 먼저 자기 자신이 목적의 종이 되어야 한다.

리더십이 중요한 마지막 이유는 리더십이야 말로 자기계발을 가능하게 하는 최상의 길이기 때문이다. 이 때문에 리더십의 출발은 셀프 리더십이다. 최근 들어 리더십의 개념이 획기적으로 바뀌고 있다. 다른 사람을 다스리는 공적 리더십(public leadership), 혹은 사회적 리더십(social leadership)보다는 먼저 자신을 다스리는 사적 리더십(private leadership)이 더 중요하다는 주장이 일반화되고 있다. 즉 지도자는 자신이 책임 맡은 조직을 계발하기 전에 먼저 자신을 계발할 수 있어야 한다.

조직의 성장은 지도자의 성장에 정비례한다. 조직의 성장이 곧 리더 성장의 결과이다. 모든 지도자는 그 자신 안에 자신을 다스리는 지도자가 있다. 이것을 "당신 안에 있는 지도자(The Leader in you)"라고 한다.

자신을 개발하기 위해 지도자는 태도를 바꾸고, 지식을 확보하고, 끊임없이 훈련하고 탁월한 기술을 익혀야 한다. 태도와 지식과 훈련과 기술의 네 가지는 자기 계발을 위한 리더십의 4대 요소이다. 지도자가 되는 것은 전략적으로 사는 것을 의미한다. 같은 능력과 자원이라도 그것을 활용하는 전략에 따라 생산성과 효율성이 달라진다. 지도자는 자신의 능력과 자원부터 전략적으로 쓸 수 있어야 한다.

그 결과 다른 사람의 능력과 자원을 극대화할 수 있는 것이다. 전략적으로 자신을 계발하기 위해서는 자신이 누구인지, 왜 사는지, 무슨 일을 해야 하는지, 그리고 어떻게 해야 하는지를 분명하게 알고 있어야 한다. 자기계발은 리더십의 출발이요, 리더십은 자기계발의 표현이다.

거장의 발자취를 보라 목적이 이끌고 있다

헨리 나우웬(Henri J. M. Nouwen)이 워싱턴의 인간개발 연구소(Center for Human Development) 15주년 기념식에서 행한 강

연 제목이 "21세기 기독교인 리더십"이었다. 그는 현대 종교인들이 빠지기 쉬운 유혹 세 가지를 말했는데 "현실적이 되라", "멋있게 보이라", 그리고 "힘이 최고다"라는 것이라고 지적했다. 이 세 가지 유혹의 주제는 기독교의 창시자가 되는 예수께서 광야에서 사탄에게 받으신 것들이다.

세속 사회의 일원이 되어 사는 중에 우리는 타성에 젖어간다. 처음에는 본심에 충실하여 살겠다고 하고서는 세상에서 살려면 현실적인 능력이 있어야 한다고 믿어간다. 그래서 세상 사람들은 그나마도 믿었던 크리스천들이 너무 비현실적이라고 매도까지 한다. 성경말씀은 교회에 있을 동안 먹는 것이고 현실에서는 떡을 먹고산다고 외치는 사람이 되어가고 있다.

역시 기독교인들도 같은 값이면 다홍치마라고 멋있게 보여야 한다고 여기며 어느덧 멋을 추구하고 있다. 여기서 멋이란 아름다움을 의미하는 것이 아니다. 하나님은 세상을 아름답게 만드셨다. 그러나 여기서는 아름다움 대신 흔히 폼 내는 것, 우쭐거리는 것, 자랑하는 것을 뜻한다. 이것은 종교인이든 비종교인이든, 기독교인이든 비기독교인이든 모두 다 빠지기 쉬운 유혹이다.

예수님이 받으신 유혹 중 성전 꼭대기에서 많은 사람이 보는 앞에서 뛰어내려 사람들에게 환호를 받으라는 유혹이 있었다. 우리는 사회생활을 하거나 교회 공동체 생활을 하면서 이런 유혹을 받고 있다. 남달리 인정받아 우쭐거리고 싶은 유혹이다. 처음에는 겸손히 무명이라도 좋다고 생각하며 봉사하던 우리가 타성에 젖으면서 무명보다는 유명이 좋다는 것으로 바뀐다.

그리고 힘이 있으니 좋더란 유혹이다. 얼마 전 임명받은 대구 지방 검찰청 검사장은 매우 열성이 있는 크리스천이다. 그분이 대구 복음화를 위하여 뛰겠다고 나섰다. 그분이 주도하는 복음화 집회 준비 모임에 참석하면서 느낀 것은 권력이 좋구나 하는 것이었다. 장소준비나 주차장 준비하며 모든 것이 일사천리로 진행되어갔다. 검사장의 말 한마디가 많은 서류를 준비해야 하는 행정절차를 간소화시켰다. 우리는 이런 일들을 겪으면서 권력의 힘에 익숙해지고 있다.

세상에서는 기업인이지만 필자도 교회에서는 직분을 가진 기독교인이다. 우리의 교회를 보면서 오늘 기독교회가 진정 예수님이 원하셨던 교회인가란 비판을 받는 데 공감하고 있다. 예수님께서 거부하시고 꾸중하셨던 당시 유대교회의 모습을 닮아간다는 우려가 큰 것도 사실이다. 지금 길을 잘못 들어선 이들도 처음에는 매우 좋았을 것이다. 그러나 시간이 흐르면서 처음 자리에서 거리가 멀어진 것이다. 그것은 그들 속에서 역사하는 사탄의 유혹을 이기지 못했기 때문이다.

한 나라의 흥망성쇠는 한 사람의 지도자와 그의 리더십에 달렸다고 해도 과언이 아니다. 지도자의 지도력 부재가 큰 어려움을 가져다준다는 데는 이견이 없을 것이다. 지도자들의 아집이나 이기심, 안일함 혹은 무능 때문에 일반적으로 많은 사람이 어려움에 직면하기 때문이다.

마이런 러쉬는 「새로운 지도자」라는 자신의 저서에서 "다른 어떤 천연자원이나 에너지의 고갈보다도 인류가 직면한 더 심각한 문제는 그 어느 시대보다도 지도자와 리더십 부족의 시대에 우리가 살고 있다."고 지적하고 있다. 리더십의 권위자인 존 맥스웰도 "리더십이 모든 것이다."라고 말한다. 맥스웰의 말처럼 만사가 리더십에 달린 것이다. 이 말은 '인사가 만사이다' 란 말과 일맥상통한다. 훌륭한 지도력을 갖춘 지도자를 우리는 이 시대에 필요로 하는 것이다.

그렇다면 오늘 한국사회가 정치, 경제, 문화, 교육적으로 흔들리는 이유는 무엇인가? 결국 리더십의 부재 그 자체이다. 그리고 이전에 적용되었던 리더십들이 한계점에 이르렀다. 새로운 시대가 되었으므로 새로운 리더십의 적용이 필요하다는 말이다. 개인, 교회, 국가의 운명을 결정한다는 리더십이 21세기 이 새롭고 복잡다단(複雜多端)한 시대에는 어떻게 정의되고 적용되어야 할 것인가?

한 국가나 단체가 지속적인 성장과 발전을 이룩하려면 현재 당면한 위기 상황을 정확하게 진단하고, 그 문제점들에 대한 적절한 처방을 내리는 것은 기본적 과제라 하겠다. 위기의 본질을 제대로 파악하고 대처할 때 우리는 위기를 극복할 수 있다.

리더십에 대한 연구와 결과물은 부족하지 않을 만큼 나와 있다. 그들의 리더십에 대한 정의와 연구는 물론 다 옳은 것이다. 물론 다 원칙에 근거한 것이고 성현들의 모범에서 따온 것이라고 볼 수 있을 것이다. 하지만 원칙(text)은 변하지 않았지만 상황(context)은 변하고 있다. 지금은 복합적 사회이다. 다원주의의 영향 아래 접어들었으므로 인해 지금까지의 리더십 정의가 적당하였다고 하더라도 현상황에 맞게 새로이 정의하고 적용하여야 한다.

그렇다면, 급변하는 국제 사회에서 우리나라가 지속적으로 번영하고, 복잡 다양한 사회 속에서 회사와 기업들이 건강하게 성장하려면 지도자가 어떤 리더십을 갖추어야 하겠는가? 시대와 상황에 적합한 지도력을 발휘해야 하는 데 한국 상황에 알맞은 한국적 지도력은 어떤 것인가? 그것은 남을 지도하기에 앞서 나 자신의 변화와 통제를 할 수 있는 셀프 리더십이다.

그래서 이제 제시하고자 하는 자기 통제의 셀프 리더십을 발휘하려면 먼저 셀프 리더십 거장들의 발자취를 따라가야 한다. 거장의 발자취를 따르기 위해서는 거장들에 대해 배워야 한다. 그들이 무엇을 소중하게 여겼으며, 그들이 어떤 원리를 가지고 살았는지를 잘 배워야 한다.

사이버 세계의 노마드(nomad)

이순신의 리더십을 논할 때 우리가 잊어버려서는 안 되는 것이 그의 탁월한 네트워크와 팀워크정신이다. 우리의 민족성을 볼 때, 다른 사람들이 하는 건 나도 해야 한다는 그런 자발성을 이순신 장군이 그의 병사들에게서 이끌어 낸 것이다. 이 자발성이 현대에 와서 네트워크 강국을 만들지 않았나 생각한다.

우리 민족의 원 뿌리엔 유목민의 피가 흐르고 있다. 노마드(nomad)는 '유목민', '유랑자'를 뜻하는 용어로, 프랑스의 철학자 들뢰즈(Gilles Deleuze)가 처음 사용한 말이다. 노마디즘은 이러한 노마드의 의미를 살려 유목주의로 번역되는데 기존의 가치와 삶의 방식을 부정하고 불모지를 옮겨 다니며 새로운 것을 창조해 내는 일체의 방식을 의미하며, 철학적 개념뿐만 아니라 현대사회의 문화·심리 현상을 설명하는 말로도 쓰인다.

즉 노마드란 공간적인 이동만을 가리키는 것이 아니라, 버려진 불모지를 새로운 생성의 땅으로 바꿔 가는 것, 곧 한자리에 앉아서도 특정한 가치와 삶의 방식에 매달리지 않고 끊임없이 자신을 바꾸어 가는 창조적인 행위를 뜻한다. 그런데 이러한 민족적 기질이 한반도에 묶여 있었으니 얼마나 답답했을까? 그러다가 인터넷을 통하여 전 세계를 주름잡게 된 것이다. 말 그대로 물을 만난 고기가 된 것이다.

단군 이래, 세종대왕과 이순신 장군 이후 우리 민족이 새롭게 세계에 두각을 나타낼 시대가 온 것이다. 아우구스투스가 말했다. "벽돌로 만든 로마를 물려받아 대리석 거리로 남기겠다." 출발은 작은 네트워크로 하겠지만 전 세계를 아우르는 네트워크를 형성하라는 말이다. 이순신은 수군통제사였지만 그의 안목과 전략은 바다에만 머물러 있지 않았던 것이다.

역사상 정말 위대하게 높임을 받는 인물 가운데 살아생전에 남들이 성공했다고 입을 모아 칭찬할 수 있는 사람이 과연 얼마나 될까? 오늘날, 모든 한국인으로부터 우리나라 5천 년 역사에서 뛰어나게 훌륭한 어른 의 한 분이라고 존경을 받는 충무공 이순신도 그의 생전에는 그에 어울리는 대접을 받아 본 일이 있었던가? 그의 〈난중일기〉를 보건대, 그의 일생은 고난과 슬픔으로 이어진, 실패처럼 보이는 일생이었다. 하지만 그분보다 뛰어난 위인이 전무후무한 것은 사실이다.

나는 내 영혼의 지배자다
나는 내 운명의 주인이다

월리엄 헨리

당신이 성공의 목표를 향해 진심으로 전력을 다하지 못한 이유를 정리해 봅니다.

그것이 왜 문제가 되는지 정리해 봅니다. 그리고 행동으로 옮겨봅니다

나를 고용한 사람은 바로 나 자신이다
다윗

전쟁의 기술

로버트 그린의 책 「전쟁의 기술」 번역판 표지에는 등 뒤로 칼을 숨긴 사람의 그림이 있다. 도발적이다. 책 서두의 문장 역시 거침이 없다. "삶은 전투와 충돌의 연속이다." "언제나 전투 직전 상황이라고 생각하라." "동지와 적을 구분하는 것이 야만적이고 구시대적이라고 말하는 사람에게 귀 기울이지 마라. 그들은 싸움에 대한 두려움을 그릇된 온정으로 숨기고 있을 따름이다." "사람들의 호감을 사야 한다는 유혹에 빠지지 마라. 그보다는 존경받고, 심지어 두려움의 대상이 되는 편이 낫다." 이것은 500년 전 이탈리아 르네상스 시대에 나타난 마키아벨리를 연상시킨다. "결과만 좋으면 수단은 언제나 정당화되는 것이다(시오노 나나미, 한길사 간, 「마키아벨리 어록」, 81쪽).” “군주 된 자는 위대한 일을 하고 싶으면 사람을 농락하는 법, 즉 권모술수를 배울 필요가 있다.” “(권모술수의) 활용은 다만 물밑에서 이뤄져야 한다.”

「전쟁의 기술」의 저자 로버트 그린은 더욱 통렬하게 말한다. “중립지대란 없으며 화해는 헛된 희망에 불과함을 인식해야 한다. 타협하고자 하는 욕망은 상대방이 당신에게 사용할 무기가 된다.”

이 책은 기업경영에 관한 것이라기보다는 모든 개인에 대한 처세술 서적이라고 볼 수 있다. 이 책의 전제는 삶이란 곧 '싸움의 연속'이며 따라서 실제 전쟁에서 사용되는 '전쟁의 기술'이 모든 삶의 현장에서 가치 있게 활용될 수 있다는 것이다.

그렇다면 전쟁의 기술은 평화 시에도 적용 가능한가? 이런 질문이 가능하다. 현대사회를 흔히 무한경쟁 사회라고 한다. 경쟁이 일정한 범위에서 규칙을 준수해가며 이루어질 경우 이것은 게임이나 스포츠의 모습을 띤다. 그러나 경쟁이 '너 죽고 나 살기' 식으로까지 치달으면 전쟁이 된다. 전쟁은 극한 상황에서 각 개인이 자신의 역량을 총동원해 벌이는 생존 게임이다. “죽고자 하면 살고 살고자 하면 죽는(死則生 生則死)” 비장한 각오가 필요한 하루하루를 사는 것이 현대인의 삶인지도 모른다.

전쟁의 기술을 경영전략에 적용하고자 시도한 것은 경영학 자체의 발전과 맥을 같이한다. 전략(strategy)이라는 단어 자체가 군사용어이며, CEO(Chief Executive Officer)나 본사(headquarters) 등도 마찬가지다. 이론적으로 군사전략을 기업경영 또는 개인 처세에 적용하고자 한 시도는 적지 않다. 알 리스(Al Ries)와 잭 트라우트(Jack Trout)는 공동저서 「Positioning: the battle for Your Mind」(1986)에서 프로시아의 전략이론가 클라우제비츠의 이론을 마케팅에 적용했으며, 브라이언 트래이시(Brian Tracy) 역시 저서 「Victory!: Applying the Proven Principles of Military Strategy to Achieve Greater Success in Your Business and」(2002)에서 군사전략을 기업경영과 개인 처세에 적용하고자 했다.

20세기 클라우제비츠로 불리는 군사 이론가 리델 하트(Liddell Hart)는 그의 주저 「전략」(Strategy)(1954)에서 군사전략상의 몇 가지 시사점이 삶의 모든 영역에서 적용된다는 주장을 피력하고 있다. 삶은 투쟁이며 우리 주변은 적으로 가득 차 있다고 말한다. "많은 사람이 우정이라는 가면을 쓰고 공격적 욕망을 숨긴다. 그들은 가까이 다가와서 더 많은 해를 끼치려고 한다. (친구는 당신을 다치게 하는 방법을 가장 잘 아는 존재다)."(34쪽) 저자는 주변에 숨은 적들을 노출시키고 이들을 공격하라고 부추긴다. "분노를 억누르고 당신을 위협하는 사람을 회피하며, 언제나 타협점을 찾으려 하는 식의 무난한 전략은 파멸을 부른다. …당신의 적과 대면하라. 탈출구는 그것 하나뿐이다."(38쪽)

현대사회의 삶이 전쟁과 일면 흡사하다는 것에 대해서는 부인할 사람이 많지 않을 것이다. 필자는 문제를 덮어두고 회피하려는 자세를 떨쳐버리고 과감하게 현실과 맞서라는 본서의 주장에 공감한다. 최근 젊은 세대를 중심으로 무기력감, 자포자기의 태도가 확산하는 것을 경고하는 소리가 높아지고 있다. NEET족(Not in Employment, Education or Training), 캥거루족 등 현실도피적 성향이 사회적으로 확산되고 있으며, 만성적인 청년 실업이 구직 포기, 경제활동인구 이탈로까지 이어지는 실정이다.

일본에서는 자기 방에서 십 수 년 이상 나오지 않는 소위 '히키코모리(은둔형 외톨이)'가 전체 인구의 1%에 달한다고 한다. 세상과 대면하는 것에 대한 두려움과 회피가 개인적인 삶의 파괴와 사회적 병리현상으로 번진 것이다. 자신감을 회복하고, 세상과 현실에 당당히 맞서는 셀프 리더십이 적극적으로 요구되는 이때에 이스라엘의 위대한 왕 다윗은 어떤 리더십으로 국가를 운영했을까?

자신을 경영한 다윗

다윗의 왕국은 이스라엘 역사상 가장 넓은 영토를 소유한 시대였다. 이스라엘 역사에서 황금기로 불리던 솔로몬의 통치도 다윗의 영토를 더 넓히기보다는 그것을 유지하는 데 주력한 수준이며 다윗의 왕국은 다양한 민족들과 종교, 전통들을 포함하는 매우 복잡한 구조로 되어 있던 시기였다.

그런데 다윗 시대의 이스라엘에서 왕정 체제는 결코 오랜 역사를 가지지 않았다. 학자들 말에 의하면 그 이전인 사울의 왕국은 정치적으로 행정적으로 잘 체계화된 국가도 아니었다. 그런데도 다윗은 사울의 왕국과는 매우 다른 형태의 강력한 왕국을 세웠던 것이다.

과연 다윗은 어떻게 자기 시대에 적합한 정책을 수행할 수 있었으며 이러한 정책의 기원은 다윗의 어떤 성격의 리더십에서 비롯되었는가, 그것이 최종적으로 의도한 바는 무엇이었을까?

본론에서는 다윗이 왕으로 등극하기 이전에 그가 왕위에 오르는 데 기반이 되었던 요소들을 살펴보고 다윗이 왕으로 등극한 이후에 자신의 거대한 왕국을 공고히 하고, 효율적으로 통치하고자 세웠던 정책들과 리더십에 대해 그 기원을 살펴볼 것이다. 그리고 끝으로 다윗의 왕국이 다져진 이후에 생긴 반 다윗 세력에 대한 대응 및 리더십 실패의 원인에 대해 다룰 것이다.

고대 근동에서 왕은 군인이었다. 따라서 지도자는 혼돈의 세력에 대적해야 할 의무가 있었다. 다윗 설화는 다윗이 처음부터 군인으로서의 뛰어난 재능이 있는 것으로 묘사함으로써 그가 단순히 군인을 넘어 이스라엘의 왕으로 부상할 것임을 보여준다.

토마스 만(Thomas Mann)의 책 「Thomas Mann Stories of Three Decades」(1956)이나 Lora Devader & Alliger(1986)에 의하면 리더는 남성성향, 지배성향, 외향성과 같은 특성을 지닌다고 주장하였는데, 이러한 특성은 다윗이 리더가 되는데 분명 중요한 역할을 하고 있다. 그러므로 그가 이스라엘 왕으로 등극하기 이전의 군사 지도자적인 자질을 살펴봄으로써 이러한 그의 재능이 그의 왕위 등극에 얼마나 많은 영향을 미쳤는지를 살펴볼 것이다.

처음 다윗이 자신의 군사적인 자질을 보여준 것은 골리앗과의 용감한 전투에서였다. 이 골리앗과의 전쟁은 사울과 다윗에게 있어 결정적으로 중요한 새로운 국면을 마련해 주는 계기가 된다. 즉 다윗은 백성에게 군사적인 지도자로서 인정을 받게 되고, 사울은 왕으로서의 자격을 의심받게 되었다는 것이다. 이러한 상황은 다윗이 자기 감시성향이 높은 사람이라고 추측할 가능성을 던져준다.

다윗은 그 이후에도 여러 전투에서 승리를 거둔다. 그 결과 이스라엘 군사들뿐만 아니라 "사울의 신하들" 즉, 사울 왕의 측근인 직업 군인들과 용병들이 '다사모'가 되어 주었다. 다윗의 이러한 군사적 재능과 사람을 끄는 힘은 결국 사울의 질투심을 자극하여 정치적 위협을 느낀 사울이 다윗을 망명자로 내몬다. 하지만 다윗의 망명기는 오히려 그의 군사적인 능력을 발전시키고 다지는 계기가 된다.

다윗이 자신의 군사적인 재능을 더욱더 발전시키고, 아직 소수였지만 자신의 군대를 더 조직화하고 개방화된 군대로 만들 수 있었던 것은 그가 블레셋의 봉신으로 들어가면서부터이다. 이러한 상황은 그가 이스라엘의 왕에 오르는데 밑거름이 되었다.

그의 진짜 군인으로서의 자질은 그러한 불리한 상황에서도 전투를 승리로 이끈 그의 전술에서 나타난다. 그 전술의 특징을 살펴보면

첫째, 다윗은 적군에 자신의 첩자를 두어 적의 동태를 파악하였다. 예를 들면, 압살롬의 반란 때 다윗은 후새를 압살롬에게 보내어 위장 귀순시키고, 사독과 아비아달 두 제사장과 그의 아들 아히마아스와 요나단을 통하여 적의 상황을 파악하였다. 그럼으로써 다윗은 압살롬의 기습공격을 피할 수 있었고, 용병들의 활약으로 압살롬을 패전시켰다.

깊게 생각해보지 않아도 하급자를 적의 첩자로 들여보내려면 그만큼 하급자와 리더 간의 신뢰적 관계가 매우 필수적일 것이며 하급자가 리더에게 가지는 충성이 매우 클 때 가능한 것으로 생각한다. 다윗은 이러한 점에서 관계 지향적 리더라고 할 수 있겠다.

또한 블레이크와 무통(R. Blake and Jane S. Mouton)이 공동 저술한 「THE MANAGERIAL GRID- Key Orientations for Achieving Production Through People」(1964)에 따른다면 중간적 스타일이라고도 할 수 있다. 하급자의 관계(사기)와 직무 간 효율에 균형을 유지하였으므로 그의 이러한 전술이 성공한 것이기 때문이다.

둘째, 다윗은 적을 공격할 때 주로 기습공격을 많이 감행하였다. 다윗이 이러한 방법을 주로 사용한 것은 이스라엘이 블레셋보다 많이 열세였기 때문이다. 당시 블레셋은 쇠로 만든 덮개를 씌운 전차까지 사용하여 싸웠으며 온갖 쇠로 만든 무기로 중무장해서 겨우 청동기로 무장한 이스라엘 군대는 쉽게 달아날 정도였다. 따라서 다윗은 블레셋과 싸울 때 전면전을 피하고 주로 기습공격을 시도하여 전쟁을 승리로 이끈 것이다. 이렇게 다윗에게는 군사 지도자에게 요청되는 용맹성, 지도력, 군사전략적인 안목 혹은 직관 등이 잘 조화되어 있었다. 이러한 그의 능력은 그가 온 이스라엘의 왕위에 오르는 데 긍정적인 역할을 하였을 것이다.

리더십의 상황이론들 중 레슬리 피들러(Leslie Fiedler)는 저서 「Last Jew In America」(1967)에서 리더 자신의 스타일과 상황적 특성을 일치시키지 않으면 리더가 상황을 자신의 스타일에 맞도록 바꾸어 나아가야 한다고 자의론 입장에서 주장한 바 있는데, 다윗이라는 인물은 등극과 등극 이후 왕위의 안정을 위해 환경을 만들어나가는 리더였고 그 환경의 조성은 여러 부족의 여인들과 결혼을 하여 혈연적 관계를 맺은 것이었다.

그리고 부차적인 생각이지만 다윗과 결혼한 여성 중에는 부(富)를 지닌 여성들이 여럿 존재했는데 그녀들이 가진 금전적 배경도 다윗이 왕이 되는 데 중요한 환경을 조성하였으리라고 생각한다.

등극 후 중앙집권화를 위한 정책들

다윗은 유다와 이스라엘의 왕이 되었지만 그의 왕위 즉위는 각각 다른 시기에 별개의 사건으로 이루어졌다. 먼저 유다의 왕이 되고 그다음에 이스라엘 왕이 되었다. 이 양 국가에 대한 다윗의 왕권은 분명히 합법적인 기반이 있었다. 하지만 이 두 국가를 하나로 통일하는 것은 가능하지 않았다. 이 두 개의 정치 구조를 통합할 수 있는 유일한 요소는 왕 자신이었다. 우리는 이를 '인물중심의 연합(personal union)이라고 부른다. 다윗은 이 두 나라와 다윗이 정복한 가나안 국가들, 외부 국가들을 효율적으로 통치하고자, 즉 중앙집권화를 위해 다윗은 정치적·종교적으로 혁신적인 조치들을 취하였다.

유다와 이스라엘의 왕이 되어 블레셋의 위협을 제거한 후 다윗이 중앙집권화를 위해 취한 맨 처음 행동은 여부스 족이 점령한 난공불락의 요새라고 자랑하던 예루살렘을 정복한 것이었다. 다윗은 그 당시 지파들의 중심이 된 도시들을 마다하고 왜 이 도성을 그의 수도로 정했을까? 거기에는 몇 가지 이유가 있다. 여기서 당시 이스라엘의 상황을 알아보자.

첫째, 예루살렘은 천연적인 방어 요새지였다. 예루살렘 원주민(여부스 족 사람)은 다윗이 공격할 때 그들을 조롱하며 그곳이 난공불락의 요새임을 자랑하였다.

둘째, 가나안 지역은 물이 귀하므로 아무 곳에나 도시가 형성될 수 없었다. 다른 조건이 아무리 좋다고 하여도 물의 공급이 가능하지 못하면 도시를 세울 수 없었다. 그러나 이 지역에는 예루살렘 전체의 유일한 수원이 되는 기혼 샘이 있었다.

셋째, 예루살렘은 서쪽 해안에서 요단 계곡을 관통하는 중요한 도로에 있는 요새 도시였고 또한 남과 북을 이어주는 주요 간선도로를 차단하는 중요한 위치에 있었다.

넷째, 예루살렘은 다윗 왕 때까지는 완전히 정복되지 않아서 이스라엘 어느 지파에도 소속되지 않은 도시였다. 북쪽 지파들은 사울 집안을 섬기고, 남쪽의 지파들은 헤브론에 있는 다윗 집안을 섬기던 때 이루어진 다윗의 정복활동은 중요한 의미를 지닌다. 다윗은 남쪽 지파뿐 아니라 북쪽 지파도 지배할 야망을 품고 있었으므로 북쪽 편도 아니고 남쪽 편도 아닌 장소에 수도를 정해야 할 필요가 있었다.

이처럼 예루살렘은 유다와 이스라엘 사이에서 중립적인 위치를 차지할 수 있었으므로, 다윗은 북쪽 지파들이나 남쪽 지파들과 동일하게 거리를 좁힐 수 있었으면서도 동시에 그들에게 독립적으로 떨어져 있을 수 있었다. 즉, 예루살렘은 유다적인 것도 아니고 이스라엘적인 것도 아닌, 거의 새로운 국가 제도에 나타난 이질적인 것이었다. 이를 통해 다윗은 예루살렘을 유다와 이스라엘이 아닌, 그가 정복한 다른 민족들의 수도로 만들 수 있었다.

이러한 안목은 다윗이 능력적 특성을 천부적으로 가진 리더라고 설명하는 데 설득력을 가진다. 다윗은 타고난 리더라고 해도 과언이 아니라고 생각한다. 장자 위주의 사회에서 일곱째 아들로 태어나 그토록 뛰어난 리더로 활약한 것을 보면 더욱 그렇다.

구조의 개혁

다윗의 정치구조는 사울의 것보다 훨씬 복잡한 구조를 가진다. 이는 조그마한 부족 국가를 다스리던 사울보다, 부족 국가에서 시작해 다양한 민족들로 구성된 국가를 통치해야 했던 다윗에게 그 규모에 합당한 정치 구조가 요구되는 것은 당연한 일일 것이다.

사울은 엄밀하게 말해서 왕은 아니었다. 사울에 관한 전승 단편들 가운데 가장 오래된 것으로 보이는 단편에서 그는 왕을 뜻하는 'melek'이 아니라, '제후 혹은 사령관'을 뜻하는 'nagid'로 불린다. 따라서 사울은 블레셋으로 말미암은 비상사태가 끝날 때까지 중심적인 군대의 지휘권을 행사한 무사의 군왕이었다.

이러한 사울의 통치는 이스라엘의 내적인 체제를 전혀 변화시키지 않았다. 다시 말해서 사울의 왕정은 다른 민족들로부터 모방한 것이 아닌, 매우 이스라엘적인 것이었다.

이러한 사울의 위치와 정치구조는 다윗의 것과는 대조를 이룬다. 여기서 먼저 추종자(Follower)로서의 다윗과 리더(Leader)로서의 사울을 추종자 관계론에 따라 분석해보면 다윗은 모범형이라고 볼 수 있다. 다윗은 혁신적이고 독창적이며 무엇보다 리더가 잘못되었다고 생각했을 때 용감히 맞섰다. 다윗과 사울의 사이는 좋지 않았다. 사울은 다윗을 시기했고 자신의 자리를 위협할 인물로 우려하며 그를 죽이려 했다. 이러한 사울의 생각은 LMX(leader-member exchanges, 리더-구성원 교환)이론에 의하면, 이방인 단계에서 면식 단계를 거쳐 파트너 단계로의 발전을 방해했을 뿐만 아니라 슈퍼 리더로 거듭나는 것은 아예 시도해보지도 못하게 했다.

진정한 리더는 결국 자신감이 없어도 일어설 수 있는 셀프 리더의 육성을 통해 태어난다. 이러한 점에 사울은 리더보다는 보스에 가까웠다고 볼 수 있다. 우리는 흔히 리더와 보스를 혼동한다. 그러나 그것은 사울과 다윗이 다른 것만큼이나 분명한 차이가 있다.

〈리더와 보스〉

1. 리더는 '신념'을 주고, 보스는 '공포심'을 준다.
2. 리더는 잘못을 '고쳐' 주고, 보스는 '추궁'만 한다.
3. 리더는 사람들 눈에 '보이는 데서' 일하고, 보스는 '보이지 않는 데서' 일한다.
4. 리더는 사람들의 '앞장에 서고', 보스는 부하들을 '앞세운다'.
5. 리더는 부하들을 '추켜세우고', 보스는 부하들을 '누른다'.

6. 리더는 '아는 길도 물어가고', 보스는 '모르는 길도 묻지 않는다'.
7. 리더는 늘 '우리' 라고 말하고, 보스는 늘 '나' 라고 말한다.
8. 리더는 '신바람' 이 나게 하고, 보스는 '원망' 을 낳게 한다.
9. 리더는 방법을 '가르쳐' 주고, 보스는 '알고만' 있다.
10. 리더는 사람을 '인도' 하고, 보스는 사람을 '부려워' 한다.
11. 리더는 사람들과 '함께 걸으며' 늘 등 뒤를 돌아본다, 행여나 사람들이 처져 있지 않나 하고. 보스는 사람들과 '떨어져 걷는다', 그리고 이따금 둘레를 살핀다. 행여나 사람들이 따로 놀지 않나 해서이다.

다윗의 지위와 정치구조는 매우 중앙집권적이었고 동시에 이방적인 성격이었다. 〈삼하〉 8:15-18을 보면 다윗의 아들들이 제사장이었다는 사실을 발견할 수 있는데 다윗의 시대에는 제사장 권이 아직 세습적인 것으로 여겨지거나 또는 제한된 사회가 아니었던 사회임에 비춰볼 때 특이할 만한 사항이다. 아마도 다윗 스스로 자신의 영향력 확대를 위한 한 방편으로 그의 아들들을 제사장으로 앉힘으로써 정치와 종교를 모두 움켜쥐려는 의도는 아니었을까, 조금은 섣부른 생각도 든다. 다음으로 〈삼하〉 20:23-26에서는 이전의 명단과는 상당히 다른 변화가 포함되어 있다. 보도관의 앞에는 부역의 관리자인 아도니람이 있고, 맨 끝에는 다윗의 아들들이 제사장으로서 나타나지 않는 대신에 이라가 다윗의 제사장으로 나타난다.

이러한 관료적 구조는 다윗 제국이 복잡하고 광범위한 행정을 가지고 있었음을 보여준다. 이 관리들은 왕의 신하였고 왕실 측근의 일원이었으며 근본적으로 왕과 왕실에 복종하고 충성하는 사람들이다. 종교지도자들이 왕실 내각의 일원으로 포함되었다는 것은 왕의 모습이 국가의 종교적인 일 뿐만 아니라 다른 일들도 통치하고 있었다는 것을 보여준다.

<u>왕</u>

제사장그룹 ---- 관료 ---- 군대 ---- 사법부

위의 도표에 제시된 통치구조는 광범위하게 확대된 전체 이스라엘을 통치하는 데 있어서 가장 기본적으로 필요했던 기구들로 보인다. 중요한 것은 이러한 새 제도가 이스라엘 안에서의 권력 중심의 중요한 변화 즉, 모든 권력은 왕이라고 하는 분명한 중심인물에게서 나오게 되었다는 것이다. 새 정치기구에 속한 사람들은 가계(family)나 혈연(kinship) 관계가 아닌 능력에 따라 등용되었다. 또한 이러한 기구들의 정립과 함께 장로들의 정치적인 권력이 감소하였다. 각각의 기구들은 각각의 조그마한 권력 단위를 형성하였고, 권력 단체 간 균형을 유지하고 그럼으로써 그들 중 하나가 너무 많은 권력을 갖지 않도록 조정하는 것은 왕인 다윗의 직무였다.

군사제도의 개혁

다음으로 다윗의 군사조직을 살펴보자. 다윗 군대의 시작은 그가 사울의 위협을 피해 도주생활을 시작하면서부터다. 〈삼상〉 22:1-2에 따르면 다윗이 아돌람 굴로 피하자, 그의 형들과 온 집안이 그곳으로 모였고, "압제 받는 사람들과 빚에 시달리는 사람들과 원통하고 억울한 일을 당한 사람들도, 모두 다윗의 주변으로 몰려들었다." 이들의 수는 사백여 명이나 되었는데 다윗은 그들을 맞이하여 그들과 함께 하며 그들의 상처 치유가 그 무엇보다도 중요하다는 사실을 깨닫고 자신이 사울에게 당한 상처를 날려 버림과 동시에 400명의 사람도 치유해주기 시작한다.

그의 무리는 점점 커져서 다윗이 블레셋의 봉신으로서 서글락에 들어가기 전, 다윗의 무리는 400명에서 600명으로 그 규모가 커졌다. 이는 보통 연대 규모였는데, 이 연대는 다시 세 개의 대대로 나뉘어 그 중 두 개는 전투 대대였고, 다른 하나는 무기를 지키는 대대였다.

다윗의 군대는 그 조직 면에서는 이스라엘의 전통적인 방법에 따라 조직되었고 숫자 면에서도 유다와 이스라엘인들로 구성된 부대가 압도적이었던 것으로 보인다. 여기서 주지해야 할 것은 숫자상으로는 유다와 이스라엘인들로 구성된 부대가 주류를 이루지만 사실상 다윗의 주력부대는 이방인들로 구성된 외인부대였던 것이다. 이들은 전쟁에 나가서도 항상 주력부대로서 맨 앞에서 싸웠으며, 유다와 이스라엘인들로 구성된 상비군은 보충부대의 역할을 담당하였다.

또한 이들은 왕의 경호대를 형성하였고, 다윗이 압살롬의 반란을 피해 도망할 때에도 이들이 다윗을 수행하였으며 세바의 반란 때에도 그들의 반란 세력을 진압하고 다윗의 왕권을 방어하는 데 가장 중추적인 역할을 담당하였다. 따라서 다윗의 주력부대는 매우 이방적인 성격을 띠었다고 볼 수 있을 것이다.

이렇게 다윗이 자신의 영토를 확장하고 유지해 나가는 데 있어서 가장 중요한 역할을 했던 그의 정치 구조와 군사제도는 이스라엘적인 것과 이방적인 것의 혼합으로 이루어졌다는 것을 살펴보았다. 만일 다윗이 이 두 가지 요소를 적당히 그리고 가장 알맞은 때에 공급해주지 못했다면, 그의 왕국 형성은 힘들었을 것이다.

여기에서 다윗의 카리스마적 리더십이 매우 구체적으로 발견된다. 카리스마에 대한 막스 베버(Max Weber)의 몇 가지 관점들을 적용시켜 보면 첫째, 카리스마적 리더는 항상 숭고한 사명을 내세우며 다른 사람들로 하여금 그를 믿도록 하는 능력이 뛰어나다고 하는데 이는 다윗이 그의 주위에 몰린 400여 명을 치유해주고 그들이 다윗을 믿고 따를 수 있도록 했던 것과 일맥상통한다.

둘째, 카리스마적 리더는 기존의 관행, 법, 그리고 전통 등의 모든 가치체계를 쉽게 무력화시킨다고 했는데 이 부분에서 다윗은 이스라엘 전통적인 방법에 따라 군대를 조직했으나 그것은 형식에 불과하고 실질적 내용은 실로 과거에는 존재하지 않은 방법으로 이방적인 군대를 만들었다. 다윗의 왕국은 사울의 정치체제를 고려해 볼 때 이스라엘의 첫 번째 왕국이었다고 볼 수 있을 것이다. 다윗은 이렇게 역사가 짧은 왕국을 팔레스타인 전역을 지배하는 이스라엘 역사상 전무후무한 왕국으로 만들었다. 따라서 다윗은 자신의 비대해진 왕국을 성공적으로 통치하기 위해서는 과거와는 완전히 다른 정책을 추구하였던 것으로 보인다.

다윗은 크게 두 가지를 역점으로 두고 자신의 정책을 세워나갔다. 첫째는, 자신의 왕국이 다른 주변 국가들을 포함하는 다국적 왕국의 성격을 띠게 되자, 이 왕국을 효율적으로 통치할 수 있는 새롭고 강력한 통치제도 정립에 주력하는 것이었고, 둘째는 이러한 여러 정책 가운데에서 왕이 그 중심이 되어야 한다는 것이었다.

이러한 다윗의 정책은 정치, 군사, 종교의 세 방면으로 이루어졌는데 그 중 정치, 군사적인 정책이 제도와 군사적 힘을 통한 외적 통합이었다면, 종교정책은 각 민족의 신앙과 사상을 하나로 통합시키고자 하는 노력이었다고 볼 수 있다. 이로써 다윗은 정치, 군사, 종교의 모든 영역을 왕인 자신에게로 집중시킬 수 있었다. 하지만 그의 왕국은 전통적인 이스라엘 통치제도와 종교제도에서 많이 벗어나 있었다. 그의 왕국은 겉으로 보기에는 평안하고 아무런 문제가 없는 것으로 보였지만 그 내면에는 많은 갈등이 억제되어 있었다. 그 갈등은 압살롬의 반란과 세바의 반란으로 이어지고 결국 남 유다와 북 이스라엘의 분열을 촉진하는 결과를 낳았다.

결국 그의 왕국 형태는 지지기반 세력은 없고 피지배자만 있는 형태가 되고 말았다. 다만 이러한 리더십 실패의 상황 속에서도 다행스러웠던 것은 솔로몬이라는 유능한 후계자를 지목하였다는 점인데 그렇지만 다윗이라는 리더는 앞에서 열거된 여러 개인적·상황적 결점으로 다윗의 통일왕국을 단명케 하였다.

리더! 누구나 할 수 있지만 아무나 될 수 없다

첫째, 4차원 셀프 리더십은 성현 말씀을 나침반으로 삼는다. 지도는 바뀌어도 나침반은 바뀌지 않기 때문이다. 셀프 리더십의 거장은 무엇보다도 나침반을 소중하게 여긴다. 나침반은 차원적으로 변하지 않는 원칙을 의미한다. 양심과 도덕에 기초한 배려 리더십이 영원히 변하지 않는 나침반이다. 길을 잃었을 때 가장 중요한 것은 나침반이다. 항해하는 배에게 가장 중요한 것도 나침반이다. 바다에는 길이 없다. 바다에서 가장 중요한 것은 나침반이다.

인생은 바다와 같다. 인생에서 나침반이 없는 사람은 표류하는 인생을 살 수밖에 없다. 인생을 살다가 길을 잃을 때가 있다. 소유한 모든 것을 잃을 때가 있다. 그러나 나침반을 소유하고 있다면 결코 낙심할 필요가 없다. 얼마든지 새로 시작할 수 있기 때문이다. 그래서 세상에서 귀하게 쓰인 셀프 리더십의 거장들은 원칙을 생명처럼 여겼다. "나에게 소중한 그것이 그에게도 소중하다는 것", 그것을 항해사의 나침반처럼 소중히 여겼다. 그리고 그 원칙에 순종하는 삶을 살았다. 원칙을 아는 것보다 더 중요한 것은 원칙에 순종하는 것이다. 원칙에 순종할 때 우리는 더 큰 거장으로 성장하게 된다.

둘째, 셀프 리더십은 비전의 능력을 안다.

비전이란 보는 것이다. 비전이란 남보다 먼저 보는 것이다. 남이 볼 수 없는 것을 보는 것이다. 비전이란 하나님의 안목으로 보는 것이다. 비전이란 멀리 보고, 깊이 보는 것이다.

하늘은 비전의 능력을 알기에 이 땅에 사람을 낼 때 그에게만 특별한 비전을 주신다. 성경에 나오는 이스라엘의 하나님도 원하시는 것을 먼저 보게 하셨다고 한다. 유대인의 시조인 아브라함에게 땅을 주고자 하실 때도 "동서남북을 바라보라"고 말씀하셨다. 아들을 주시기 원하실 때는 "하늘의 별을 바라보라"고 말씀하셨다. 신은 우리로 하여금 무엇인가를 주실 때, 먼저 보게 하고 그것을 얻게 한다.

그러므로 점점 우리는 바라보는 것을 닮아가게 된다. 우리는 본 것을 얻게 된다. 본 것을 경험하게 된다. 이스라엘이 기나긴 광야의 40년 유랑을 마치고 가나안을 정복하기에 앞서 지도자인 여호수아에게 가나안 땅을 먼저 보게 한다. 그리고 여호수아가 본 것을 정복하게 하신다. 또한 그가 보았던 곳으로 이스라엘 백성을 인도하는 사명을 맡기신다. 여호수아는 가나안 땅을 보았다. 경험했다. 그 길을 알았다. 그런 까닭에 하나님은 여호수아에게 가나안 땅 정복의 사명을 맡기셨던 것이다. 그러므로 우리는 하나님이 보라고 말씀하실 때 잘 보아야 한다. 그것이 우리의 사명이 될 수 있기 때문이다.

셋째, 4차원 셀프 리더십은 좋은 지도(map)를 갖는 것이다.

인생에서 나침반 다음으로 중요한 것은 지도이다. 목적지를 향해 갈 때 잘못된 지도를 가지고 길을 떠난다면 큰일이다. 아무리 노력하고, 아무리 기도하고, 아무리 긍정적으로 생각하고 말해도 소용이 없다. 이런 태도는 정확한 지도를 가진 사람에게나 효과가 있다.

우리 인생에서 지도와 같은 역할을 하는 것은 인생 설계도이다. 앞으로 어떻게 살아야겠다는 인생 설계도를 가진 사람은 지도를 가진 셈이다. 좋은 지도를 가지고 사는 사람은 언젠가는 그 지도가 가리키는 곳에 가게 된다. 인생 설계도를 그리는 시간을 가지라. 당신이 정말 되기 원하는 인물을 기록하라. 인생 설계도는 인생의 마지막 순간을 미리 그려 보는 것이다. 유언을 써 보는 것이다. 장례식에서 읽게 될 조사를 써 보는 것이다. 자신이 쓴 유언대로, 자신이 쓴 조사대로 미리 살아가는 것이다.

넷째, 4차원 셀프 리더십은 정보를 생명처럼 여긴다.

셀프 리더십은 지식과 정보를 생명처럼 여긴다. 원칙중심의 거장은 신을 신봉하고 기도한다는 이유로 전략 세우는 것에 소홀하지 않는다. 성취하려고 철저하게 준비한다. 하나님은 준비된 사람을 쓰신다. 이 세상에서 유용하게 쓰임 받으려면 지식으로 무장해야 한다. 평생학습자가 되어야 한다. 좋은 정보를 많이 수집할 줄 알아야 한다. 철저한 계획만이 탁월한 결과를 낳는다.

정보를 얻는 것보다 중요한 것은 그것을 삶 속에 적용하는 것이다. 실력이란 적용능력이다. 정보를 적용한다는 것은 그 정보를 행동에 옮기는 것이다. 괴테의 말을 가슴에 새겨라. '지성 가운데 최고의 지성은 행동하는 지성'이다. 알고 행하지 않을 때 교만해지고 비겁해진다. 아는 것을 행할 때는 영적 거장의 발자취를 따르게 된다.

진정한 보스는 결코 죽지 않는다

〈하버드 비즈니스 리뷰〉지가 올해 초 '보스 특집'을 마련했다. 〈하버드 비즈니스 리뷰〉지에 다르면, 높은 자리로 올라간 리더일수록 갑작스런 해고에 따른 좌절을 딛고 일어서기 어렵다고 한다. 그럼에도 미국의 최근세사에는 '1막보다 화려한 2막'이 가능할 수 있음을 증명한 불굴의 보스들이 많다고 한다. 그래서 해고된 CEO(최고경영자)와 전문직 종사자 300명을 22년에 걸쳐 인터뷰한 제프리 A. 소넨펠드 예일대 경영학과 교수와 앤드루 J. 워드 조지아대 경영학과 교수는 〈하버드 비즈니스 리뷰〉 1월호에 '보스의 부활'을 소개했다. 여기에는 보스의 부활을 위한 5가지 규칙이 나온다.

J. P. 모건 체이스 CEO 겸 회장 제이미 디몬. 1998년 겨울, 씨티 그룹 사장이었던 디몬은 함께 회사를 일군 파트너였던 샌디 웨일 회장으로부터 해고 통보를 받았다. 그가 해직되자 제일 먼저 한 일은 역경을 이겨낸 글을 읽기 시작한 점이다. 극심한 스트레스와 고통을 이기고자 복싱을 배우는 것도 잊지 않았다. 잊을 건 깨끗이 잊고 새로운 길을 모색하자는 쪽으로 마음의 정리가 되었다.

이런 결정을 내리는 데 걸린 시간은 1년. 그 결과 디몬은 뱅크원의 CEO로 발탁됐다. 2000년 초였다. 5억 1,100만 달러의 손실을 기록한 회사를 맡아 3년 만에 35억 달러의 순익을 거둔다. 주가가 오른 것은 명약관화한 일, 그리고 뱅크원은 샌디 웨일이 오랫동안 합병을 노리던 J. P. 모건 체이스를 합병하는 데 성공한다. 재기에 성공한 것이다. 분노를 이기지 못하고 안정을 잃었다면 불가능했을 일이다.

버니 마커스. 홈디포(Home Depot) 공동창업자인 그는 해고 통보를 받고 결전(決戰)을 치르기로 했다. 그가 평소에 구축해놓았던 인맥과 네트워크를 활용, 오히려 자신을 해고한 기업을 상대로 선전포고를 한 것이다. 그는 자신만이 가진 자산의 가치를 가늠해보았다. 자금만 지원된다면 치러 볼만한 전투란 결론을 얻었다. 다행히 그가 대표로 있던 핸디 댄사(社) 시절의 시큐리티 퍼시픽 내셔널은행이 그에게 대출을 허락해주었다. 마커스는 결국 종자돈 235만 달러로 홈디포를 일으켰고 결국 그를 쫓아낸 회사에 큰 펀치를 날렸다.

애플의 CEO, 스티브 잡스의 경우는 더욱 극적이다. 인생을 살다가 한두 번 실패하는 것은 다반사라고 생각해야 하는 시대가 되었다. 인간의 수명이 늘어나면 결혼도 두세 번 하는 것이 다반사라고 예견(豫見)하는 학자도 있다. 모든 것이 실패했고 이제 무에서 출발한다고 주저할 필요도 없다. 신은 공평하기 때문에 누구에게나 기회를 준다. 스티브 잡스가 1985년 자신이 창업한 애플사에서 쫓겨났을 때, 친구 마이크 머레이는 잡스가 자살하지나 않을까 걱정했다.

하지만 해고 일주일 후, 잡스는 유럽으로 여행을 떠났다. 이탈리아의 별을 바라보며 침낭에서 밤을 새우던 잡스는 '이제 무엇을 할 수 있을 것인가'를 고민했다. 스웨덴과 러시아를 거쳐 집으로 돌아올 무렵, 잡스의 머릿속은 'IT 업계의 동력(force)'으로 다시 복귀하리라는 새로운 열정과 야망으로 가득 차 있었다.

결국 그는 컴퓨터 회사인 넥스트를 세웠다. 1996년 애플이 4억 달러에 넥스트를 인수하면서 잡스는 자신을 해고했던 애플로 귀환했다. 다시 CEO에 오른 잡스는 아이팟과 아이튠스의 탄생을 지휘하며 화려하게 재기했다. 위기는 위험(危險)과 기회(幾回)가 복합된 단어라는 뜻이 있다.

나를 고용한 사람은 바로 나 자신이다 다윗

정말로 좋아하는 일을 하면
앞으로의 인생에서는 일을 하지 않을 수 있다

트레이시

당신이 가장 즐겁게 할 수 있는 일의 유형을 찾아내 봅니다.
지금까지 당신의 성공과 가장 밀접한 관련을 갖고 있는 일은 무엇이었는가?
당신이 어느 일이나 잘 소화해 낼 수 있고
성공 할 수 있다면 어떤 직업을 택하겠는가?
그것을 목표로 삼고 그 방향으로 나갈 수 있도록 계획을 세워봅니다.

참된 리더십은 즐거움이다
예수

리더십 훈련을 철저히 받은 예수

하나님의 아들 예수님은 인간의 아들로서 33년 동안 이 지상에 사셨다. 그러나 예수님은 공생애 3년을 위해 이 땅에 사셨다. 결국 3년의 짧은 공생애를 위해 예수님께서는 30년의 오랜 지상 삶을 사신 것이다. 이상하게 신약 성경의 4 복음서들은 한결같이 예수님의 오랜 지상 삶에 대해 대체로 침묵한다.

예수님은 30살 되기까지 나사렛 동네에서 평범한 목수로 조용히 살았다. 그러나 사역을 시작한 지 3년 만에 인류 구속을 성취했다. 그리하여 3년간의 공생애만 신약의 4 복음서에 자세히 기록됐다. 구속사 차원에서 볼 때 30년 지상 삶이 3년의 공생애에 비해 그 중요성이 떨어지기 때문이다. 이 때문에 30년이란 지상 삶이 예수님에게 마치 빈 공간처럼 남는다. 그러나 성경에서 침묵하는 30년 삶은 신학적으로 중요한 의미가 있다.

첫째, 하나님의 아들인 예수님은 30년 동안 자신을 비우는 훈련을 했다. 사도 바울이 이에 대해 이렇게 말했다. "너희 안에 이 마음을 품으라! 곧 그리스도 예수의 마음이니 그는 근본 하나님의 본체시나 하나님과 동등 됨을 취할 것으로 여기지 아니하시고 오히려 자기를 비어 종의 형체를 가져 사람들과 같이 되었고 사람의 모양으로 나타나셨으매 자기를 낮추시고 죽기까지 복종하셨으니 곧 십자가에 죽으심이라."(빌 2:5~8)

흔히들 이 성구에서 예수님이 성취하실 구속 사역에 관련된 신학이나 교리만 찾는다. 그러나 이 구속 사역 이전 예수님은 이미 자기 비하 훈련을 30년 동안 받았다. 즉 30년간 하나님의 아들 그리스도는 기꺼이 인간의 아들로 사셨다. 이런 장기간의 훈련이 그의 십자가 상의 대속 죽음과 긴밀히 관련됨은 분명하다. 결국 예수님은 공생애 3년을 위해 30년 동안 자신을 비우는 훈련을 했다. 소명자는 주의 소명과 사명이 위대함을 알고 자기를 비우는 훈련에 소홀하지 않는다는 뜻이다.

둘째, 예수님은 30년간 인류의 불행과 고난을 체험하며 배웠다. 이에 대해 히브리에서 이렇게 기록했다. "그러므로 저가 범사에 형제들과 같이 되심이 마땅하도다. 이는 하나님의 일에 자비하고 충성된 대제사장이 되어 백성의 죄를 구속하려 하심이라. 자기가 시험을 받아 고난을 당하셨은즉 시험 받는 자들을 능히 도우시느니라."(히

2:17~18) 이 성구는 십자가 상의 구속 사역 수행 이전 예수님이 인생의 희로애락을 체험하고 배워 알아야 함을 암시한다. 인생을 알수록 긍휼과 자비가 나타나고 그 결과 십자가의 대속 죽음을 기쁘게 받을 것이다.

그리하여 구속 사역 이후 승천하여 하늘 성소에서 앞으로 구속 당할 성도들을 위해 대제사장으로서 중보 사역을 잘 수행할 것이다(롬 8:34). 이렇게 예수님의 30년 동안의 지상 삶은 매우 중요하다. 사회에서나 교회에서나 지도자들은 지도자가 되기 이전 국민과 신자들 사이에 살면서 먼저 이들을 이해할 수 있어야 한다는 뜻이다. 이렇게 소명자는 정치학이나 신학만으로 부족함을 알고 출세 욕심을 버리고 낮아져서 국민과 신자들과 함께하여 그들을 알려고 노력한다.

셋째, 예수님은 3년의 사역을 위해 30년을 준비했다. 하나님의 아들 예수님에게도 30년이란 긴 세월의 훈련이 필요했다. 이 훈련 덕분에 예수님은 3년이란 짧은 기간에 모든 사역을 성공적으로 마치고 승리하셨다(골 2:14~15). 지도자가 되기 이전 받은 훈련이 지도자의 자질과 성공 여부 또는 승리 여부를 결정한다는 뜻이다. 소명자는 훈련에 게으르지 않다. 소홀한 훈련이 성공 뒤 파멸을 재촉할 수 있음을 알기 때문이다.

큰일과 작은 일을 구분하지 않는 예수

어릴 때부터 예수님은 아버지 요셉을 따라 작업실에서 나무 다루는 일을 배웠다. 그러나 아버지 요셉이 일찍 죽자 그는 장남으로 가업을 이어받아 목수가 되었다. 가장으로 그는 어머니 마리아와 6남매 이상 되는 동생들을 돌보셨다(마 13:55~56). 하나님의 아들 그리스도가 자신을 비우고 죄인 인간을 30년 동안 섬기셨다(마 20:28). 그렇게 예수님은 갈릴리 나사렛 촌구석에서 평범하게 목수의 삶을 30년 동안 사셨다. 그리고 30살 되던 해 예수님은 동생들이 성장하여 제 몫을 하고 어머니 마리아를 충분히 돌볼 수 있음을 알았다. 이때 그는 세례 요한의 음성을 듣고 그에게 가 세례를 받고 3년의 공생애를 시작하셨다.

그러나 이것이 우리에게는 이해되지 않는다. 그는 인류의 구속이란 위대한 일을 수행할 하나님의 아들 그리스도였다. 그런 그가 어떻게 일개 가정에만 30년 동안 조용히 머물러 살 수 있단 말인가?

이 세상 위대한 인물은 큰일만 도모하지, 작은 일에는 소홀하다. 그렇게 그들은 자기의 위대함과 훌륭함을 나타내려 한다. 그러나 예수님은 하나님의 아들 그리스도로서 인류의 구속이라는 하나님의 위대한 일을 하실 것이지만 가정 일도 소홀히 보지 않았다. 이 모범은 그의 제자들에게 아주 중요하다. 예수님의 제자들이 예수님을 따른다는 핑계로 가정을 돌보지 않을 수 있기 때문이다. 이런 가르침에서 벗어난 지도자들을 동양 문화권에서 우리는 흔히 본다.

세상의 위인들이 소홀히 다루는 가정 일을 예수님은 죽음의 현장 십자가에서도 감당하셨다. 십자가에서 고통으로 신음하면서도 그는 마리아를 요한에게 어머니로, 그리고 요한을 아들로 마리아에게 각각 소개했다(요 19:26~27). 예수님은 죽어가면서도 장자의 역할을 다 하셨다.

    예수님은 지상 삶에서나 공생애에서 자신과 관련된 가정에 대한 책임과 의무를 다하셨다. 아버지 하나님의 인간 창조는 바로 가정의 창조였다(창 1:27~28). 인간의 가정을 통해 아버지의 창조 목적은 실현되기 때문이다(창 1:26). 아버지가 세운 것을 아들도 세워야 한다. 예수님이 행한 공생애 중 첫 이적은 물이 변하여 포도주가 되게 하는 것이다. 이 첫 이적이 새로 가정을 꾸민 신혼부부를 위한 것이라는 것은 결코 우연이 아니다(요 2:1~11). 소명자는 가정에서 책임을 다하며 그리고 사명을 수행하는 중에도 가정을 소홀히 보지 않는다.

    예수님이 지상 삶에서나 공생애에서 가정을 소홀히 하지 않았다는 사실은 가정에서 그리고 사회에서나 교회에서 지도자가 과거 삶에서 하자가 없어야 함을 말한다. 그러므로 노회나 교회는 목회자가 되고자 하는 소명자의 과거 삶을 철저히 검증해야 한다. 세상 상식 수준으로도 높은 신자를 목회자로 세우기 위함이다.

    예수님의 30년 지상 삶은 또 다른 교훈을 준다. 소명자는 큰일과 작은 일, 즉 공과 사를 이분법적으로 구분해 어느 하나를 버려서는 안 된다. 하나님 나라에선 이 둘이 절대로 대립하지 않기 때문이다. 하나님의 큰일을 할 소명자는 작은 일에도 소홀함이 없다. 그리고 작은 일을 위해 큰일을 버리지 않는다. 우선과 차선은 대립 개념이 아니라 사명 수행의 순서에 지나지 않기 때문이다.

아버지의 뜻을 따라 행한 예수

예수님은 하나님의 아들 그리스도로 아버지 하나님과 같은 신격과 신성 그리고 신적 능력을 소유했다. 그렇다면 그는 공생애 이전에도 하나님 아버지가 원하시는 인류의 구속 사역을 수행할 수 있는 이미 준비된 구원자였다. 그러나 그는 웬일인지 30년 동안 가만히 계셨다. 이 침묵은 예수님이 오히려 메시아임을 증명한다. 하나님인 예수님만이 자신의 신격과 전지전능함을 감추고 그저 평범한 목수로 살 수 있다.

이 때문에 나사렛 고향 사람들조차 예수님이 예루살렘에서 행한 일을 들었지만 예수님을 전혀 믿지 않았다(막 6:3~4). 그리고 그의 형제들도 예수님을 불신했다(요 7:3~5절). 동네 사람들이든지 가족이든지 어릴 때부터 예수님의 평범성을 너무나 잘 알았기 때문이다. 예수님의 철저한 자기부정에 대해 성경은 이렇게 답한다. "천하에 범사가 기한이 있고 모든 목적이 이룰 때가 있나니…"(전 3:1절) 하나님의 아들 예수님도 하나님이 정한 때를 따라 행하여야 했다. 그러므로 "내 때가 아직 이르지 않았다"고 예수님은 자주 말씀하셨다(요 2:4, 7:8). 이렇게 예수님은 자신의 능력이나 소원보다 하나님의 뜻에 따라 행하고 사셨다.

소명자는 자신의 능력이나 열정보다 하나님의 뜻에 따라 사는 성도임을 말한다. 나라와 민족을 위해 또는 주를 위해 일해야 한다는 소명감과 사명감을 위대한 것으로 여긴다. 그러나 때로 뜨거운 소명감과 열렬한 사명감이 감정적인 면으로만 치우쳐 소명자가 자신을 준비하는 일에 소홀할 수 있다. 그리하여 자신이 제대로 갖추어지지 않았음을 모르고 열정만 내세우며 또는 자기 욕심을 이루고자 사명을 감당하려 한다. 또는 신학 학위를 받았고 그리고 목회자로 안수를 받았기 때문에 자신은 이미 준비되었다고 스스로 판단하며 서둘러 주의 일을 하려 한다. 그러나 소명자는 인간 편의 준비만으로 다 된 것이 아님을 안다. 소명자는 하나님의 뜻을 겸손히 기다릴 줄 안다. 그 기다림이 길어도 그는 참는다.

대부분 한국인 목회자는 열정적이라 이 기다림에서 실패한다. 어느 누군가가 신적 능력과 놀라운 지혜를 가졌다면 어릴 때부터 만인에게 노출되게 마련이다. 아마데우스 모차르트 볼프강은 6살에 이미 천재성을 발휘했고 12살에 오페라를 작곡했다고 한다. 부모를 비롯한 주변 사람들은 그의 천재성을 가만 내버려 두지 않았다. 그렇게 그는 너무 일찍부터 자신의 모든 것을 짜내 보여주려 노력했다. 그가 단명한 이유다. 그가 주 앞에서 자신의 인생을 살았다면 그렇게 서둘렀을까?

서서히 원만한 영광에 이른 예수

모든 신성과 능력에서 아버지 하나님과 같은 하나님의 아들 예수님이 30년 동안 준비하고 겨우 3년 동안만 일한 것은 좀 억울한 면이 있다. 다시 말해 30년이란 준비 기간에 비해 그는 너무나 짧게 활동했다. 여기에도 소명자를 위한 가르침이 있다.

첫째, 소명자는 짧은 기간의 사역을 위해 그 준비 기간이 아무리 길어도 전혀 불평하지 않는다. 그저 주의 손에 쓰임 받는다는 사실 자체에 기뻐한다. 이 때문에 소명자는 하나님의 부름이 아무리 늦어도 불평하지 않는다. 인간이 아무리 위대한 방법으로 활동을 해도 하나님이 정한 때가 아니라면 하나님의 축복이 없어 무위(無爲)로 끝날 수 있다. 그러나 하나님이 정한 때 순종한 결과 감당한 사역은 그 기간이 아무리 짧아도 위대한 결과를 가져올 수 있다. 그러므로 소명자는 준비 기간이 아무리 길어도 기다릴 줄 안다.

둘째, 주를 위한 활동 기간이 아무리 짧아도 절대로 불평하지 마라! 준비를 오래 한 소명자일수록 오래 활동하기를 원한다. 준비한 긴 세월이 너무나 아깝기 때문이다. 그러나 이것도 하나님의 때와 목적 그리고 그의 뜻을 고려하지 않은 인간 편의 불만이다. 마침내 예수님은 30년의 긴 준비 기간을 마치고 3년 동안의 활동으로 모든 사역을 성공적으로 마쳤다. 그 결과 드디어 만왕의 왕이 되셨다(롬 1:4).

이제 자신의 영광을 보이며 만인에게 자신을 드러내야 했다. 그러나 그는 부활 후 40일 동안 자신의 제자들에게만 영광을 보이고 승천했다. 그의 영광은 재림 뒤로 미루어졌다. 이것이 바로 아버지의 뜻이었다. 아들도 아버지의 종으로 완전한 순종을 보이셨다.

셋째, 짧은 기간이라도 주께서 함께하신다면 그 사역은 획기적일 수 있다. 그러나 길게 사역한다고 반드시 위대한 결과를 낳는 것은 아니다. 삼손은 육체의 정욕에 끌리며 20년 동안 이스라엘을 위해 사사 노릇했다. 그러나 죽음으로 그가 한 시간도 안 되는 사역을 감당하자 20년 동안의 사역보다 더 위대한 승리를 이스라엘에 안겼다(삿 16:30~31).

넷째, 소명자의 사역이 구속사적으로 중요한 의미가 있을수록 그만큼 준비 기간은 더 길어지거나 또는 연단은 더욱 혹독하다. 그런만큼 사역 결과도 획기적으로 놀라울 수 있다. 요셉은 30년 동안 훈련과 혹독한 연단을 받은 후 이집트의 총리가 되었다. 모세는 80년 동안 준비한 후 이스라엘의 구원자가 되었다. 약 40여 년간 훈련을 받은 다윗은 약 30여 년간 이스라엘의 왕이었다. 그리고 예수님의 30년이란 지상 삶은 공생애 3년을 위한 준비 기간이었다. 그래서 잠언은 이렇게 결론적으로 말한다. "의인의 길은 돋는 햇볕 같아서 점점 빛나서 원만한 광명에 이르거니와…"(잠 4:18).

한국교회는 잘못된 양적 성장론과 유교적 목회의 영향으로 30년을 잘 준비하는 일보다 3년의 짧은 성공을 다급하게 탐낸다. 그러나 그 결과 부실을 낳았다. 예수님의 지상 삶은 3년을 위해 30년을 준비하여야 한다고 한국교회와 목회자에게 말한다. 그렇게 하나님은 아들 예수님을 통해 리더십이 어떻게 준비되는지를 우리에게 말씀하셨다. 이 가르침에 따라 서둘지 않고 리더십 양육을 원칙대로 하는 사회와 나라는 계속 발전하고 성장한다.

지도자의 자화상

게리 에이 유클은 "지도자라는 용어는 영어권에서 14세기경부터 나타나지만 본격적으로 사용된 것은 200년이 채 안 된다."라고 했다. 지도자를 영어로 리더(Leader)라고 하는데, 이는 라틴어 리단(Lithan)에서 유래한 것으로 "함께 간다"는 뜻이 있다는 것이다. 'LEADER'라는 영어 단어의 알파벳 여섯 글자를 따서 지도자의 자화상을 정리하면 다음과 같다. (1)리더는 Learner(학습자)이다. (2)지도자는 남을 훈련시키는 Equipper(구비자)이다. (3)지도자는 Administrator(행정가)이다. (4)지도자는 Doer(행동가)이다. (5)지도자는 Encourager(격려자)이다. (6)지도자는 Reformer(개혁자)이다.

성경 속에서 찾아낸 예수님의 리더십을 이제 좀 더 구분하여 정리해보자.

첫째 'L', 리더는 Learner(학습자)이다

지도자는 끊임없이 배워야 한다. 지도자야말로 평생 배우는 자가 되어야 한다. 배우려면 책을 많이 읽어야 한다. 그래서 "지도자는 읽는 자"(Leader is reader)라는 말도 있다. 교회 성장형 지도자가 평생 부담해야 할 3대 훈련이 있다면, 독서훈련과 기도훈련과 사역훈련일 것이다. 이 세상의 어느 분야에서든지 책을 많이 읽는 자, 열심히 배우는 자를 능가할 수가 없다는 원리이다.

둘째 'E', 지도자는 남을 훈련하는 Equipper(구비자)이다

지도한다는 것은 단지 가르치는 것이 아니다. 사람을 키우는 것이다. 구비자란 마치 운동선수를 훈련하는 코치나 감독과 같은 역할을 하는 자이다. 목회자가 교회의 영적 지도자인 이유는 평신도들을 키

워서 주의 일을 하도록 준비시키기 때문이다. 목사 혼자서 모든 일을 다 하려는 자는 성장형 목회자가 되기 어렵다. 그러한 목사를 노동자형 목사라고 부른다. 성장형 목사는 지도자형 목사, 즉 사람을 키우고 은사를 개발시켜 평신도를 사역자로 만드는 명장 코치가 되어야 한다.

셋째 'A', 지도자는 Administrator(행정가)이다

지도자는 자신이 책임을 진 조직이나 단체를 효과적으로 다스리는 자이다. 여기서 행정이나 다스린다는 말은 오늘날 많이 사용하는 "경영"을 의미한다. 현대는 두 사람 이상이 모이는 어떠한 조직도 경영을 해야 살아남을 수 있다. 그래서 모든 것을 "경영철학"으로 보는 경향이 있다. 주부가 가정에서 행하는 가사도 가정경영이라고 하고, 대통령이 나라를 다스리는 것도 국가경영이라고 한다. 교회에서 목사가 목회를 하는 것도 일종의 거룩한 경영이고 교사가 교실에서 학생을 가르치는 것은 미래를 경영하는 것이다. 지도자는 경영할 줄 아는 자이다.

넷째 'D', 지도자는 Doer(행동가)이다

지도자는 말도 잘해야 하지만 말한 대로 행동할 줄 아는 자이다. 솔선수범을 해야 한다. 오늘 지도자라고 하는 사람이 그렇게 많은데도 실제 지도자가 없는 이유는 언행일치로 모범을 보이는 지도자가 없기 때문이다. 오늘의 세상은 말과 행동, 이론과 실제가 모두 탁월

한 지도자를 찾고 있다. 예수님이 우주의 지도자가 될 수 있었던 이유는 주님께서 하신 말씀대로 살았고 행동했기 때문이다. 자신의 생각을 분명하게 말할 줄 알고, 자신의 말을 가감 없이 행동으로 옮기는 자가 지도자이다.

다섯째 'E', 지도자는 Encourager(격려자)이다

지도한다는 것은 사람을 움직이는 것, 즉 동기부여 하는 것이다. 사람을 동기부여 시키는 가장 강력한 힘은 그 사람을 인정하고, 칭찬하고 격려하는 것이다. 사람은 자신을 인정하는 사람을 위해서 목숨까지 바치는 경향이 있다. 지도자가 다른 사람을 칭찬하는 것은 가장 어려운 일 중의 하나이다. 왜냐하면 자기보다 못한 사람을 칭찬하는 일이 쉽지 않기 때문이다. 그러나 그 어려운 일을 할 줄 알아야 사람을 얻고, 그 사람을 통하여 일을 할 수 있다.

여섯째 'R', 지도자는 Reformer(개혁자)이다

지도자는 어떤 조직이나 다른 사람들을 바람직한 방향으로 변화시키는 사람이다. 현실에 안주하거나 만족하는 현상유지자는 지도자가 아니다. 지도자는 항상 자신을 돌아보고 평가하여 어제와 오늘보다 나은 내일을 강조할 사명을 가진 자이다. 지도자의 제1조건이 미래를 위한 창조적 비전과 꿈이 되어야 한다고 주장하는 이유가 바로 여기에 있다. 지도자는 나쁜 것을 좋은 것으로 변화시키고 개혁시키는 "변혁의 대리인"(a change-agent)이다.

이상과 같이 지도자의 자화상을 자신의 모습으로 삼아나가는 "자기 인식"의 노력이 필요하다. 성공하기 위해서는 성공자의 자화상으로 자기정체성을 확립해야 한다. 지도자가 되려면 지도자의 정체성에 정통해야 한다. 지도자의 정체성을 자신의 자화상으로 삼는 지속적인 노력이 필요하다.

리더십에 대한 대표적인 정의들

리더십에 대한 대표적인 정의들을 간추려 보자. 웨렌 베니스는 "리더십은 옳은 일을 하는 것"이라 했고, 봄 피터스는 "모순을 정복하는 것"이라고 했다. 오스왈드 샌더스는 "영향력", 블레인 리는 "존경심"이라고 했다. 햄프필은 "집단의 목표를 달성하려는 개인의 행동"이라고 했다. 탄넨바움은 "커뮤니케이션", 스탁딜은 "조직을 만들고 유지하는 것", 라우치는 "목표달성을 위해 영향을 주는 과정"이라고 했다.

게리 윌슨이 정의하기를 "리더십은 다른 사람들을 움직여서 지도자와 추종자들이 함께 공유하는 목표를 향하여 앞으로 나아갈 수 있도록 하는 것이다."라고 했다. 이 정의에서 리더십의 다섯 가지 특징을 배울 수 있다.

지도자는 사람을 움직이고 동원하는 사람이라는 것이다. 즉 리더십의 핵심은 동기를 부여하는 것이다. 또 리더십은 사람들에게 영향을 미치는 것이다. 이른바 리더십은 영향력이라는 것이다. 그러므로 리더십은 항상 목표지향적이다. 목표를 정하고 그 목표를 이루는 것이 리더십의 핵심이다. 그리고 리더십은 같은 방향을 향하여 나가게 하는 것이다. 추종자들이 목표를 공유할 수 있도록 시너지를 모으는 것이 리더의 사명이다. 리더십은 기꺼이 따르기를 원하는 사람들 즉 추종자들이 있어야 가능하다는 것이다. 추종자들이 따르는 지도자가 되려면 존경심을 유발시켜야 한다.

미국 훌러 신학교의 지도자학 교수인 로버트 클링턴은 "지도자란 하나님의 능력을 받아 영향을 끼치라는 하나님의 사명을 가지고 일단의 하나님 백성의 그룹을 하나님의 뜻대로 나아가게 하는 자이다."라고 정의했다. 여기서 네 가지 개념을 정리할 수 있다.

먼저 하나님의 뜻이다. 기독교 지도자는 그 중심적 윤리가 하나님의 목적(driven purpose)을 이루는 것이어야 한다는 말이다. 하나님의 사람으로서 하나님의 뜻과 주권에 자발적으로 순복하는 자가 되어야 한다. 지도자 자신의 야망을 달성하는 자가 아니라 하나님의 목적을 이루는 자가 진정한 지도자이다.

둘째, 하나님의 능력이다. 기독교 지도자는 자신의 능력이 아닌 하나님이 주신 능력(God-given capacity)을 갖추고 일하는 자이다.

셋째, 하나님의 사명이다. 하나님의 사명은 사람들에게 하나님을 알게 하도록 영향을 미치는 것이다.

넷째, 하나님의 백성이다. 자신을 따르는 추종자를 자신의 것으로 생각하지 말아야 한다. 하나님께서 맡겨주신 사람들을 관리하는 것에 불과한 것이다.

한국의 황의영 목사는 자신의 「교회의 직임과 리더십」이라는 책에서 리더십이라는 로마자 알파벳의 머리글자로 시작되는 단어를 통해 리더십을 열 가지로 설명하고 있다. 리더십은 Listening, 들어주는 것이다. 지도자는 사람들의 말과 필요를 듣는 자이다. 그리고 리더십은 Establishing, 조직하는 것이다. 지도자는 조직을 구성해서 어떤 과업을 이루는 자이다. 또 리더십은 Achieving, 성취하는 것이다. 지도자는 개인과 조직의 목적을 성취하도록 돕는 자이다. 그리고 리더십은 Decision-making, 결정하는 것이다. 지도자는 어떤 중대한 결정을 내리는 자이다. 나아가 리더십은 Exampling, 본이 되는 것이다. 지도자는 추종자들에게 모범을 보이는 자이다. 더불어 리더십은 Responsibility, 책임을 지는 것이다. 지도자는 매사에 책임질 줄 아는 자이다. 그뿐 아니라 리더십은 Spiritual gifts, 성령의 은사이다. 지도자는 선천적 능력과 성령의 은사를 가진 자이다. 그리고 리더십은 Humbleness, 겸손이다. 지도자는 겸손을 통해 사람들에게 감화를 주는 자이다. 겸하여 리더십은 Integrity, 정직과 성실이다. 지도자는 정직하고 성실한 자이다. 끝으로 리더십은 Pioneer, 개척하는 것이다. 지도자는 새로운 세계를 창조하는 개척자이다.

진정으로 좋아하는 것은 싫증이 없다

토머스 켈리(Thomas R. Kelly)는 자신의 책 「헌신의 언약(A Testament of Devotion)」(1996)에서 다음과 같이 말하고 있다. "인간은 누구나 단일한 자아가 아니라 여러 자아의 총합이 되려는 성향이 있다. 이 자아들은 저마다 극도의 개인주의자로, 투표 시간이 되면 서로 협력하는 것이 아니라 제각기 자기를 찍느라 아우성이다. 설사 합의가 이루어진다 해도 영혼의 거리에는 불만을 품은 소수의 선동이 그치지 않는다."

성품이란 행동과 말의 출처가 되는 내면의 토양과 같다. 성품 형성의 요소로는 살아있는 양심, 깊은 영향을 주는 본 된 행실, 건전한 교육, 하나님 앞에서의 책임 의식 등을 들 수 있다.

성품이란 한 사람의 삶의 영적 성향(혹은 그 결핍)에서 비롯되는 모든 특질과 행동의 집합체라 할 수 있다. 인생이란 하나님과 다른 사람 앞에 자신을 낮추며 기도로 힘을 얻어 신실하고 투명하게 살아갈 때만 승리할 수 있는 힘겨운 싸움이다.

인생은 짧다. 그런데 그 짧은 인생을 숱한 고생, 숱한 술책, 숱한 낭비 때문에 망쳐 버리고 괴로운 것으로 만들어 버렸다. 얼마간의 즐거운 시간, 얼마간의 따뜻한 여름날, 얼마간의 따뜻한 여름밤이나마 마음껏 마시고, 마음껏 맛보고 싶다.

이케다 다이사쿠(池田大作)가 말했다. "연애를 하느라 주위 사람들과 사이가 나빠지고 일도 손에 잡히지 않고 무책임한 자세로 되어 버린다면 그 연애는 진짜가 아니다. 사랑을 하기 때문에 생명이 생동감 넘치게 약동하고 일에도 의욕이 느껴져서 주위 사람들로부터도 더욱더 친근감을 느끼게 되어야 그 사랑은 진짜라고 할 수 있을 것이다."

J. G. 피히테가 말한 대로 오늘 결심하기 바란다. 지금 이 자리에서 바로 결심해야 한다. 머지않아서 자연적으로 개선이 될 테니까

그때까지 우리는 잠시 휴식을 취하자던가, 잠깐 잠이나 자고 꿈이나 꾸자고 말해서는 안 된다. 개선은 결코 자연적으로 일어나지 않는다. 깊은 생각을 하려고 보다 보람 있는 시간을 보냈어야 했을는지도 모르는 '어제'를 무위도식하고, 오늘도 여전히 결심을 하지 못하는 자가 내일 이것을 할 수 있을 것인가.

생각을 바꾸면 세상이 달라진다. 한마디 말이 천 냥 빚을 갚는다는 말도 있지만 말의 토씨 하나만 바꾸어도 세상이 달라지게 할 수 있다. 손바닥의 앞과 뒤는 한 몸이요 가장 가까운 사이지만 뒤집지 않고는 볼 수 없는 가장 먼 사이이기도 하다. 사고의 전환도 그와 같은 것이다. 뒤집고 보면 이렇게 쉬운 걸 싶지만, 뒤집기 전에는 구하는 게 멀기만 하다.

항해를 할 때 폭풍도 지나야 하고, 암초도 지나야 하고 바람이 없는 바다도 지나야 하듯이, 리더십도 이와 같다. 때로는 아무 변화도 없는 그 단체를 이끌고 가야하고, 때로는 폭풍처럼 다가오는 어려움도 이기고 달려야 하고, 순풍이 올 때는 순풍을 100% 이용해서 달려야 한다. 암초가 있으면 피해 가야하고, 탈진이 되려 할 때는 적당히 리듬을 늦춰가면서도 목표에는 눈을 떼지 않고 계속 달려가는 것이 리더십이라는 것이다.

"배를 움직이는 데는 선장의 역할도 중요하지만 선장이 아무리 탁월하다 해도 조타수가 졸다가 키를 놓치면 타이타닉의 침몰이 재현되고 만다. 즉 한 명의 선원이 제대로 따라주지 않으면 그 배 전체가 가라앉을 수 있다. 결국 리더십을 배가 어떤 목적지에 도달하게 하는 영향력이라고 정의할 때 리더 즉, 선장의 역할도 중요하지만 그 리더십의 한 부분에 지나지 않는다는 것이다. 그런데도 우리는 너무 선장에게만 집중하는 경향이 있다. 그래서 모두가 선장이 되려고 하는데, 그러나 선장은 단 한 명밖에 존재하지 않는다. 배가 제대로 가려면 절대다수의 따르는 사람들(follower)도 잘해야 한다.

한 홍 목사는 "리더십이 잘 발휘되려면 선장과 선원(follower)의 조화 외에 적당한 상황이 맞아떨어져야 한다"고 했다. 즉 아무리 선장과 선원이 잘해도 바람이 불지 않을 때, 또 폭풍우가 몰아칠 때는 항해를 할 수 없는 것처럼 적당한 상황이 맞아떨어지지 않으면 리더십이 발휘될 수 없다.

그래서 미국의 저명학자요, 리더십 전문가인 피터 드러커(Peter Drucker)는 이런 말을 하였다. "탁월한 단체가 되기 위해서는 이미 시대에 뒤떨어져 의미를 상실한 상황을 과감하게 버려야 한다. 무자비할 정도로 용감하게 과거를 버려라."

위의 학자들이 리더십을 정의한 것을 보면 다양한 견해일 것 같으나 몇 가지의 공통점이 있는 것을 볼 수 있다. 첫째는 어떤 단체가 목적하는 방향으로 나아가기 위해서는 반드시 그 단체를 이끌고 나갈 지도자가 필요하다. 두 번째, 그 단체가 목적하는 방향으로 나아가기 위해서는 지도자뿐 아니라, 그 지도자를 따르는 사람들이 필요하다. 세 번째, 지도자가 추종자와 함께 단체가 목적하는 방향으로 나아가기 위해서는 반드시 리더십을 발휘해야 한다. 그런데 그 리더십이 추종자들(follower)의 인격과 의견을 존중하면서 민주적인 방법으로 발휘될 때가 있는 반면에, 추종자들의 인격과 의견을 무시하고 리더 독단으로 이끌고 갈 수도 있다.

그렇다면 이 시대는 어떤 리더를 원하는가? 추종자들의 인격과 의견을 존중하면서 민주적인 방법으로 단체를 이끌고 가는 리더를 원할 것이다. 서로 믿고 신뢰하는 가운데 리더십이 발휘된다면 그 단체는 시간이 지날수록 더욱더 발전해 갈 것이다. 그러나 민주적인 방법으로 리더십을 발휘할 때는 리더의 인내와 역할을 섬기는 자세로 하지 않으면 추종자들에게 좋은 영향을 발휘할 수 없다.

 리더십은 우러나와야 한다

첫째, 리더십은 소명이다.

진정한 지도자는 하늘이 그 시대에 맞게 세우신다. 인간이 선출하는 것 같지만 사람을 세우시고 사용하시는 분은 하나님이시다. 조지 바나는 "기독교 지도자는 사람들을 인도하도록 하나님의 부르심을 받은 사람이다. 그리스도를 닮은 성품을 가지고 인도하는 사람이요, 효과적인 지도력이 발휘될 수 있도록 그에 따른 기능과 능력들을 발휘할 수 있는 사람이다."라고 했다.

리더십이 하나님의 소명이라는 본질 때문에 지도자는 사명의식, 목적의식, 비전의식과 같은 신념을 지니게 된다. 그 어떤 고상하고 절대적인 가치를 위해서 리더십을 행사하는 것이기 때문에, 조지 바나가 영적 지도자로 부르심을 알 수 있는 8가지 증거 중에 첫째로 꼽은 것이 "소명에 대한 자각"인 이유가 바로 여기에 있다. 그러므로 지도자는 하나님이 주신 비전을 소유하고 그 비전에 반응한다. 삶에 대한 열정과 에너지의 원천이 바로 비전이다. 비전을 가졌다는 것은 하나님께서 지도자로 부르셨다는 것을 의미한다.

두 번째, 리더십은 사람으로부터 받는 존경심이다.

진정한 리더십은 사람들에게 두려움을 주어 따라오게 하는 것이 아니다. 또한 사람들에게 어떤 이익을 제공함으로써 따라오게 하는 것도 아니다. 하나님께서 정하신 보편적인 원칙을 지켜나감으로써 사람들에게 존경심을 가지게 하여 따라오게 하는 것이 진정한 리더십이다. 블레인 리는 "두려움에 의한 강압적인 리더십이나 거래에 의한 실리적 리더십을 거부하고 존경심에 입각한 원칙적 리더십만이 인간을 자유롭게 할 수 있다."라고 주장하였다. 그는 이렇게 말했다. "진정한 지도력은 계략이나 술책, 또는 협상이나 위협으로부터 생겨나지 않는다. 지도력은 그보다 더 미묘하고 복잡하다. 지도력은 우리가 모두 잘 아는 것, 바로 존경심이다. 그렇다, 존경심이 바로 지도력이다. 다른 이들이 나를 존경한다면 나는 그들에게 지속적인 영향을 행사할 수 있다. 이것이 바로 지도력의 원칙이다."

존경심은 흔히 지도자가 많이 받게 되는 예우와 구별된다. 존경심은 우리의 내면적 품성과 관련이 있다. 반면에 예우는 우리가 한 일 때문에 사람들이 해 주는 사회적 인정과 관련이 있다. 존경심은 마음속에 인식하고 있는 진정한 의도나 동기와 연관되어 있으나 예우는 의도와 동기에 관계없이 무엇을 했는가 하는 업적과 결과에 더 좌우된다.

그러므로 큰일을 한 사람이 존경받지 못하기도 하지만 사소한 일을 한 사람이 존경을 받을 수도 있다. 그런데 존경심은 하루아침에 이루어지지 않는다. 일생에 걸쳐 만들어진다. 우리가 행동에 대한 책임을 질 때, 도덕적으로 문제가 없을 때 우리는 존경을 받을 수 있다. 이러한 존경심으로서의 리더와 리더십을 가지기 원한다면 우리는 명성이나 사회적 인정이나 인간적인 찬사를 추구하기보다는 존경받을 만한 자질을 갖추고 있는지 자신을 점검해야 한다.

세 번째, 리더십은 사람을 변화시키는 영향력이다.

좀 더 정확하게 말하면 리더십이란 어떤 조직체에서 지도자라는 이름을 가진 한 구성원에 의하여 의도적인 영향을 끼치도록 하는 일련의 과정(The process of influence)이다. 리더십의 본질을 존경심이라고 하는 이유는 존경심이 있을 때 영향력이 더 미칠 수 있기 때문이다.

어떤 지위나 힘에 의지해서 문제를 해결하려고 하는 것은 인간관계를 해칠 수가 있다. 남보다 더 많은 재산을 소유하고, 더 높은 지위를 차지하고, 더 많은 학식이 있으면 다른 사람에게 자신이 원하는 것을 강요할 수 있다. 그러나 이후에는 다시는 영향력을 행사할 수 없다. 지속적으로 영향을 미치려면 존경받는 자가 되어야 한다.

리더십의 본질이 영향력이란 사실은 결국 모든 사람이 다 지도자가 될 수 있다는 가능성을 말해준다. 그 이유는 우리 모두 서로 영향을 주는 관계 안에서 살기 때문이다. 단 두 사람만 있어도 그 사이에는 파워가 흐르고 영향을 주고받는다. 그러므로 그리스도인과 기독교 지도자는 빛과 소금이 되려고 노력해야 한다. 현실에 안주하지 말고, 새로운 세계와 새로운 변화를 위해서 도전하는 삶을 살아야 한다.

네 번째, 리더십은 비전을 전달하는 커뮤니케이션이다.

지도자는 비전을 품는 것으로 만족하지 않고, 비전을 책정할 뿐만 아니라 비전을 전달하는 자이다. 그래서 다른 사람들과 함께 비전을 이루어 나가는 일까지 책임지는 자이다. 사람들은 지도자가 자신들에게 필요한 것을 제공할 수 있는 능력이 있다고 믿을 때 비로소 그를 열광적으로 따르게 된다. 그러므로 비전을 커뮤니케이션함으로써 비전 공동체를 형성해 나가는 일이야 말로 지도자의 가장 중요한 과제라고 할 수 있다.

커뮤니케이션의 목적은 동기를 부여하는 데 있다. 리더십은 사람들이 비전을 이해하고 달성할 수 있도록 한 방향으로 움직이게 하는 동기부여의 능력이다. 다른 사람들을 동기부여 시키는 것이 리더십이다. 사람들이 지도자를 보고 "나도 저렇게 되어야지."라는 기대에서 출발한다. 사람을 움직이는 최고의 방법은 먼저 상대방의 마음속에 강한 욕구를 불러일으키는 것이다.

다섯 번째, 리더십은 사람을 키우는 훈련이다.

리더십이란 고기를 잡아 주는 것이 아니라, 고기 잡는 법을 가르쳐 주는 것이다. 즉 사람을 키우는 것이 리더십의 본질이다. 루스벨트 전 미국 대통령은 "훌륭한 지도자란 해야 할 일을 안심하고 맡길 만큼 유능한 인재를 고르는 눈이 있고, 또 그들이 일하는 동안 참견하지 않을 만큼의 자제력을 가진 사람이다."라고 말했다. 그런 점에서 지도자는 추종자나 부하의 능력을 함양시키는 것이 최대 목표가 되어야 한다. 부하가 자신보다 더 잘하는 것을 걱정하거나, 두려워하는 자는 진정한 의미에서 지도자가 아니다.

어떤 분야든 자신이 최고라는 신념을
얼마나 철저하게 믿느냐에 따라 삶의 질이 결정된다

롬바르디

현재 당신이 자신의 직업에서 가장 잘할 수 있는 분야를 찾아봅니다.

당신 스스로 최고가 되고자 가장 열정적이고

긍정적으로 노력할 수 있는 일은 어떤 영역의 일인가?

당신은 어떤 분야의 일에 강하고 어떤 분야의 일에 약한가?

당신에게 가장 유익한 기술을 찾아내고

실력을 향상시킬 수 있는 계획을 세워봅니다.

최고의 리더십만이 살아남는다

예수의 리더십이 보여주는 지혜

예수는 자신의 가치를 알고 있었다. 정말 중요한 것은 당신 스스로 하나님이 주신 선물과 재능을 발견하는 것이다. 행복은 자신을 좋아할 때 생긴다.

예수는 자신의 능력을 확신했다. 예수는 항상 혼자 하나님과 함께하는 시간을 가지며 자신의 목표와 계획, 그리고 가르침에 대해 새롭게 구상하곤 했다. 그는 자신이 가진 능력을 확신했다. 여러분이 가진 모든 것은 누군가에게 필요한 것들이다.

예수는 자신을 결코 거짓으로 전하지 않았다. 당신이 정직하게 인간관계를 형성하면 당신이 생각하는 것 이상으로 더 큰 유익이 올 것이다. 예수가 언제나 정직했듯이 말이다. 다른 곳에서 얻을 수 없는 것을 주어라. 그러면 돌아올 것이다.

예수는 사람들이 모인 곳에 갔다. 당신은 집에서 나와야 한다. 자동차에서 나와야 한다. 문을 열어야 한다. 전화기를 들어야 한다. 성공은 항상 시작하는 순간에 있다. 성공은 항상 같이 하는 사람에게 있다. 그러므로 당신은 사람들이 있는 곳으로 가야 한다. 왜냐하면 예수도 그러했으니까. 추구하지 않으면 아무것도 얻을 수 없다.

예수는 휴식 시간을 가졌다. 성공을 위한 광적인 노력을 중단하고 현재를 음미할 수 있는 시간을 가져보기 바란다. 욕망의 불은 항상 당신을 격노하게 할 뿐이다. 당신이 그 노여움을 지배하도록 하고 휴식을 배우기 바란다. 피곤이 엄습해오면 믿음이 사라진다.

예수는 계획을 세우기 위한 시간을 가졌다. 종이에 계획을 알기 쉽게 쓰기 바란다. 성공은 주로 계획된 일들이다. 그러나 실패는 그렇지 않다. 계획은 꿈과 목표를 향한 출발점이다.

예수는 성공때문에 모든 일을 다 성사시키지는 않았다. 홈런을 치려면 스트라이크 아웃의 위험을 감수해야 한다. 바라는 것을 얻기 위해서 때로는 싫은 일도 해야 한다. 예수는 사람들이 요구 하는 것을 가지고 있었다. 누군가 당신의 도움을 기다리고 있다. 이보다 가치 있는 일이 어디 있는가? 당신은 그들의 인생을 연결해 주는 황금실과 같은 존재이다. 미래에 집중함으로써 과거를 극복할 수 있다.

예수는 사람들의 경제생활을 걱정했다. 돈은 생활 일부분이다. 그러나 그것은 필수적이며 당신은 그것이 필요하다. 돈은 하나님의 뜻에 따르는 중요한 것이며 그것은 하나님의 세계 속에서 가르쳐졌다.

사실 예수의 가르침과 대화의 약 20%는 돈과 경제적인 것에 관한 것이다. 모든 사람은 하나님으로부터 재생산할 수 있는 것을 받았다.

예수는 새로운 곳을 기꺼이 찾아가셨다. 접근하기 쉬운 사람에게 다가가는 것은 일반적이다. 그러나 때로는 당신이 전에 가보지 못한 곳으로 가야 한다. 그곳에서 놀라운 성공을 맛볼 수 있을 것이다. 전에 가져본 적이 없는 것을 위해 한 번도 가보지 않은 곳에 기꺼이 가야 한다. 예수는 자신의 견해를 바꾸라는 사람들의 말을 결코 수락하지 않았다. 당신의 생각을 바꾸도록 요구하는 사람들에게 물러서서는 안 될 것이다. 결백은 증명되는 것이 아니라 구별되는 것이다.

예수는 적절한 시기와 준비를 이해하고 있었다. 준비하는 시간은 결코 낭비하는 시간이 아니다. 당신이 무슨 일을 하던 그것을 온전히 파악하는 데는 시간이 걸린다. 계절마다 열매를 맺는다.

예수는 목표를 위해 열정을 쏟았다. 당신이 좋아하는 것이라면 마음과 생각과 계획과 모든 것을 다해 열정을 쏟아야 한다. 좋아하는 것에 열정을 쏟으면 확실한 성공을 거둘 수 있다.

또한 예수는 권위를 존중하였다. 당신이 자신에게 주어진 지시마다 거역한다면 당신을 향한 거역에 대해서도 불평하지 말아야 한다. 당신 위에 있는 권위에 대해 경의를 표하고 존중하는 법을 배우기 바란다. 현재의 위치를 감당할 자격을 갖추기 전에는 승진할 수 없다.

예수는 사람을 한 번도 차별하지 않았다. 당신은 성공의 연결 고리로부터 어떤 사람도 배제하지 말기 바란다. 첫인상이 끝까지 가는 사람은 아무도 없다. 중요한 것은 예수는 동기를 부여했다. 기억하기 바란다. 당신이 그곳에 있다는 것은 문제를 해결하기 위한 것임을 말이다. 사람들에게 '그들을 위해 무엇이 준비되어 있는지'를 보여주기 위한 시간을 가져야 한다. 당신과 함께 일을 함으로써 받을 보상과 이익을 확실히 알게 하기 바란다. 사람은 동기를 유발하는 사람에게 가까이 가고 낙담시키는 사람으로부터 떠난다.

예수는 자신에 대한 헛소문을 극복하였다. 모든 사람은 한계가 있다. 우리 각자는 여러 가지 면에서 모자란다. 육체적으로 정서적으로 정신적으로 또는 영적으로 말이다. 그러므로 이제는 불완전한 자신을 탓하는 것에서 벗어나 당신의 미래에 모든 것을 집중하기 바란다. 지나왔던 길을 되돌아보지 말고 가야할 곳을 똑바로 쳐다보라. 아울러 예수는 비난하는 사람들에게 시간을 허비하지 않았다. 비난하는 사람들은 낙담한 사람들이며 환멸을 느끼는 사람들이고 목표가 없는 사람들이다. 그들은 내부적으로 상처를 입고 있다. 그들은 자신의 인생을 다른 사람을 파괴하는 데 이용하고자 한다. 우리는 그들로부터 떠나야 한다. 비난하는 사람과 많은 시간을 보내지 마라.

예수는 사람들에게 접근할 적절한 때와 적절치 못한 때를 알고 있었다. 당신의 성공은 시기에 달렸다. 잊지 마라. 당신이 손님을 맞고 있을 때에나 사장과 마주앉아 의견을 나누고 있을 때 항상 현명하게 처신하기 바란다. 관찰하고 주시하며 정보의 흐름을 듣고 어떻게 되어가는 지를 주의 깊게 판단하기 바란다. 들어가는 곳이 나오는 곳을 결정한다.

멘토링이 필요한 이유

우리가 진정으로 예수의 리더십 배우기를 원한다면 그에게 멘토링을 받는 멘티가 되어야 한다. 멘토링(Mentoring)이란 다른 사람의 장래에 영향을 끼칠 수 있는 가장 위대한 수단으로, 다른 사람의 삶에 영향을 끼치는 것인데 이 과정을 멘토링이라 한다. 멘토링을 통해 지도자가 왜 다른 지도자를 길러내야 하는지에 대해 존 맥스웰은 「당신 주위에 있는 사람을 키우라」는 책에서 일곱 가지 예를 들었다. "1) 지도자 주위에 가장 가까이 있는 사람들이 그 리더십을 결정하기 때문이다. 2) 조직의 성장은 결국 사람 성장의 결과이기 때문이다. 3) 지도자가 될 재목들이 지도자의 일을 분담해 주기 때문이다. 4) 참 지도자에게는 지도자 재목들이 따르기 때문이다. 5) 예비 지도자를 키우면 지도자의 영향력이 증대되기 때문이다. 6) 새로 키워진 지도자들은 조직의 미래를 책임지기 때문이다. 7) 더 많은 사람을 지도하려면 더 많은 지도자가 필요하기 때문이다."

여섯 번째, 리더십은 조직을 운영하는 경영이다.

리더십이란 자기 자신을 다스리는 개인적 리더십의 개념이 없는 것이 아니지만 대체로 조직과 단체와 같은 사회적 체계 안에서 어떤 공통된 목적을 이루기 위해 운영해 나가는 과정을 말하는 것이 일반적이다. 학자에 따라 리더십을 경영과 구별하기도 한다.

하버드 대학의 존 코터 교수는 "리더십이 미래의 비전을 제시하고 방향을 설정하는 일이라면 경영관리는 리더가 제시한 비전과 방향에 따라 계획하고 실행하는 일"이라고 했다. 또한 "리더십은 사람들에게 신념을 확신시켜주고, 동기를 부여하며 열정을 확산시키는 미래지향적 노력인데 반해서, 경영은 통제 및 문제해결을 통해 계획을 달성하려는 노력"이라고 정의하였다.

그러나 경영을 "타인의 능력을 이용하여 일을 성취시키는 기술"이라고 정의 할 때, 넓은 의미에서 이 경영을 주도하는 것이 바로 리더십임에는 틀림없다. 원래 경영의 전통적 개념은 1916년 프랑스 실업자 앙리 파욜(Henri Fayol)이 처음 사용하였다. 그에 의하면 "경영이란 계획하고(plan), 조직하고(organize), 통제하는(control) 네 가지 활동을 포함한다."라고 했다. 지도자는 이러한 경영을 주도함으로써 조직을 활성화하고, 조직의 공동목표를 이루게 하는 자이다.

일곱 번째, 리더십은 사람을 섬기는 봉사이다.

리더십은 사람들에게 군림하는 것이 아니다. 사람들과 함께 거하는 것이다. 그것은 마치 예수님께서 우리 가운데 거하시기 위해 성육신 하신 모습 그대로이다. 사람들에게 가장 큰 영향을 미친 사람이 누구인가에 대해 물어보았을 때 대다수는 그 사람의 특징을 "수용, 친절, 사랑, 봉사"라는 단어로 요약해 말한다. 사람을 얻는 것이 리더십이라면 사람을 얻는 가장 효과적인 길은 봉사하는 것이다.

원칙적 리더십을 강조하는 블레인 리는 봉사정신을 사무라이 정신으로 요약했다. "가장 좋은 세일즈방법은 '봉사'이다. 봉사는 비굴한 것을 의미하는 것이 아니다. 오히려 강해지는 것이다. 나는 세

일즈맨을 사무라이 전사처럼 생각하는 것을 좋아한다. 그것은 칼을 들고 고함만 외쳐대는 미치광이를 말하는 것이 아니라, 모든 이에게 존경을 받는 강한 사람을 말하는 것이다. 봉사는 그를 꼭 필요한 사람으로 만들고 그에게는 존경과 명예와 힘과 행복을 가져다준다."

예수님도 리더십을 "섬기는 것"으로 이해하셨다. 서로 먼저 지도자가 되어 높은 자리를 차지하겠다고 싸우는 제자들에게 주님은 "서로 섬기는 자가 되라"(마 10:43,44)고 말씀하셨다.

최고가 되기를 위하여

김용운, 김용국의 공동저서 「아이디어 깨우기- 성공하는 사람들의 수학적 사고법」(1995)에서 보면 수도자는 자신의 몸에 고통을 가하는 가운데 정신집중을 함으로써 긴장과 아픔을 견디고 계시와 깨달음을 얻는다. 그것은 어느 누구도 가르쳐 줄 수 없는 귀중한 체험이다. 창조력은 우연히 솟아나는 것이 아니라 상당 기간 정신을 집중시킨 결과 나온다. 그러기에 긴장을 견디지 못하는 사람에게 창조성을 기대하기 어렵다.

고도원의 책 「못생긴 나무가 산을 지킨다」에는 이런 글이 있다. "숨이 막힐 때가 있다. 있던 자리에서 벗어나 어디론가 도망치고 싶은 충동을 경험하게 된다. 긴장 때문이다. 긴장을 가져다주는 불안감 때문이다. 긴장이 몰고 오는 초조감 때문이다. 바로 그런 경우를 당했을 때 김용운 교수의 '수학적 사고법'은 우리에게 좋은 위안이 되고, 해결책이 된다. 정신집중을 통해 긴장을 견디어 내고, 그렇게 긴장을 견디어 냄으로써 창조적 결과물을 얻을 수 있다는 말은 우리 생활의 지침이자 지혜이기도 하다."

오늘날 우리가 경제적으로 위기에 직면하게 된 것은 국제사회에서의 신뢰성 상실에서 기인한 것이라고 한다. 그동안 우리는 신용을 그다지 중요시하지 않아 왔다. 그래서 목표를 달성하는 데 수단과 방법을 가리지 않아 온 것이다. 그러나 지금 우리는 이데올로기의 시대를 마감하고 무한 경쟁시대에 돌입한 신국제 질서 속에서 신뢰의 중요성을 실감하고 있다. IMF 등 세계금융기관들이 경제적 위기에 처한 우리나라에 돈을 적절하게 공급해 주지 않는 가장 큰 이유가 우리나라를 신뢰할 수 없기 때문이라는 것이다. 만일 우리의 지도자가 많은 장애물을 안고 있다면 우리의 국가와 사회, 그리고 교회가 어떻게 지속적으로 성장과 발전을 할 수 있을까? 결국, 이 질문에 대한 올바른 답은 유능한 지도자들을 많이 확보하고 있느냐 하는 데 달렸다고 해도 과언이 아닐 것이다. 한 국가나 단체의 생산성 향상은 그 지도자에게 달렸기 때문이다. 뛰어난 리더십을 발휘하려면 우리나라의 정치 지도자나 교회의 지도자가 갖추어야 할 자질들은 무엇일까? 또 성숙한 민주 시민으로서 우리 모두에게 요구되는 실질적 덕목은 무엇일까? 리더십을 효율적으로 발휘하려면 어떤 자질을 지도자가 가지고 있어야 할까? 여기서 살펴보려고 한다.

아나 야스오는 「성공을 하려면 습관을 정복하라(A Habits to Success)」는 자신의 저서에서 유능한 지도자가 되기 위한 실질적인 습관 11가지를 제안했다. 그는 아래의 요소들을 제시하면서 훌륭한 지도자이기 때문에 좋은 습관들을 소유하는 것이 아니라 누구나 좋은 습관들을 취득하면 훌륭한 지도자가 되어 유능한 리더십을 발휘할 수 있다는 것을 지적하고 있다. 그가 제안한 지도자들이 갖춰야 할 습관들은 다음과 같다.

1. 용기를 가져라.
2. 자기 통제력을 가져라.
3. 정의감에 사로잡혀 있어라.
4. 결단력을 가져라.
5. 계획성을 가져라.
6. 맡겨진 것 이상의 봉사를 하는 습관을 몸에 익혀라.
7. 쾌활한 성격을 유지하라.
8. 자상하라.
9. 모든 것을 알고 있어야 한다.
10. 책임감을 느껴야 한다.

리더는 협력하여 일을 한다

위와 같은 습관들은 유능한 지도자가 되기 위한 일반적인 좋은 습관들이다. 그러나 어떤 환경과 상황에서는 이보다 더 긴밀히 요구되는 덕목과 자질들이 있을 것이다.

이원설 박사는 한국기독교총연합회 평신도 위원회가 주최한 '우리가 바라는 정치 지도자상' 세미나에서 1998년 대선을 위한 대통령 자질에 대하여 언급하였다. 그는 리더십의 위기 시대에 요구되는 한국 대통령의 자질은 목자가 양을 위하여 목숨을 버리는 것처럼 자기 희생정신이 먼저 투철해야 하고, 올바른 목표를 설정하고, 그리고 같이 팀워크를 이루어 구성원들을 협동과 단결시킬 수 있는 능력을 정치 지도자의 자질로 제시하였다.

지도자가 갖추어야 할 덕목에 대해서 예일대 법대 교수인 스티븐 카터 교수는 한 마디로 '청렴성(integrity)'을 꼽고 있다. "청렴성은 정직성, 용기, 신념, 친화력 등의 덕목 모두가 하나의 일관된 체계로 조화된 인격적 통합성을 이루는 말이다." 그는 미국 사회의 많은 문제 밑바탕에 청렴성의 딜레마가 자리 잡고 있다고 지적하며, 청렴성은 지도자가 갖추어야 할 덕목 중 가장 근본이 된다고 주장하였다. 그리고 청렴성의 유무를 판단할 수 있는 기준으로서 진지한 성찰을 통한 옳고 그름의 판단, 이러한 판단에 따른 책임 있는 행동, 그리고 자신의 판단과 행동에 대한 적극적인 발언 등 세 가지를 제시하였다. 즉 깊이 생각하여 판단하고, 그 판단에 따라 일관적으로 행동하고, 필요하다면 자신의 판단과 행동을 소신 있게 공언할 줄 아는 사람이 바로 청렴성을 갖춘 사람이라는 것이다.

성경도 지도자의 외적 자질보다 내적 자질에 대하여 그 중요성을 부여하고 있다. 사무엘이 이새의 아들들 가운데서 하나님이 선택한 자를 분별하여 기름을 부으라고 하였을 때에 사무엘은 이새 아들들의 외모를 기준으로 선발하여 그들의 머리 위에 기름을 부으려고 하였다. 그때에 하나님은 사무엘에게 사람을 외모로 판단하지 말고 그 사람의 중심을 보고 판단하라고 충고한다(삼상 16:7). 그러므로 지도자를 선출하는 데 있어서 지도자의 내적 자질은 외적인 자질보다도 더 소중히 다뤄져야 한다.

　기독교 사역의 모든 원리는 성경에 기초를 두어야 하듯이, 기독교 리더십도 성경에 기초를 두어야 한다. 성경은 리더십에 대해서 무엇을 말하는가? 성경적인 리더십의 원리와 가르침은 무엇인가?

1) 머리

　성경은 지도자의 개념을 '머리'로 표현했다. 구약에서 머리는 '로쉬'라는 히브리어로 쓰였는데, 이는 '집안의 어른'(출 6:14), '무리의 우두머리'(느 7:2), '지파의 두령'(신 1:15) 등을 뜻한다. 구약의 머리, 즉 리더는 물리적인 힘과 외형적인 권력을 실제로 소유한 자이다. 이러한 구약의 리더십 개념은 오늘 우리 교회에서도 얼마든지 볼 수 있는 계급제도(hierachies)로 발전했다.

　구약의 리더십은 하나님의 종이면서도 현실적인 백성의 지도자였다. 이처럼 구약에서는 특별한 한 사람에 의해 주도되는 리더십이 특징이었던 반면에, 신약에서는 자신을 포기함으로 얻는 리더십의 권위와 힘이 강조되고 있다. 신약에서 지도자를 가리키는 '머리'라는 단어는 75회 이상 사용되었는데, 이것은 지배와 복종의 관계보다 주님의 능력이 교회의 필요를 충족시키는 관계로 사용되었다. "즉 리더십은 지배와 다스림이 아니라 섬김과 봉사를 의미하는 것으로 받아들여졌다."

2) 인도자

신약에 나오는 '지도자'의 개념은 여섯 군데에서 나타나는데 그 의미와 가치가 조금씩 다르게 표현되었다. 첫째 〈로마서〉 16장 2절의 '보호자(프로스타티스)', 보호자란 "앞에서 인도하는 자"라는 뜻이 강하다. 둘째 〈에베소서〉 4장 12절의 '성도를 온전케 하는 자(카탈티조)', 이는 "수선하고 고치고 구비시키는 것"을 의미한다. 셋째 〈고린도전서〉 12장 28절의 '다스리는 자(퀴벨네시스)', 이는 "배의 키를 잡는 선장"을 의미한다. 넷째 〈로마서〉 14장 9절의 '산 자의 주(퀴리오스)', 이는 "주인이 되어 다스리는 것"을 의미하며, 예수 그리스도를 칭한다. 즉 지도자란 예수님처럼 살아야 한다는 것을 암시해 준다. 다섯째 〈마태복음〉 23장 8절과 10절의 '선생' 혹은 '지도자(카데케테스)', 이는 말 그대로 가르치고 인도하는 자를 의미한다. 마지막 여섯째 〈에베소서〉와 〈골로새서〉에 많이 나오는 '머리(케팔레)', 구약의 "로쉬"와 같은 역할로 쓰인 것으로 "관계적인 머리 직분"을 강조하였다. "즉 교회의 머리로서 예수님의 역할이 바로 지도자의 본질"이라는 것이다.

3) 리더십의 기본 개념

이같이 지도자의 기본개념을 전제로 성경에서 말씀하시는 리더십의 정체성을 일곱 가지로 정리할 수 있다. 즉 리더십은

(1) 섬기는 것이요(Servant Leadership)

예수님께서 섬기는 종의 리더십을 확립하셨다(눅 22:25). 하나님

의 종으로서 지도자의 개념은 구약의 예언서에서 두드러지게 나타난다. 구약에서 종은 이스라엘과 메시아를 상징했다. 신약에서 종에 대한 개념은 둘로스- 종으로서의 위치와 책임을 강조하는 것, 디아코노스- 종으로서의 행위와 활동을 강조하는 것, 휘페레테스- 종의 신분을 강조하는 것이다.

  (2) 책임지는 것이요(Steward Leadership)

  성경의 리더십은 청지기 리더십이다. 오늘날 스튜어드 혹은 스튜어디스라고 하면 비행기의 승무원을 가리킨다. 그러나 원래 스튜어드는 청지기로서 헬라어 '오이코노모스' 에서 유래한다. 오이코노모스는 집안일을 관리하는 사람이다. 신약시대의 부자들은 종들을 관리하고 집안일을 돌보게 하는 관리인 즉 청지기를 고용했는데, 이들의 신분은 하인이었지만 주인의 특별한 신임을 받았고 경우에 따라서는 주인의 다음가는 책임 있는 위치를 부여받았다.

  (3) 사랑하는 것이요(Shepherd Leadership)

  성경의 리더십은 양을 사랑하고 돌보는 목자의 리더십이다. 예수님께서 "나는 선한 목자라, 선한 목자는 양들을 위하여 목숨을 버리노라"(요 10:11)에서 말씀하셨다. 다윗은 "여호와는 나의 목자시니 내가 부족함이 없으리로다"(시 23:1)라고 말했다. 다윗이 여호와를 목자라고 했을 때, 그것은 하나님은 사랑과 보호가 되신다는 것을 의미하였다. 예수님은 선한 목자로서 양들을 알고 부르며, 양을 보호하고 풍성한 꼴을 먹인다. 또 양을 위해 목숨을 버리고 잃은 양에게 관심을 가진다. 주님은 이러한 목자의 사역을 위하여 지도자를 부르고 계신다. 그들에게 주님은 양들을 먹이도록 위임하셨다.

(4) 본이 되는 것이요(Mentor Leadership)

성경의 리더십은 삶을 통해 다른 사람을 지속적으로 키우는 멘토 리더십이다. 요사이 멘토링(mentoring)이라는 단어가 자주 입에 오르내리고 있다. 그것은 본보기(example)로서의 리더십을 말한다. 멘토링은 "한 사람이 다른 사람에게 일정한 관계를 맺으면서 장기적이든 단기적이든 또는 정규적이든 비정규적이든 간에 개인적으로 영향을 미치면서 도움을 주는 모든 과정"이라고 정의할 수 있다. 세상에서의 멘토링은 어떤 한 사람에게 영향을 주어 사람다운 사람, 사회에 유익을 주는 훌륭한 인물로 키우는 것이라면, 성경에서의 멘토링은 하나님의 사람이 되게 하는 것이다.

(5) 훈련하는 것이요(Quality Leadership)

성경의 리더십은 지도자에게 항상 고품질을 유지하도록 먼저 자신을 끊임없이 부가 가치화하고 다른 사람들에게 자신의 경험을 잘 가르치는, 이른바 질적인 리더십이다. 지도자는 잘 배우고, 잘 가르치는 자이다. 배우고 가르치는 것은 마치 동전의 양면과 같다. 새로운 일꾼을 가르치고, 훈련시키는 자에게 가능한 과업이다. 지도자가 추종자와 구별되는 가장 큰 차이점은 지도자는 리더십 기술을 발전시키고 향상시키는 노력이 추종자보다 뛰어나다는 것이다.

(6) 은사를 발휘하는 것이요(Power Leadership)

성령께서 기름 부으시고, 사람을 지도할 수 있는 능력을 주시는 "성경 리더십이요, 능력 리더십"이다. 영적 지도자는 자신의 인격과 유능함으로만 다른 사람에게 영향을 미치는 자가 아니다. 성령의 기름 부으심으로 능력을 받은 인격으로 더 큰 영향을 미칠 수 있는 자이다. 이러한 영적 능력은 목회자가 스스로 지원하여 되는 것이 아니라 하나님께서 뽑아 소명을 주셔야 지도자가 될 수 있다. 지도자는 자신의 은사가 있는 자일뿐만 아니라 그 은사를 가지고 다른 사람의 은사를 개발하고 활용하게 하는 자이다. 지도자 은사는 대체로 두세 가지가 함께 나타나는 '복합 은사(The gift mix)'인 경우가 많다. 즉 지도자는 한 가지의 대표적인 은사뿐만 아니라 다른 보조 은사들이 복합적으로 나타날 때 사역을 더 잘할 수 있게 된다.

(7) 협력하는 것이요(Team Leadership)

혼자 일하지 않고 다른 사람과 함께 일하는 이른바 팀 리더십이다. 훌륭한 지도자일수록 혼자 일하지 않고 함께 일한다. 왜냐하면 온전한 전체가 부스러진 부분의 집합체보다 훨씬 낫기 때문이다. 협력 혹은 합심의 원리는 하나님이 허락하신 자연의 원리요, 영적 원리이다. 주님께서 우리를 사랑하신 것 같이 서로 사랑하는 것이 우리가 함께 일하는 팀 사역의 기초다. 팀 리더십의 백미는 위임(Delegation)이다. 책임과 권한을 적절하게 위임하는 것이 팀 리더십의 본질이다. 창조적 협력이란 무조건 똑같아지는 'sameness'나 획일적 통일인 'Uniformity'가 아니라, 오히려 다양한 것을 인정하면서 하나가 되는 'Oneness'요 진정한 의미에서의 일치인 'Unity'를 경험하는 것이다. 나도 살고 너도 사는 이른바 '윈윈전략(win-win strategy)'이야말로 성경에서 가르치는 리더십의 핵심이다.

더 열심히 일할수록 더 큰 행운이 찾아온다

제임스 터버

오늘 하루의 노동시간을 늘릴 수 있는 계획을 세워봅니다.

하루에 일하는 시간을 남들보다 두 시간을 늘리겠다는 한 가지 전략만으로도

당신은 두 배의 성과를 얻을 수 있을 것입니다.

먼저 2인자의
리더십을 배워라

위대한 수석도 차석의 때가 있었다

지금까지 살펴본 링컨, 다윗, 이순신, 예수에게서 공통으로 알 수 있는 진리 한 가지는 그들이 최고의 리더가 되기 전 무명의 차석시절이 있었다는 것이다.

「회사가 당신에게 알려주지 않는 50가지 비밀」(신시아 샤피로 지음, 서돌 펴냄)이라는 책에 보면 대기업 인사담당자가 밝히는 회사의 인사비밀이 나온다.

많은 직장인이 정리해고나 구조조정을 당할 위기에 처해 있다는 사실을 모르고 더더구나 수많은 직장인이 자신이 그 대상이라는 사실을 전혀 알지 못한 채 회사생활을 하곤 한다는 것이다. 왜 모르느냐면 누구도 가르쳐 주지 않기 때문이라는 것이다. 해고만이 아니다. 어떻게 해야 회사에서 성공하는지 어떤 사람이 승진하는지 직장에서는 누구도 가르쳐주지 않는다는 것이다.

말 그대로 서바이벌 게임이 진행되고 있는데도 많은 직장인이 그것을 모른 채 낙관하며 회사에 다니다가 아직 퇴직할 나이도 아닌데 퇴직할 사유도 아닌데 자신의 책상이 사라지는 경험을 한다.

이 책의 작은 제목들을 보면 구체적이다 못해 살벌하기까지 하다.

"너무 똑똑한 체하지 마라"

"이메일 전송 버튼을 누를 때 항상 주의하라"

"회사가 대외 홍보용으로 내세우는 가치 규범을 믿지 마라"

"한직으로 내몰 때는 나가라는 신호다."

등 인사 전문가인 저자가 직장 내에서 해서 안 되는 절대 금기사항을 생생하게 들려준다.

'능력이 뛰어나면 승진은 떼어 놓은 당상?'

'직장에 언론의 자유는 있다?'

'직장 사람들은 가족이나 마찬가지?'

'휴가는 재충전의 시간이므로 충분히 즐기고 온다?'

이중 하나 이상의 항목에 '예(Yes)'라고 답했다면 당신은 지금 '위험한 상태'라고 까지 경고해준다.

저자 신시아 샤피로(Shapiro)는 미국의 기업 컨설턴트이자 인사 분야 베테랑이다. 그런데 샤피로의 지침은 미국 기업문화에서만 통용되는 건 아닐까? 21세기가 시작된 지 한참이 지났는데, 기업의 '잣대'도 바뀐 건 아닐까? 그래서 한 기자가 서평을 쓰기 전에 10년 이상 국내 기업에서 인사 관련 업무를 해온 베테랑들에게 물었다고 한다. 각론은 달랐지만 모두가 동의한 사실은 있었다.

"회사엔 당신을 지켜보는 수천 개의 눈이 있고, 이에 대비한 서바이벌 전략을 반드시 세워야 한다는 것!"

샤피로는 우선 "고용주의 눈으로 자신을 평가하라"고 강조한다. 그리고 '블랙리스트를 두려워 말고 핵심인재 리스트를 노려라' 라는 것이다.

직원을 관리하는 비밀 지침과 블랙리스트는 존재할까? 전문가들은 "경영진의 인사 철학에서 비롯된 '비공개 지침'이 존재하는 건 사실"이라고 입을 모았다고 한다.

글로벌 컨설팅 업체인 왓슨 와이어트의 최현아 컨설턴트는 "한국처럼 소유와 경영이 분리되지 않은 기업문화에서는 경영주의 평소 철학과 인재를 평가하는 주관적 안목이 중시될 수밖에 없다"면서 "그런 기업일수록 사소한 상호작용에 주의를 기울여야 한다."라고 조언한다.

이를테면 술 마신 뒤의 행동, 스트레스 표출 방법, 심지어 밥을 함께 먹을 때의 태도가 평가 대상이 될 수 있다는 것이다. 인사 실무자들은 "블랙리스트는 없다"면서도 "연봉제로 조직원 평가 기록이 매년 누적되면 블랙리스트는 자연히 노출되게 마련'이라고 답했다고 한다. 하지만 해결책이 아주 없는 것은 아니다.

세 군데 기업에서 14년간 인사 업무를 담당해온 강경원 풀무원 인사팀장은 "블랙리스트 대신 핵심인재 리스트에 관심을 가지라"고

하면서 "어떤 일이든 기꺼이 일을 떠맡을 자세, 회사의 문제를 마치 내 문제인 양 달려드는 태도가 핵심인재로 가는 지름길"이라고 조언했다.

종이 아니라 주인의식을 가지고 회사를 바라보고 주인처럼 회사의 일을 하라는 것이다. 이에 대해 베스트셀러 작가 김재헌은 설교에서 이렇게 말한 적이 있다.

"여러분이 교회에 와서 아무리 울고불고해도, '하나님 저에게 복을 주세요. 하나님 저에게 은혜를 주세요. 진급하게 해주세요.' 하고 기도했다 하더라도 여러분에 대한 냉정한 평가가 회사 내부에서 이미 판가름 난 이상 그것은 하나님이라도 시간을 되돌려 놓을 순 없습니다. 우리 교회만 해도 그렇습니다. 이 교회의 주인의식을 가진 성도와 종의 의식을 가지고 다니는 성도는 교회 입구에 들어서면서부터 눈빛이 다릅니다. 어느 곳을 가든지 항상 주의 깊게 보면 주인을 쉽게 찾을 수 있습니다. 아무리 옷을 허름하게 입고 있어도 그분이 건물 주위를 천천히 돌아보며 휴지나 나무를 정성스레 돌보고 있다면 그분은 그 건물의 주인이 분명합니다. 종업원의 눈에는 안 보이는 것이 주인의 눈에는 보입니다. 가치관이 다르기 때문입니다. 여러분이 세상에서 진정으로 1인자가 되기를 원한다면 무엇보다 먼저 진정한 2인자가 되어야 합니다. 또한 2인자가 되기 전에는 3인자 될 때도 있고 그보다 못한 말단일 수도 있습니다. 그때는 바로 자신의 상사를 최선을 다하여 섬기는 것이 배워야 할 리더십입니다."

진짜 MVP가 되고 싶다면 상사를 돋보이게 하라

'예스 맨'이 되란 뜻은 아니다. 상사가 시키는 일에 일단 '예'라고 답하되 시간이 지나 협의점을 찾는 태도가 필요하다. 샤피로의 표현을 빌자면 "권력자들은 순종하지 않는 자에게 냉정하다. 회사의 눈에는 당신 상사의 눈에 비친 당신이 전부"다.

회사에서나 조직사회에서 승승장구하는 사람들의 공통점은 자신의 공을 상사에게 돌려 조직에서 상사를 돋보이게 하는 전략을 즐긴다는 것이다. 일한 만큼 회사에서 인정받지 못한다고 느낀다면, 경영주가 자신을 바라보는 시선이 곱지 않다고 느낀다면 상사와의 관계를 재점검할 필요가 있다. 일단 자신을 낮추고 상사의 조언을 구하여야 한다. 젊을수록 개혁을 부르짖으며 모든 일에 안티가 되지만 개혁은 1인자가 되었을 때나 가능한 것임으로 1인자가 될 때까지 발톱을 감추는 것이 좋다는 것이다.

비용청구서, 이메일, 그리고 당신의 외모

인사 베테랑들은 말한다. "비용 청구서는 회사가 당신의 충성도를 재는 비밀척도"라는 샤피로의 주장에 대부분 동의했다. 이미 법인카드나 비용 청구서에 대한 기업의 모니터링이 강화되고 있으며, 지침을 어겼을 경우 별도의 징계위원회가 가동되고 있는 게 현실이라는 것이다. 따라서 "개인적 한계 범위를 조금이라도 넘길 경우, 그것이 업무상 인정된다 할지라도 위험할 수 있다는 생각을 해야 하며, 경영진에게 자신이 회사 돈을 최대한 아껴서 쓰고 있다는 인상을 심어줘야 한다."라고 충고한다.

그러므로 무엇보다 진정한 리더가 되기를 꿈꾼다면 먼저 주인 같은 종이 되기를 바란다. 회사의 사장은 주인의식을 가진 직원에게 모든 것을 맡기는 법이다. 주인 의식이란 주인의 생각을 꿰뚫는 사람을 말한다.

이에 대해 주안 중앙교회 박응순 목사는 설교에서 이렇게 말한 적이 있다.

변화를 가져오는 관계 리더십

월터 C. 라이트는 리더십을 "변화를 가져오는 관계"에서 찾았다. 그가 관계에서 찾게 된 것은 리더십은 한 사람이 다른 사람의 생각과 행동 신념 또는 가치관에 영향을 미치고자 하는 관계이기 때문이다. 이 관계의 중요성을 제임스 맥그리거 번즈(James Mac Gregor Buns)는 퓰리처 수상작인 「리더십」(Leadership)에서 "한 단계 더 나아가 변화를 가져오는 리더십은 리더와 따르는 자 모두의 비전과 가치관, 포부를 새로운 기대치 수준으로 향상시키는 관계"라고 주장했다.

리더십은 따르는 자와 의존관계에 있다. 그래서 아무리 탁월한 리더십을 가졌다고 해도 그를 따르는 자와 의존관계가 잘 되어 있지 않으면 리더십이 잘 발휘되지 않는다. 반면에 의존관계가 잘 되어 있으면 그 관계를 통해서 리더는 따르는 자에게 영향력을 행사할 수 있기 때문이다.

성경적인 리더십은 관계이다. 하나님께서 우리 삶에 목적을 가지고 인내하시면서 일하시는 것을 본으로 삼는, 장기간에 걸친 관계다. 리더십은 관심을 가지고, 공유하는 목적을 향해 사람들과 인내심을 갖고 동행하는 관계다. 리더십은 리더들에 관한 것이 아니라, 우리가 이끄는 사람들에게 관한 것이기 때문이다.

월터 C. 라이트는 〈골로새서〉에 나오는 바울이 오네시모를 적개심으로 화가 나 있는 빌레몬에게 보내려고 할 때 드 사람의 곤란한 관계를 없애려고 두기고라는 사람을 통해서 오네시모를 보내는 것을 예로 들었다. 지위로 말하자면 두기고는 리더는 아니다. 기껏해야 그는 그 팀의 일원, 바울의 가장 가까운 친구 중 하나이며, 바울이 그 손에 비전을 맡긴 자원봉사자이다. 그것이 두기고의 손에 도달할 때까지는 이론에 불과하고 계획일 뿐이다. 두기고가 그것을 실천해야 한다. 두기고는 팀원 정신의 본질을 상징한다. 그는 고용된 자요, 직원이며, 자원봉사자이다. 그는 사명을 적합한 결론에 이르기까지 수행하도록 바울에게서 권한을 부여받은 자이다. 만일 리더십이 사명을 소유하고 이행하도록 그들에게 권한을 주는 것이라면 두기고는 권한을 부여받은 팀원의 전형적인 예이다. 그리고 이것이 바로 리더십 관계의 목적이다.

〈골로새서〉 4:7-8에서 바울은 두기고를 다음과 같이 말한다. "두기고는 내 사정을 다 너희에게 알게 하리니 그는 사랑을 받는 형제요, 신실한 일꾼이요, 주 안에서 함께 된 종이라. 내가 저를 특별히 너희에게 보낸 것은 너희로 우리 사정을 알게 하고, 너희 마음을 위로하게 하려 함이라."

이 짧은 묘사에서 바울은 두기고에 관해 다섯 가지를 말해 준다. 즉 그는 사람을 받는 형제요, 신실한 일꾼이며, 함께 된 종이다. 또한 신뢰할 만한 전달자이며, 사람들을 격려하는 자이다. 이 다섯 가지의 예가 리더와 따르는 자간의 관계를 맺는 데 있어 환경에 따라서 변할 수는 있지만, 리더와 따르는 자 간에 반드시 있어야 하는 것들이다.

관계를 통한 리더십이 잘 발휘되는 데 반드시 필요한 것이 있다. 그것은 섬기는 리더십이 되어야 한다. 왜냐하면 리더가 섬기지 않으면 따르는 자들이 그 리더를 신뢰하고 따라주지 않기 때문이다.

책임을 통한 영향력

사람들에게 자신을 헌신하며 목적을 추구하여 변화를 가져오는 것은 책임을 지는 리더십만이 만들어낼 수 있는 결과이다. 관계를 통한 리더십은 공동체의 사명에 이바지할 책임을 지며, 따르는 사람들의 성장에 이바지할 책임을 진다. 그리고 자기 자신의 지속적인 성장에도 책임을 지는 것을 말한다.

책임을 통해서 영향력을 행사하려면 반드시 인내와 오래 참음이 필요하다. 왜냐하면 책임져야 할 일들의 막중함과, 일이 잘못되었을 때 상처를 받고 낙심하기 쉽기 때문이다.

월터 C. 라이트는 "하나님 앞에서 우리가 갖는 책임들에 계속 초점을 두려면 책임의 관계를 훈련할 필요가 있다."라고 했다. 이를 위해 "하나님 앞에서의 책임과 조직체 앞에서의 책임 그리고 우리 자신에 대한 책임을 져야 한다."라고 했다. "하나님 앞에서의 책임은 개인적으로 새롭게 되는 것과 의존에 관한 것이다. 그래서 성경 말씀과 기도, 하나님께 귀 기울이는 것이 꼭 필요하다. 조직체를 책임져야 할 CEO는 자기 평가와 임무수행 검토가 필요하고, 우리 자신에 대한 책임은 자신의 생활 갖기가 필요하다."

이렇게 관계와 책임을 통해서 리더십이 영향력을 발휘하게 되면 그 조직체가 가고자 하는 목적지를 향하여 추진력을 가지고 나아갈 수 있다. 설령 일이 잘못되었을 때도 어느 한 사람이 희생양이 되지 않고 같이 책임을 질 수 있기 때문에 이 시대에 꼭 필요한 리더십이라고 할 수 있겠다.

어떤 분야든 중단 없는 배움은
성공의 최소 조건이다

데일리 웨이틀리

직업과 관련하여 자신을 보다 능률적인 사람으로 바꾸는데

정말로 도움이 될 수 있는 주제를 선택합니다.

그리고 그 주제를 완전히 마스터 하겠다는 목표를 세웁니다.

마치 당신의 미래가 이 계획에 달린 것처럼 노력합니다.

원칙 중심의
셀프 리더십 실천

Stephen R. Covey의 원칙중심의 리더십

스티븐 코비는 리더십 세미나에 참석한 사람들에게 그들이 당면한 심각한 문제나 답변하기 난처한 질문들을 말해 보라고 했을 때, 대부분이 전통적인 방법으로 해결하기 어려운 갈등 내지는 딜레마들을 말했다고 했다.

날마다 반복되는 위기 상황이나 일의 압박 속에서 어떻게 하면 가정과 직장생활을 잘 조화시킬 수 있을까? 어떻게 하면 다른 사람의 성공이나 잘한 일을 진심으로 축하해 줄 수 있을까? 어떻게 하면 통제력을 잃지 않으면서도 사람들이 효과적으로 일을 할 수 있도록 자유와 자율성을 보장해 줄 수 있을까?

이 문제들을 해결하고자 원칙중심의 리더십을 주창하게 되었다.

"원칙중심의 리더십은 내면으로부터 시작되어 외부로, 4가지 차원에서 실천에 옮겨진다. 그 4가지 차원이란 1) 개인 차원(나와 나 자신의 관계), 2) 대인관계 차원(나와 다른 사람들과의 관계 및 상호작용), 3) 관리 차원(다른 사람들과 더불어 일을 완수하는 데 필요한 책임감), 4) 조직 차원(사람들을 그러모아 교육하고, 보수를 지급하고, 팀을 구성하고, 문제를 해결하고, 나아가 구조전략과 시스템을 한 방향으로 정렬시키는 차원)을 말한다."

원칙중심의 리더십과 특징은 무엇일까? 스티븐 코비는 장기간의 연구생활과 관찰 그리고 경험을 토대로 원칙중심의 리더들이 가진 8가지 뚜렷한 특성들을 확인할 수 있다고 했다. 그 특성들은 간략하게 다음과 같다.

끊임없이 배우라

첫째, 원칙중심의 리더들은 그들의 경험을 통해 끊임없이 배우려고 한다. 책을 읽고, 기회 있을 때마다 교육을 받고, 또 각종 강의에 참석하려고 한다. 그들은 다른 사람의 말을 경청하며 자신의 눈과 귀를 통해 배우려고 한다. 그들은 호기심이 강하여 끊임없이 질문을 한다. 그들은 계속해서 역량을 키워나가고 일 처리 능력을 개발해 나간다. 그들은 계속 새로운 기술과 관심 분야를 개발하므로 자신이 아는 것이 많아질수록 모르는 것도 더 많아진다는 사실을 발견한다.

둘째, 원칙중심으로 살아가고자 애쓰는 사람들은 인생을 직업적 측면이 아닌 하나의 사명으로 여긴다. 지금까지 자라온 배경이나 교육이 이들을 서비스 지향적으로 만든 것이다. 실제로 이런 사람들은 아침에 일어나면서부터 다른 사람들을 생각하기 시작해 서비스 정신이 장치된 도구를 지니고 하루를 살아간다.

서비스 원칙을 이처럼 강조하는 이유는 지난날의 경험에 비추어 볼 때 짐을 지지 않으려 하면서도 원칙중심이 되려고 했던 노력이 실패로 끝나고 만다는 것을 믿게 되었기 때문이다. 개중에는 이 원칙중심의 생활을 일종의 지적 혹은 도덕적 연마 정도로 생각하는 사람이 있을 수도 있다. 하지만 애써 어떤 일을 이루고자 하는 데 대한 책임의식, 서비스 정신, 공헌의식들이 없다면 당신의 그런 노력은 결코 수포로 돌아갈 수밖에 없다.

셋째, 원칙중심적인 사람들은 표정이 밝고 유쾌하며 행복에 차 있다. 태도 역시 낙관적이고, 긍정적이며, 또한 기대에 차 있다. 정신면에서도 이들은 열정적이고 희망적이고 신념이 깃들어 있다. 이러한 긍정적 에너지는 마치 이들을 에워싼 에너지 장이나 혹은 영기와 같아서 주변에 있는 약하거나 부정적인 에너지 장을 충전시키거나, 변화시킨다.

이들은 또한 더 작은 긍정적 에너지 장을 끌어들여 확장시킨다. 그러다 혹 강력하고 부정적인 에너지원과 맞닥뜨리는 일이라도 생기면, 이들은 그 부정적 에너지원을 무력화시키거나 아니면 옆으로 살짝 비껴가기도 한다. 때로는 그러한 부정적 에너지원의 해독을 피해 그냥 그 자리를 떠나버리는 일도 있다. 이러할 때 지혜는 부정적 에너지원의 강도를 알게 해 주며, 유머감각과 적절하게 그것에 대처할 수 있는 감각을 일깨워준다.

넷째, 원칙중심의 리더들은 부정적 행동이나 비판, 그리고 인간적 약점 등에 과잉반응을 보이지 않는다. 이들은 설사 다른 사람의 약점을 발견하더라도 크게 개의치 않는다. 반드시 순진해서만이 아니다. 이들 역시 그것을 충분히 의식하고 있지만, 다른 사람들의 행동과 밖으로 보이는 잠재력은 별개의 것으로 생각한다.

사람은 누구나 보이지 않는 잠재력이 있다고 믿는다. 이들은 자신들에게 내려진 축복에 감사하며, 다른 사람의 공격을 인간에 대한 연민의 정으로 용서하고 잊어버린다. 이들은 상대방에 대한 원한을 품지 않는다. 남들에게 꼬리표를 붙이거나 고정관념으로 사람을 분류하는 등의 선입견도 품지 않는다. 대신 이들은 도토리를 보면서도 머릿속에서 참나무를 그리며, 그 도토리가 거대한 참나무로 성장할 수 있도록 도와준다.

다섯째, 원칙중심의 리더들은 최고 수준의 책과 잡지들을 읽으며, 국내외 정세는 물론 현재 일어나는 일들도 잘 파악하고 있다. 사회활동에도 적극적으로 참여해 친구가 많으며, 그 중 몇 명은 아주 막역한 사이이다. 이들은 지적인 면에서도 매우 적극적이어서 다방면에 관심을 두어 읽고, 보고 관찰하고 그리고 배운다. 이들은 나이와 건강이 허락하는 한, 신체적으로도 매우 활동적이다. 이들은 다양한 취미생활도 하며 자신의 인생을 즐긴다. 이들은 건전한 유머 감각이 있으며, 다른 사람들에게 예의를 지키면서도 자신의 실수를 웃어넘길 줄도 안다. 한마디로 이들은 건전한 자기 존경심이 있으며, 또한 자기 자신에게 매우 솔직하다.

여섯째, 원칙중심의 사람들은 인생을 음미하며 재미있게 살아간다. 이들의 안정감은 외부로부터 오는 것이 아니라, 내면으로부터 나온다. 따라서 이들은 사람과 사물에 대한 확실성과 예측 가능성의 감각을 갖고자 모든 사물과 모든 사람을 고정관념에 따라 유형화할 필요를 느끼지 않는다. 이들에게는 낯익은 얼굴도 항상 새롭게 보이고, 오랫동안 익숙해진 경관들도 마치 처음 본 장면처럼 느껴진다.

이런 의미에서 이들은 마치 미지의 세계를 찾아 떠나는 용감한 탐험가들과 흡사하다. 장차 어떤 일이 일어날지도 모르면서 그대로 무언가 흥미롭고 자기 성장에 도움이 되는 일이 있을 것이라고 확신한다. 이들은 신천지를 발견하여 무언가 새로운 공헌을 만들어 낸다. 이들은 안정감과 자신의 진취성, 기량, 창의성, 의지, 용기, 정력, 그리고 천부적 재능으로부터 나오는 것이지, 베이스캠프와 같은 안락한 지대가 제공하는 안정성, 보호, 물질적 풍요에서 나오는 것이 아니다.

시너지를 활용하라

 일곱째, 시너지(Synergy)란 전체가 부분의 힘보다 더 큰 상태를 의미한다. 원칙중심의 사람은 시너지를 잘 활용한다. 이들은 또 변화를 촉진하는 촉매자로서 자신의 분야에서 거의 모든 생활을 개선한다. 이들은 일을 열심히 할 뿐만 아니라, 스마트하게 한다. 동시에 놀라울 정도로 생산적이고, 새롭고 창의적인 방법으로 일을 한다.

 팀을 구성해 일을 하게 되는 경우, 이들은 자신의 감정을 최대한 살리고, 자신의 약점은 다른 사람들의 강점을 이용하여 보완한다. 좋은 결과를 위한 위임은 이들에게 있어 매우 쉽고 자연스러운 일이다. 다른 사람들의 강점과 능력을 믿고 있기 때문이다. 다른 사람들이 어떤 면에서는 자신보다 낫다는 사실에 위협을 느끼지 않기 때문에 이들은 면밀하게 그들을 감독할 필요성도 느끼지 않는다.

 여덟째, 끝으로 이들은 인간본질의 4가지 차원 즉 신체적, 정신적, 사회적, 감정적 및 영적 차원을 부단히 쇄신한다. 이들은 에어로빅 같은 균형 있고, 적절하고, 지속적인 프로그램에 참여한다. 누구든 하루에 한 시간씩만 이와 같은 자기 쇄신에 투자한다면, 그 사람은 하루의 나머지 시간에 대한 생활의 질, 생산성, 만족도를 높일 수 있음은 물론, 밤에도 깊고 편안한 잠을 이룰 수 있다고 확신한다.

 하루 24시간 가운데 자기를 쇄신하는 데 투자하는 이 시간, 즉 인간본질의 4가지 차원을 쇄신하고자 투자하는 이 시간만큼 투자 효과가 큰 것도 없을 것이다. 따라서 매일 이와 같은 쇄신을 계속한다면 당신은 머지않아 일생 지속할 좋은 효과를 경험하게 될 것이다.

원칙중심의 리더십 유형

진정한 리더십의 힘은 고매한 인격으로부터 나오며, 또 일정한 힘의 수단과 원칙들을 행사함으로써 나오게 된다. 그러나 이제까지의 리더십에 대한 이론은 대부분 타고난 '위인론'이나 성격적 '특성론' 혹은 행동 '양식론'에 초점을 맞추고 있다. 그러나 이러한 이론들은 리더십에 대한 예측보다는 설명 쪽에 치우치고 있다. 즉 특정한 리더가 등장하여 성공할 수 있었던 이유를 설명하는데 도움이 되지만, 미래의 리더를 예측하거나 혹은 리더의 자질을 개발할 수 있도록 해 주지는 못한다는 말이다.

더욱 효과적인 접근법은 리더가 아닌 추종자들을 관찰하는 방법이다. 추종자들이 왜 그 지도자를 따르는지를 밝혀냄으로써 리더십을 평가해 볼 수 있기 때문이다.

스티븐 코비는 추종자들이 리더를 따르게 되는 이유를 매우 다양하고 복잡하지만 대체로 3가지 관점에서 고찰해 볼 수 있다고 했다. 이 관점들은 각기 나름대로 동기적 혹은 심리학적 통찰에 근거를 두었다고 했다.

첫 번째 수준에서는 추종자들이 두려움 때문에 지도자를 따른다. 만일 지도자의 말대로 하지 않을 경우 자신들에게 무슨 일이 일어날지 모른다고 두려워하기 때문에 지도자를 따르는 것이다. 우리는 이러한 힘을 강압적 지도력(coercive power)이라고 부른다. 이 지도자는 추종자들에게 자신을 따르지 않으면 무언가 나쁜 일이 일어날 것이며, 적어도 무언가 소중한 것을 빼앗기게 되리라는 두려움을 심어 주게 된다.

다시 말해 추종자들은 어떤 잠재적인 불이익을 두려워하기 때문에 지도자에게 순종하고, 그와 함께 행동하고, 마음에도 없는 충성을 약속하는 것이다. 적어도 초기 단계에서는 그렇다. 그러나 추종자들의 그러한 언질은 표면적인 것에 불과하며 만약 '보는 사람이 없거나' 혹은 잠재적인 위협이 사라지게 되면 그들의 에너지는 급속히 태업 및 파괴로 전환된다.

두 번째 수준에서는 추종자들이 혜택이나 이익을 얻으려고 지도자를 따르게 된다. 우리는 이러한 힘을 실리적 지도력(utility power)이라고 부른다. 왜냐하면 인간관계의 힘이 물품과 서비스의 교환이라는 유용성에 기초하고 있다고 생각하기 때문이다.

추종자들은 시간, 돈, 에너지, 인적자원, 이해, 재능, 지지 등 지도자가 원하는 것이 있으며, 반면 지도자는 정보, 돈, 승진, 포용, 동지애, 안전성, 기회 등 추종자들이 원하는 것이 있다. 추종자들은 약속대로 지도자를 위해 어떤 일을 하면 그 지도자 역시 자신들을 위해 어떤 일을 할 수 있고, 또 그러겠지 하는 믿음을 가지고 그를 따르는 것이다. 매출 10억 달러 규모의 대기업에서부터 일상적인 가정생활에 이르기까지 정상적인 규모의 대기업에서부터 일상적인 힘을 바탕으로 유지되고 있다.

　세 번째 수준은 그 성격이나 정도에 있어서 두 가지와 판이하다. 여기에서 힘은 추종자들이 지도자를 믿고, 또 그가 성취하고자 하는 바를 신봉하는 데서 나오는 것이기 때문이다. 이 경우, 추종자들은 지도자를 신뢰하고 지도자와 그 지도자가 목표로 하는 대의명분이 옳다고 믿으며, 지도자가 원하는 대로 행동하기를 원한다. 그것은 결코 맹신이나 맹종에 근거한 것이 아니며, 로봇처럼 시키는 대로 하는 것도 아니다. 그것은 식견을 갖춘 마음에서부터 우러나는 그리고 속박 받지 않는 자기 선택의 결과이다. 이것이 바로 원칙중심의 지도력(principle- centered power)이다.
　인생을 살아가는 동안 거의 모든 사람은 추종자의 처지에서 이러한 유형의 힘을 경험하게 된다. 교사나 고용주와의 관계에서 이를 경험하기도 하고, 가족과의 관계나 자기 인생에 지대한 영향을 끼친 친구와의 관계에서 이를 경험할 수도 있다. 또 자신에게 성공의 기회나 뛰어난 업적을 이룰 기회를 제공해 준 사람이나, 실의에 빠졌을 때 격려해준 사람, 혹은 필요할 때 그저 옆에 있어 준 사람들과의 관계에서 이런 유형의 힘을 경험해 보았을 수도 있을 것이다.
　그들이 우리에게 해 주었던 일이 구체적으로 어떤 것이었든 그들이 그런 일을 베푼 것은 바로 그들이 우리를 믿어 주었기 때문이며 우리는 그들에게 아무런 조건이나 제한이 없는 존경과 충성심, 헌신과 자발적인 추종으로 보답하곤 한다.

앞에서 언급한 3가지 유형의 지도력은 각각 다른 기반에 기초하고 있으며, 그런 만큼 그것이 가져오는 결과도 각기 다르다.

지도자는 남들에게 존경과 사랑을 많이 받으면 받을수록 그가 행사할 수 있는 진정한 힘이 커지게 마련이다. 지도자가 다른 사람들을 어떻게 대하느냐(여기에는 지도자의 실제 혹은 남들이 느끼는 그의 의도, 지도자의 대인관계 능력 및 과거의 대인관계 경험 등이 포함된다)에 따라 추종자들은 그에 대해 더 많은 존경심을 갖기도 하고 그렇지 않기도 한다. 또 지도자가 갖는 진정한 힘 역시 거기에 비례해서 커질 수도 있고, 작아질 수도 있다. 다시 말해 존경을 받는다는 것은 곧 지도력을 가진다는 뜻이다.

스티븐 코비가 제시한 10가지 지도력의 도구를 아래와 같다.

(1) 설득

추종자들의 생각과 관점에 대해 진정한 존경을 표하면서도 자신의 뜻이나 희망사항을 합리적인 이유와 정당한 근거를 가지고, 분명하게 전달하는 것이다. 설득에는 '내용' 만큼이나 그 '이유' 의 설명이 중요하며, 서로에게 유익하고 만족스러운 결과가 도출될 때까지 대화를 지속하려는 노력이 무엇보다 필요하다.

(2) 인내

사람과 수행과정에 대해 인내하는 마음을 가져야 한다. 추종자들의 실패와 약점, 그리고 불편함이 있더라도 목적 달성을 원하는 자신의 초조함과 기대감을 이겨내면서 단기적인 난관과 저항에 아랑곳하지 말고, 원래의 목적에 충실히 하는 것이다.

(3) 온화함

추종자들이 나타내는 취약성, 비밀, 감정 등에 강경하고 딱딱하며 경직된 자세보다는 온화한 태도를 유지해야 한다.

(4) 배움의 자세

배움의 자세를 취한다는 것은 당신이 모든 해답과 통찰력을 갖고 있지 않다는 사실을 인정하는 동시에 추종자들이 가진 독특한 관점과 판단과 경험을 가치 있게 생각하는 자세를 뜻한다.

(5) 수용

수용이란 당신의 판단을 보류하고 의심스러운 부분을 추종자에게 유리하게 해석하며, 상대방으로부터 가치를 유지하기 위한 조건으로서 어떤 구체적인 증거나 실제적인 행동을 요구하지 않음을 뜻한다.

(6) 친절

대인관계에서 세심하고 자상하며, 사려 깊게 작은 일(실은 작은 일들이 큰일이다)들은 기억하는 성의의 표출을 말한다.

(7) 열린 마음

추종자들의 잠재성과 관련하여 항상 정확한 정보와 장기적 안목을 갖으려고 노력함을 뜻한다. 이는 동시에 그들이 현재 소유하고, 지배하고, 행동하는 것과 상관없이 현재 상태의 그들을 있는 그대로 존중함을 뜻하며, 또한 그들의 행동보다는 그들이 가진 의도나 욕구, 가치, 목표 등을 충분히 고려함을 의미한다.

(8) 진심 어린 충고

추종자들이 저지르는 실수나 잘못, 또는 방향 수정의 필요성을 지적해 주되 진심 어린 보살핌과 배려, 따뜻함을 잊지 않음으로써 그들이 실수를 바로잡는 것을 겁내지 않도록 해준다.

(9) 일관성

당신의 지도자 스타일이 조작적인 기술에 머무르지 않도록 하기 위해서라도 일관성이 필요하다. 사람들은 흔히 자신이 원하는 것을 이루기 어려울 때, 위기나 도전에 직면했을 때, 혹은 진퇴양난에 빠졌다고 느낄 때는 조작적인 기술을 사용하고 싶은 마음이 들게 마련이다. 바로 이러한 때일수록 일관성을 유지하는 것이 중요하다. 일관성은 그 사람의 가치와 행동규범을 나타내고 성품을 드러내 주는 지표이기도 하다. 즉 일관성이란 당신이 어떤 사람이며, 앞으로 어떤 사람이 될 것인지를 반영해 준다.

(10) 성실성

　성실성이란 당신의 말과 느낌을 당신의 생각과 행동에 연결함을 의미한다. 또 진심으로 다른 사람들을 돕는 것을 가리키며, 어떤 형태이든 악의나 속이고 싶은 마음을 품지 않고, 다른 사람을 이용하거나 조종하거나, 지배하려 하지 않는 것을 말한다. 그보다는 자신의 의도를 끊임없이 돌아보면서 자신의 말과 행동을 일치시키려고 노력한다.

반드시 수입 일부는 저축하라
저축이 없다면 당신에게는 위대함의 싹도 없다

클레멘트 스톤

먼저 저축하며 아무리 적은 돈이라도 통장에 예금합니다.
내 돈의 계획과 지출, 예금을 정확히 하여 1년? 3년? 5년? 7년?
장 · 단기계획을 구체적으로 세워 봅니다.

무엇이든
먼저 준비하라

셀프 리더십과 재테크

당신이 부동산에 대해 아무것도 모르는 사람이라면 우선 지금 사는 집이 전세일지라도 부동산 등기부등본, 토지대장, 가옥대장, 도시계획확인원, 지적도를 자신이 직접 교부받아 보라. 그리고 그 서류들에 적힌 내용이 무엇을 의미하는지 여러 책을 통해 꼼꼼히 배워 나가라. 그다음에는 부동산의 경계와 주변 도로가 지적도와 일치하는가를 현장에서 비교하여 보라. 지적도에서 방위와 축적이 어떻게 표시되는지도 눈여겨보라. 그러한 서류들을 읽고 해석할 수 있는 단계를 지나면 다음 단계는 법에 대해 공부하는 것이다. 이때 부동산 투자와 관련하여 일반적으로 알아야 하는 취득, 양도 세금에 대한 법들은 소유자로서의 권리를 확고하게 하는 법이거나 국가에 돈을 얼마나 내는가를 알려주는 법들이라는 것을 명심하라.

당신이 벌게 될 수익을 계산하는 법은 건축 관련법들이다. 왜 그럴까? 모든 부동산은 개발이 되었을 때 얻을 수 있는 수익을 근거로 가치가 매겨진다. 이때 개발의 한계를 결정하는 것이 건축법과 지방자치단체의 건축조례이다. 대한민국 법은 전혀 안 바뀌는 법과 너무 자주 바뀌는 법, 두 가지로 나뉘는데 세법과 건축법은 아주 자주 바뀌는 법들이므로 끊임없이 촉각을 내밀고 있어야 한다.

건축비와 인테리어 비용의 동향도 알아야 한다. 예를 들어 지은 지 몇 년 되는 다가구 주택을 산다고 하자. 요즘 서울시내의 일반적인 다가구 주택의 건축비는 평당 300에서 320만 원 선이다. 땅값은 별도 논의한다고 치고 기존 다가구 주택을 사들일 때는 그 주택을 새로 지을 때의 총 건축비를 염두에 두고 협상하여야 할 것이다. 무조건 잘 지은 집, 튼튼한 집이라는 말만 믿고 구입하지 말고 건축도면과 전기나 수도 등에 대한 설비도면도 최대한 챙겨야 한다. 그래야 유지 보수도 쉬워진다.

통계청의 '2006년 가계 자산 조사 결과'에 따르면 우리나라 전체 가구의 가구당 평균 총자산은 2억 8,112만 원이었다. 또 평균 부채액은 3,948만 원으로 총자산에서 부채 총액을 뺀 '순자산'은 2억 4,164만 원에 달했다. 총자산을 구성하는 금융·부동산·기타(자동차·회원권) 등 세 항목 중 부동산 평균 자산은 2억 1,604만 원으로 전체의 76.8%를 차지했다. 저축 등 금융자산은 5,744만 원(20.4%), 기타 자산은 763만 원(2.7%)에 그쳐 부의 창출수단이 부동산에 집중

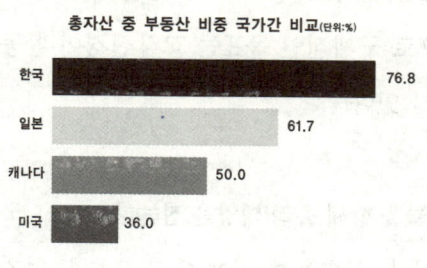

된 것으로 확인됐다. 부동산을 보유한 가구의 총자산은 3억 7,496만 원으로 미보유 가구의 4,061만 원보다 9.2배나 많았다. 순자산 역시 부동산 보유 가구(3억 2,366만 원)가 미보유 가구(3,143만 원)보다 10.3배 많았다. 순자산 순위별로 가구를 나눴을 때 상위 10% 계층의 평균 순자산은 12억 5,311만 원으로 집계됐다. 이들 상위 10% 계층의 순자산이 전체 가구의 순자산에서 차지하는 비중은 51.9%로 미국(69.5%), 스위덴(58.0%), 독일(54.0%), 캐나다(53.0%)보다는 낮았지만 핀란드(45.0%), 이탈리아(42.0%)보다는 높았다. 가구주의 활동 상태별로 보면 가구주가 고용주 또는 자영사업자로서 평균 총자산은 3억 9,310만 원으로 근로자가구(2억 2,718만 원)의 1.73배로 집계됐다. 가구주 교육 정도별 자산보유 현황을 보면 가구주가 대학교 졸업 이상인 가구의 총자산은 4억 4,129만 원으로 초등학교 졸업 이하인 가구(1억 6,095만 원)의 2.74배였다.

 모든 승부는 아침부터 시작된다
아침 5시 기상

우선 침대에 엎드려 나쁜 가스를 토해낸다. 일어나서 차가운 냉수를 한 컵 마셔 내장에 자극을 준다. 지금 자신이 하고 싶은 일을 간결한 문장으로 메모한다. 목표를 하나로 정하고 큰 꿈을 되새긴다. 밤에는 부교감신경이 활동하므로 구체적인 목표는 교감신경이 활동하는 아침에 생각해야만 효과가 있다.

아침에는 오른쪽 손바닥을 하늘을 향해 올려 태양을 잡는다

태양에너지를 흡수하는 것이다. 왼손을 허리에 대고 오른손 엄지손가락을 중심으로 꽉 쥔다. 태양에너지를 충전하는 것이다. 우주의 힘을 자기편으로 만드는 것을 실천한다면 3일째에는 의식이 크게 변할 것이다.

릴렉스한 상태에서 계획을 짠다

부드러운 음악이 흐르는 가운데 릴렉스한 자세로 자신이 원하는 성공의 이미지를 구체적으로 연상한다. 이것을 20분 정도 하면 기분이 들떠 즐거워진다. 하루의 시작에 이 명상을 하면 아침 기분이 좋아 활동적인 생활을 영위할 수 있다. 성공하는 것은 좋은 일이라고 자신에게 계속해서 말한다.

꿈은 보다 구체적으로 계속하여 말로 되풀이 한다

써 놓은 목표는 큰소리로 6회 이상 읽는다. 이런 활동으로 의식의 제일 밑바닥에 목표의식을 저장해 놓으면 자신도 모르는 사이에 목표실현을 위한 행동이 나오게 된다. 이 시기의 파워는 클수록 성공의 확률이 높다. 성공은 그를 위한 실천도 중요하지만 그러한 신념을 지니고 이를 유지하는 것이 더 중요하다. 믿었던 것은 반드시 실현된다. 자신이 믿지 않으면 성공은 요원하다.

누구나 이런 방법으로 살 것이다. 하지만 시간이 지날수록 믿음을 강화해 실질적인 행동으로 변화시키는 사람보다 그 믿음과 의심과의 싸움에 오히려 많은 시간을 낭비하는 사람이 많아서 성공하지 못한다. 기억하라 그것은 낭비일 뿐이다.

이미지를 보다 강한 것으로 한다

유치한 듯 생각될지 모르지만 이미지는 연상만으론 부족하다. 당신이 바라는 목표를 형상화한 사진이나 자신의 성공과 연결되는 성공한 사람의 사진을 벽을 걸어 놓고 바라보라. 그리고 그런 사람들의 생활방식을 모방하라. 세계지도를 걸어 놓는 방법도 이와 같다. 주술적인 듯 보이지만 종교나, 초월적 신념이 초월적 사건을 발생시킨 이유가 모두 이와 관련된 것이라 할 수 있다.

어떤 상대에게든 '허풍' 을 떤다

허풍은 도약을 위한 큰 에너지원이다. 이미지를 높이는 것으로서 허풍은 타인을 향해 떠드는 것이 아니라 자신을 향해서 떠드는 것이다. 자신에게 말하고 듣게 하여 실행하도록 명하는 것이다. 허풍은 가능한 한 큰 쪽이 좋다. 입으로 한 말은 대뇌에 깊이 기억되므로 단순히 생각하고 있는 것보다는 더 큰 이미지로 결합한다.

셀프 리더십의 구축

새뮤얼 리마는 오마하에 있는 이글 하이츠 교회의 담임목사이며 그레이스 대학교의 겸임교수, 탈보트 신학대학원의 강사로 활동하고 있다. '성경대로 살기 선교회(Walk Thru the Bible Ministries)'의 간사이며, 최근에는 CBC(Columbia Baptist Conference)의 총 책임자로 선출되었다. 목회자를 대상으로 한 양육과 네트워킹에 주력하여 교회 행정에도 뛰어난 은사를 발휘하였다.

수많은 리더십 연구들은 리더의 자리에 오르는 법, 리더로서의 자세, 리더에게 필요한 스피치 기술 등 리더의 공적 리더십 수행만 강조해 왔다. 그 때문에 재능 있고, 똑똑하며, 겉보기에 매우 성공적으로 일을 수행하는 사람이 이른 시일에 리더십의 자리에 오르게 되었다. 그러나 곧 그는 자아 정립의 부재라는 근본 기초의 심각한 결함 탓에 부끄러운 실패를 경험하고 만다.

성공적이고 지속적인 리더십은 반드시 성공적인 셀프 리더십의 기초 위에 세워져야 한다. 본 장에서는 새뮤얼 리마의 셀프 리더십을 중심으로 실천방안 4가지를 고찰하여보기로 한다.

1998년 초 클린턴 대통령은 전국 종교 리더 초청 조찬기도회에서 아주 날카로운 것 같지만 어리석은 말을 했다. 클린턴은 그 시간을 자신의 영적인 고백을 할 기회로 잡고 "제가 범죄 했습니다. 이 외에 달리할 수 있는 말이 없습니다."라고 시인했다. 그의 고백은 모니카 르윈스키와의 그릇된 관계와 이로 말미암은 여론의 소용돌이와 관련된 것이었다.

세계에서 가장 힘 있는 사람이 종교 리더 집단 앞에서 초라하게 서 있었다. 그는 비행에 대한 최근의 비난 때문에 창백한 얼굴로 고개를 떨군 채 있었는데, 이것은 그가 한 리더라기보다는 쿠키를 훔치다가 현장에서 손목을 붙들린 어린아이와 같은 모습이었다. 이것은 국민의 투표에 의해 선출된 리더에게 있어서 변명의 여지가 없는 영적인 순간이었다.

미국인의 다수는 대통령의 영적인 상태와 도덕적 정직성 및 순결성에 우려를 표시했다. 이에 대한 반응으로 이런 고백이 나온 것이었다. 즉, 대통령 개인의 영적 생활을 국민에게 보여줌으로써 리더로서 그에 대한 국민적 신뢰를 회복하려는 것이었다. 이 중요한 시기에 무너지는 그의 리더십의 기초를 저지하고자 선택한 것이 바로 그의 영성인 것이다.

리더십은 단순히 기술적인 차원의 것이 아니라 자기성찰과 마인드 개발에 닿아 있다. 예를 들어 그는 실패를 두려워해 아예 도전 자체를 포기하는 일을 가장 경계한다. 실패를 피하는 가장 확실한 방법, 즉 아무것도 시도하지 않는 것은 성공을 위한 자신의 기회를 아예 포기하는 것이기 때문이다. 변화의 시대를 살아가는 리더십의 요체로 제시하는 것은 끊임없는 자기혁신이다.

빠른 속도로 변화하는 시대에 적응하려면 각 개인도 스스로 끊임없이 자기 혁신을 시도하는 길 밖에는 달리 도리가 없다. 특히 각 기업이 자신의 영역과 위계질서를 끊임없이 무너뜨리면서 리스트럭처링과 리로케이팅, 리엔지니어링을 실시하고 있다는 사실에 주목한다. 이런 변화의 시대에 살아남으려면 개인적인 전략을 갖지 않으면 안 된다는 것이다.

이제 조직은 누구에게도 안락함과 안전을 제공하지 않으며, 지금 가진 직업이 자신의 평생을 보장하지도 않는 시대에 각 개인이 변화를 추월하는 발전을 추구하지 않으면 낙오한다. 과거에는 학교에서 배운 것이 배울 필요가 있는 모든 것이었으며, 나머지 인생은 그 지식에 의지해 유지할 수 있었다.

그러나 지금은 매일 수백 편의 논문이 발표되고, 30초마다 하나의 상품이 새로 등장하는 시대다. 공식적인 교육의 수명이 현재와 같이 빠르게 초라해지는 시대는 없었다. 과거 극소수를 위한 사치였던 평생에 걸친 배움은 이제 지속적인 성공을 위해 절대적인 조건으로 바뀐 것이다. 그는 아시아 지역이 세계의 정상이 될 확률이 높다고 보는데 그 이유로 평생 교육에 대한 확고한 의지를 든다.

최고가 되기 위해서는 경쟁자가 하는 것 이상을 알아야 하며, 그것이 무엇이든 최고의 업무처리 방법을 알아야 한다고 말한다. 그러나 그가 말하는 벤치마킹은 자신의 재능과 필요에 대한 확실한 이해를 전제로 한다. 그런 점에서 나이가 얼마든 관계없이 적성검사를 통해 자신을 객관적으로 파악할 기회를 얻으라고 권한다. 그는 강한 내적 동기야말로 성공하는 사람들의 특징임을 알아야 한다고 말한다. 자신의 우수성과 독립성을 위한 동기는 사회적 지위나 명성에 대한 욕구보다 훨씬 강력한 것이므로 끊임없이 내부의 동기부여에 힘써야 한다. 동기로서 전체의 목표와 변화의 모델을 그려내고 이를 조직원들과 공유할 수 없는 이는 리더의 자격이 없다고 설명한다.

이제 탄력성 있는 의사소통 경로와 새로운 아이디어에 대한 개방성이 없는 관리는 오히려 조직의 구성원들을 억압하는 결과 밖에는 가져오지 못한다는 결론이다. 나아가서 눈앞의 이익에 대한 완강한 보호만을 생각하고 패러다임의 변화를 무시하는 것은 리더가 피해야 할 항목이다. 지금 우리에게 필요한 것은 부분적인 보완이 아니라 전체적인 개선이다. 만약 단 한 가지의 계명만을 작성해야 한다면 "당신은 자신의 아이들이나 부하 직원들이 본받을 만큼 가치 있는 그런 방식으로 행동해야 할 것이다."라고 토로하고 있다.

제아무리 변화를 핵으로 하는 사회에서도 정직이라는 고전적인 진리의 힘은 결코 쇠락하지 않음을 재확인하고 있다. 스스로에 대한 절대적인 정직과 긍정적인 사고, 도전적 사고방식, 그리고 사랑과 봉사라는 고래로부터의 덕목들은 변화의 시대에도 변함없이 리더십을 구성하는 요소 14가지 가운데 반 수 이상을 차지하고 있다.

심지어 정보의 중요성과 컴퓨터에 대한 수준 높은 이해를 요구하는 장에서조차 기술맹신주의를 질타하면서 인간적 접촉을 강조한다. 전자마술만으로 고객 만족에 필요한 모든 것을 제공할 수 있다고 믿는 이는 하늘의 도움이 없이는 성공하지 못한다는 극언도 마다하지 않는다. 변화의 시대라고 해서 인간 본래의 가치마저 변하지는 않는다는 것을 간접적으로 말하는 셈이다.

이러한 측면에서 셀프 리더십의 근간은 영성이라는 것을 깨달아야 한다. 새뮤얼 리마의 지적처럼 리더십 실패는 영적 실패라는 것을 자각해야 한다. 그러므로 리더십에서 성공하기 위해서는 영혼관리가 그 어떤 것보다 중요하며 영혼의 관리를 위해서는 성경을 가까이하는 것이 중요하다.

영혼을 새롭게 하기 위해서는 규칙적인 영적 훈련이 필요하다. 효과적인 영혼을 관리하려면 성경 읽기와 기도, 일기 쓰기와 그리고 개인적 휴양의 시간을 갖는 것이 필요하다.

하지만 모든 인생의 길에 장애물이 있듯이 효과적인 영혼관리 훈련에도 장애물이 존재한다. 첫째는 분주함이고 그다음은 좌절이다. 게으름 역시 우리가 이 훈련을 하지 못하도록 자아를 연약하게 만드는 공범이다. 게으름은 즉시 일어나 우리가 훈련을 하도록 하지 않고 한 시간 더 잠자리에 누워 있으라고 유혹한다.

거의 모든 사람들에게 게으름을 키워 주는 최고의 요소는 텔레비전이다. 거의 모든 경우 텔레비전에 들이는 시간은 비생산적인 시간이다. 물론 교육적이고 감동적인 프로그램도 이따금 있다. 그러나 이런 것은 불행하게도 일반적이라기보다는 예외적이다. 지나치게 텔레비전을 많이 시청하면 게으름이 싹튼다. 거의 모든 경우, 텔레비전 앞에서 보낸 시간은 영적 훈련을 위해 사용되어도 좋을 시간이다. 그리고 당신이 영적 훈련을 하기 가장 좋은 시간은 다른 식구들이 텔레비전을 보거나 다른 일에 바쁜 저녁 시간이다. 특별히 당신이 아침 5시에 잠자리에서 일어나기가 불가능할 경우에는 더욱 그렇다. 저녁에 영적 훈련을 위해 약간의 시간을 보낸다 해도 여전히 잠자리에 들기 전에 가족들과 대화할 시간은 남는다.

4차원 셀프 리더십 훈련을 시작할 때 닥치는 장애물들은 그것을 극복하기 원하는 사람들만큼이나 많고 다양하다. 물론 사람마다 자신만의 독특한 장애물이 있을 것은 의심의 여지가 없다. 그러나 우리가 의미 있는 영혼관리를 하려면 누구든지 반드시 그리고 계속해서 수없이 많은 장애물들을 극복해야 한다는 것을 알면 그것만으로도 어느 정도 위로가 될 것이다. 그러나 이것이 바로 변화를 일으키는 리더의 특징이다.

  변화를 이끌어 가는 일은 결코 쉽지 않다. 우리가 속한 조직과 그 안에 있는 사람들의 삶에서 궁극적인 움직임과 진보를 위해 장애물을 극복하는 것은 늘 도전이 되는 일이다. 동시에 현재의 상태는 우리가 꿈꾸고 시도하는 변화에 대해 끊임없이 그리고 적극적으로 저항한다. 그러나 다시 말하지만 리더십을 발휘한다는 것은 바로 그런 것, 즉 현재의 패러다임에 대해 생산적인 변화를 갖는 데 필요한 영향을 주는 것이다.

  성공적인 셀프 리더십이란 우리의 삶 가운데서 어떤 부분에 변화가 필요한가를 파악하여 리더로서 우리의 삶을 증진시킬 수 있는 것을 의미한다. 만일 우리의 패러다임을 변화시켜 우리의 삶에서 영적 훈련을 지속적이고 의미 있게 할 수 없다면, 다른 사람이나 조직이 어려운 변화를 하도록 시도할 자격이 없다고 말할 수 있다.

탁월한 업무 능력이 있으면
당신의 성공을 가로막는 장애물은 아무것도 없다

댄 케네디

미래에 관해 당신에게 핵심적으로 요구되는 기술과 능력은 무엇인지?

그 같은 기술과 능력을 발전시킬 수 있는 계획을 세우고

그 목표를 달성하도록 노력합니다.

사소한 것도 철저한 리더십

영향력의 법칙

리더십의 참된 측정은 영향력에서 온다. 리더십은 그 이상도 그 이하도 아니다. 리더 연구자가 되었을 때, 매일 주변에서 영향을 끼치는 사람들의 수준을 인식할 수 있을 것이다. 빌 하이블스의 리더십은 감탄할 만하다. 그는 북아메리카에서 가장 큰 교회인, 일리노이스 주 남베링톤 지역 윌로우 크릭 교회의 담임 목사로 재직하고 있다. 빌은 교회가 이 세상에서 가장 강력한 리더십을 요구하는 곳임을 믿는다고 했다. 이런 믿음의 근거는 어디에서 나왔는가?

직위로 부여받은 리더십은 자발적인 기관에서는 먹혀들지 않는다. 자발적인 기관에서 힘-영향력이 없는 리더는 비능률적인 사람이 된다. 회사에서 사장은 봉급과 특혜의 형태로 엄청난 힘을 발휘한다. 대부분의 회사원은 자신의 생계가 위험에 처했을 때 대단히 협조적일 수밖에 없다. 그러나 교회와 같은 자발적인 기관에서는 오직 순수한 형태의 리더십이 사람을 움직인다. 리더는 사람들을 돕는 영향력을 발휘한다. 해리 오버스트리트는 이렇게 말한다. "모든 파워의 본질은 다른 사람들을 참여시키는 데 있다." 자발적인 기관에서는 팔로워(따르는 자들)가 억지로 리더를 따르지 않는다. 따라서 리더가 팔로워에게 영향력이 없다면 그들은 리더를 따르지 않는다.

여호수아와 갈렙이 이스라엘 자손들 앞에 서서 그들을 약속의 땅으로 들어가게 하려고 애썼던 그날, 나는 이 두 사람이 리더십을 진정으로 이해했다고 생각하지는 않는다. 물론 그들은 하나님의 백성으로 하여금 약속된 땅에 들어가게 하려는 하나님의 비전을 확실히 소유하고 있었다. 이스라엘 백성이 약속의 땅으로 들어가는 것을 저항하며 외쳤을 때, 그 두 사람은 이렇게 말했다. "우리가 두루 다니며 탐지한 땅은 심히 아름다운 땅이라 여호와께서 우리를 기뻐하시면 우리를 그 땅으로 인도하여 들이시고 그 땅을 우리에게 주시리라. 이는 과연 젖과 꿀이 흐르는 땅이니라."(민 14:7-8)

그들은 분명히 대적들을 이기게 하시는 하나님의 능력을 인식했다. 여호수아와 갈렙은 하나님이 바로의 군대를 홍해에 가두셨을 때도 그 자리에 있었다. 그러나 지금 이 시간 그들은 그 백성을 이끄는 자신들의 능력(또는 무능력)이 조상들에게 약속된 젖과 꿀이 흐르는 땅을 누리게 하느냐, 아니면 사막에서 죽게 하느냐를 결정짓는다는 것을 참으로 이해했는가?

하나님에 대한 순종은 중요하다. 여호수아와 갈렙은 순종했다. 때문에 성인유대 백성 가운데 그들만이 약속의 땅으로 들어갈 수 있었다. 그러나 리더들은 순종하는 것만으로는 충분하지 않다. 다른 백성을 약속의 땅으로의 여행에 동참시키지 못한다면 그들은 하나님으로부터 부여받은 사명을 다하지 못하는 것이다.

여호수아는 백성으로 하여금 반드시 해야만 하는 것을 하도록 영향력을 끼치지 못했을 때 참된 리더십의 본질에 직면하게 되었다. 한 지파의 지도자로서 그의 지위는 다른 지파들에 별다른 영향을 주지 못했다.

〈민수기〉 13장 2절에 따르면 약속의 땅으로 염탐하러 보내진 사람들은 "각 지파 중에서 족장 된 자 한 사람씩"이었다. 이는 여호수아가 지도자였고 영향력을 가졌다는 것을 의미한다. 그러나 분명히 그의 영향력은 자신의 지파의 한계를 넘어서지는 못했다.

정탐꾼들이 약속의 땅으로부터 돌아오는 것을 기다릴 때 이스라엘 백성의 분위기가 어떠했는지 성경은 아무런 말이 없다. 그러나 분명히 그들은 기대감에 부풀었을 것이다. 나는 모든 정탐꾼들이 훌륭한 보고를 했다면 이스라엘 백성은 하나님께 순종하여 그 땅으로 건너갔을 것이라고 믿는다. 그러나 정탐꾼들의 영향력은 두 가지로 갈렸다. 하나는 부정적이고 다른 하나는 긍정적이었다. 불신앙적인 열 명의 지파 지도자들은 자신들의 영향력을 잘못 사용하여 백성을 사막에서 유리하게 만들었고, 그 결과는 재앙이었다. 열 명의 리더들뿐만 아니라 모든 팔로워에게도 재앙이 임했다.

일정을 진행해 나가려고 리더십을 활용하는 사람들은 이득을 위해 다른 사람들을 조종한다. 이것이 바로 열 사람의 정탐꾼들이 한 일이다. 그들은 두려움 때문에 자신들의 영향력을 이스라엘 백성 안에 두려움이 생기게 하는 데 사용했다. 그들은 약속의 땅에 대해 "거주민을 삼키는 땅"이라고 백성을 속였다. 하지만 여호수아와 갈렙은 올바른 일을 하도록 백성에게 동기부여를 했는데, 이는 모든 이의 이득을 위한 것이다. 훌륭한 지도자의 일정표는 항상 그와 같다.

아마도 불신앙적인 열 명의 지파 지도자들이 반역을 하려고 했던 것은 아닐 것이다. 그러나 그들이 했던 일은 그런 반역과 별다를 게 없다. 약속의 땅에 대한 부정적인 보고를 좇았던 백성은 모세와 아론을 폐위시키려 했고 다시 애굽의 노예로 돌아갈 것을 추구했다. 결과적으로 열 명의 지파 지도자들은 재앙으로 죽었고 그들을 따랐던 사람들도 모두 사막에서 죽었다.

다른 사람들에게 영향을 주는 것은 선택이다. 리더로서의 무능력을 경험한 많은 사람은 다른 사람들을 이끌려고 하는 노력을 포기하고 다시금 시도하지 않는다. 다행히도 이스라엘 자손들에게 여호수아는 그런 종류의 사람이 아니었다. 그는 더 좋은 리더가 되려고 했다. 그래서 그는 나중에 또 다른 기회를 얻는다. 아울러 그는 여전히 하나님께 신실했고, 스승이 되는 모세로부터 가능한 한 많은 것을 배웠다.

사람들 가운데서 영향력을 얻는 데는 시간이 걸린다. 그것은 하루아침에 이루어지지 않는다. 여호수아가 갈렙과 함께 약속의 땅으로 백성을 이끌려고 했을 때 그는 그 사실을 분명히 깨달았다. 성경은 그 당시에 어느 누구도 여호수아와 갈렙의 리더십을 따랐다고 말하지 않는다. 리더의 영향력은 백성의 저항보다 더 커야 한다. 백성이 커다란 도전에 직면하거나 지극히 어려운 상황에 부닥칠 때 리더의 영향력은 특히 더 중요하다.

하나님의 뜻에 저항하면서 동시에 하나님의 은혜를 받을 수는 없다. 여호수아의 경우 백성의 저항은 거셌고, 여호수아의 영향력은 미미했다. 백성은 왜 여호수아를 거부했는가? 세 가지 중요한 사실이 여호수아와 갈렙의 조언을 무시하고 그들의 리더십을 거부케 했다. 백성은 과거를 잊어버렸다. 유대인들이 애굽에 있을 때, 애굽인들은 "고역으로 그들의 생활을 괴롭게"(출 1:14)했다. 그들은 애굽에서 나온 지 오래되지 않았지만 이미 애굽에서 자신들의 삶이 얼마나 비참했었는지 잊어버렸다.

그들은 현실에 안주했다. 하나님은 이스라엘 백성의 외침에 응답하여 한 지도자를 보내 애굽의 노예 상태에서 그들을 이끌어 내셨다. 하지만 그들은 불순종으로 가나안에 들어가는 것을 거부하고, 다시금 자신들을 애굽으로 돌아가게 할 지도자를 찾았다.

그들은 미래를 두려워했다. 이스라엘 백성 문제의 근원은 두려움이다. 여호수아와 갈렙은 가나안 땅을 살펴보고 그곳의 잠재력을 보았다. 하지만 나머지 사람들은 하나님이 그 땅을 주기로 약속하셨을지라도 오직 그곳에 있는 위험만을 보았다. 팔로워는 미지의 땅에 들어설 때는 항상 두려움을 느낀다. 다가오는 도전이 크면 클수록 두려움은 커진다. 그럼에도 그 두려움을 극복하고 앞으로 나오게 하는 것은 리더의 규모에 달린 것이지 도전의 규모에 달린 것이 아니다. 리더의 규모가 새로운 땅을 정복할 수 있는지를 결정한다. 리더의 영향력이 크면 클수록 사람들은 잘 따른다. 처음에 여호수아와 갈렙이 약속의 땅으로 백성을 이끌려고 했을 때 그들의 영향력은 미미했다. 따라서 그들은 이룬 것이 없었다. 그러나 40년 뒤에 여호수아가 재차 약속의 땅으로 들어가기를 시도했을 때 백성은 흔쾌히 따랐다. 왜 그러했는가? 여호수아가 뛰어난 영향력을 소유한 사람이 되었기 때문이다. 리더십은 영향력이다.

과정의 법칙

리더십은 매일 발전하는 것이지 하루아침에 이루어지는 것이 아니다. 리더가 되는 것은 주식시장에 성공적으로 투자를 하는 것과 같다. 당신의 희망이 하루 만에 행운을 잡는 것이라고 한다면 당신은 성공할 수 없다. 가장 중요한 것은 당신이 장기적으로 매일 성공을 향해 나아가야 한다는 것이다. 성공 비결은 매일의 의사일정에 달렸다. 만약 리더십의 발전을 위해 계속해서 투자를 한다면 당신의 자산은 그에 비례하여 증가할 것이다. 리더십의 성장에는 시간이 필요하다.

어떤 사람은 다른 사람보다 더 훌륭한 자연적 은사를 갖고 태어나는 것이 사실이지만, 이끄는 능력은 참으로 온갖 기술의 집합이라고 말할 수 있다. 그리고 그 기술들은 대부분이 습득되고 향상될 수 있는 것들이다. 그러나 그 과정은 하루아침에 이루어지는 것이 아니다. 리더십은 복합적이다. 리더십은 많은 측면이 있다. 품위, 경험, 감성, 사람 다루는 법, 자제력, 비전, 추진력, 타이밍 등 헤아릴 수 없이 많은 요소가 필요하다. 효과적인 리더가 되려면 이런 많은 양념이 필요하다.

여러 가지 면에서 요셉은 많은 훌륭한 리더들과 유사하다.

첫째로 리더들은 모두 꿈이 있다. 더 좋은 미래에 대한 비전 말이다. 요셉은 문자 그대로 비전을 경험했다.

둘째로 비전을 갖는 사람과 비전은 서로 분리시킬 수 없다. 리더의 마음은 비전을 향해 요동치고 그 비전을 이룰 때까지 만족하지 않는다. 다른 사람이 리더의 꿈을 대신 이룰 수는 없다. 요셉과 그의 비전이 서로 얽히게 된 것은 하나님의 뜻이었다.

셋째로 리더의 비전은 은밀할 수 없다. 비전이 바람직한 방식으로 서로 공유될 때 그 사람의 리더십이 확장될 수 있다. 그러나 비전이 잘못된 방식으로 전달되었을 때 문제가 발생할 수 있다. 요셉이 곤란에 처하게 된 것도 바로 그 때문이다.

대부분 위대한 리더들처럼 요셉은 리더의 능력을 갖추기 오래전에 이미 비전을 소유하고 있었다. 그는 하나님에 의해 리더가 될 숙명이 있었다. 하지만 처음부터 효과적인 리더가 된 것은 아니다. 처음에 그는 형제들에게 영향을 끼치지 못했다. 어쩌면 아버지 이외에 다른 어떤 이에게도 영향을 끼치지 못했을 것이다. 하나님이 그를 사용하시기 전에 요셉은 잠재력이 있는 리더로 준비되고 정화되고 만들어져야 했다. 모든 위대한 리더들은 리더로 준비되도록 다음의 세 가지가 요구되었다.

대부분의 훌륭한 리더들처럼 요셉은 다른 사람들을 이끌 수 있는 리더의 자격이 부여되기 전에 상당한 시간을 안개 속에서 지내야만 했다. 열일곱의 나이에 노예로 팔린 그는 삼십의 나이가 되어서야 처음으로 바로 서게 되었다. 왕의 꿈을 해몽한 그때부터 요셉은 완전히 다른 사람이 되었다. 리더십을 갖추었고, 겸손했으며, 위대한 리더가 되었다.

금은 반복적인 연단을 통해서 정제된다. 다이아몬드는 지극한 압력에서 생겨난다. 마찬가지로 리더는 시련을 통해서 만들어진다. 만약 요셉이 집을 떠나지 않았다면 그의 잠재력을 극치로 끌어올리지 못했을 것이다. 훌륭한 리더가 되려고 그는 노예가 되어야 했고 죄수가 되어야 했다.

하나님이 없다면 리더는 의미 있는 일을 할 수 없다. 예수께서는 이렇게 말씀하셨다. "나는 포도나무요 너희는 가지니 저가 내 안에, 내가 저 안에 있으면 이 사람은 과실을 많이 맺나니 나를 떠나서는 너희가 아무것도 할 수 없을 것이라."(요 15:5)

하나님은 요셉이 보디발의 집에서 종으로 일할 때 그를 축복하셨다. 그다음에 요셉이 교도소에 있을 때도 하나님은 그를 축복하셨다. 〈창세기〉 39장에서는 네 번이나 요셉이 하나님의 은혜를 입었다고 말한다. 예를 들어 〈창세기〉 39장 23절은 "여호와께서 요셉과 함께하심이라 여호와께서 그의 범사에 형통케 하셨더라."고 말한다. 만약 당신이 하나님의 편에 있다면, 당신을 잃어버리지 않을 것이다.

요셉과 과정의 법칙을 보면 리더로 성장하는 데는 시간이 걸린다는 것을 알 수 있다(창세기 8:22). 요셉은 잘난 체하는 소년이었다. 이는 17세의 소년에게는 흔한 일이다. 그는 "스무 살-네가 여전히 모든 것을 아는 동안- 이 넘기 전에 세상의 문제를 해결하라"는 속담을 실천한 것으로 보인다. 하지만 요셉은 그보다도 더 심했다고 할 수 있다. 그는 자신의 이익 때문에 너무 교만했다. 그는 아버지 야곱의 편애를 받고 다른 형제들보다 특별한 사랑과 대우를 받은 "노년에 얻은 아들"만으로 충분하지 않았다. 요셉은 그 잘못을 반복해서 저질렀다.

하나님이 요셉에게 꿈을 주셔서 그가 언젠가 가족의 리더- 열한 명의 형제들뿐만 아니라 부모님도 포함하여- 가 되리라는 것을 제시하셨을 때, 그는 분별없이 다른 사람에게 그 계시에 대해 말했다. 그것도 두 번씩이나 말이다. 그의 아버지는 그를 꾸짖었다. 그의 형제들은 복수를 원했고, 또한 그것을 실행에 옮겼다.

어린 시절에 요셉은 사람을 대하는 기술이 빈약했다. 더욱이 그는 경험과 지혜와 겸손이 부족했다. 이 세 가지 자질은 오직 시간과 함께 얻어질 수 있는 것들이다.

항해의 법칙

　누구라도 배를 운항할 수 있으나 항로를 결정하는 것은 리더가 한다. 항해를 이끄는 리더는 여행의 방향을 조절하는 것 이상을 하는 사람이다. 리더들은 본거지를 떠나기 전에 먼저 마음속으로 전체 여행의 지도를 그려본다. 목적에 대한 비전을 가지며, 어떻게 그곳에 도착할 수 있을 것인지를 안다. 성공하려면 어느 대원이 그 팀에 필요한지도 안다. 여행의 방해물이 나타나기 오래전에 앞으로 어떤 방해물들이 나타날 것인지를 안다. 낙관과 실제, 직관과 계획, 그리고 믿음과 실제를 균형 잡는 것은 참으로 어렵다. 그러나 그것은 효과적으로 항해하고자 하는 리더에게는 꼭 필요한 목록이다.

　무엇보다도 항해 법칙의 비밀은 곧 준비라는 것을 알아야 한다. 준비가 잘 되었을 때, 사람들에게 신뢰와 믿음을 전할 수 있다. 준비 부족은 정반대의 결과를 낳는다. 동의나 지원, 그리고 성공을 결정하는 것은 계획의 규모에 있지 않고, 리더의 규모에 있다. 좋은 항해사로서 리더는 사람을 어느 곳으로라도 올바르게 인도할 수 있는 능력을 갖춘 사람이다. 그러므로 리더는 자신이 가는 곳을 알 뿐만 아니라 거기에 도달하는 방법도 알고 있어야 한다.

　느헤미야는 바벨론 아르닥사싸 왕의 술 담당 관원으로서 능력 이하의 일을 하고 있었다. 우리는 그 일을 맡은 첫날 왕국의 술 창고를 정리하는 느헤미야를 머리에 그릴 수 있다. 술들이 바닥에서 천장까지 연도와 산지에 따라 쌓이고 각 병은 재고 목록에 대조표시가 된다.

느헤미야는 조직의 명수였다. 애국자였던 이 유대인은 많은 지도자가 이해하지 못했던 비밀을 알았다. 사소한 일이라도 최선을 다하는 사람에 대해서는 쉽게 거절하지 못한다. 그는 탁월한 봉사와 기분 좋은 표정으로 왕을 기쁘게 할 수 있었다. 그리고 어려운 부탁을 했을 때 왕은 거절할 수 없었다.

예루살렘에 도착하였을 때 그는 황폐한 성읍을 보게 되었다. 그것은 너무나 엄청난 일이었기에 백성들은 일을 시작하기도 전에 낙담했다. 느헤미야가 조기 경계경보를 포함한 방어체제를 구성하기 전까지는 아무것도 시작하지 않았다. 사람들은 한 손에 창을 들고 한 손에 삽을 들고 일했다. 52일 후에 성벽이 완성되기까지 한 시일도 일은 중단되지 않았다.

조직이 위대한 지도자를 만들지는 않겠지만 조직이 없으면 확실히 많은 일이 좌절될 것이다. 담당해야 하는 일에 관련된 모든 사소한 일을 확실히 처리하려면 어떤 종류의 시스템을 사용할 것인가는 중요하지 않지만 좌우지간 하나의 시스템은 절대적으로 필요하다. 내게 결정적인 도움을 주는 것은(사용하지 않을 때) 항상 뒷주머니에 있는 지갑 크기의 스케줄 관리수첩이다. 그 스케줄 관리수첩과 일을 처리해야 하는 업무목록이 내가 이용하는 조직화의 핵심이다.

느헤미야가 수산궁에 있을 때, 그의 형제 하나니가 언급한 예루살렘 주변의 성벽에 대한 보고가 바로 이러한 항해의 결심을 보여준다. 당시에 도성이 무너졌다는 것은 대단히 나쁜 일이다. 공격과 조롱과 불안의 상징이기 때문이다. 성벽 상태에 대한 소식을 들었을 때 느헤미야가 울며 금식한 이유는 그 때문이다. 갈대아인들에 의해 (대 36:19) 성벽이 훼파된 지 120년이 지나도록 수많은 예루살렘 백성은 그 성벽을 보면서도 아무것도 할 수 없었다. 아마도 성벽을 재건하는 일은 그들에게 불가능하게 보였을 것이다. 그렇게 많은 일꾼이 있는 도시인데도 말이다. 이런 상황에서 백성이 필요로 한 것은 그들을 규합하고 행동의 방향을 정하며 재건의 과정을 붙들어줄 어떤 사람이었다. 그들은 리더가 필요했던 것이다. 그의 지도로 120년 동안 황폐한 상태로 남아 있던 성벽을 재건하는 데는 단 52일밖에 걸리지 않았다. 훌륭한 리더가 백성을 지도했기 때문에 그것을 이룰 수 있었다. 느헤미야는 자신의 목표를 알고 계획을 세웠으며, 그 모든 진행과정에서 백성을 이끌었다. 느헤미야의 리더십에 관한 이야기는 성경에 기록된 리더십 가운데 가장 뛰어난 이야기 중 하나다.

휴톤의 법칙

참 리더가 말할 때 사람들은 듣는다. 참 리더가 누구인가를 아는 것은 어렵지 않다. 예를 들어 전에는 결코 만나보지 못했던 사람들의 모임에 참석해서 5분 동안만 그들을 지켜보라, 누가 리더인지를 곧 알게 될 것이다. 사람들이 질문할 때 그들은 누구를 바라보는가? 그들은 누구의 말을 듣고자 기다리는가? 그들이 바라보는 사람이 참 리더이다.

사람들은 필연적으로 메시지에 담긴 진리 때문이 아니라 말하는 자에 대한 존경 때문에 그의 말을 듣는다. 마틴 루터킹 목사가 살았을 때, 그는 놀라운 존경을 받았다. 그가 언제 어디서 말하든지 흑인이든 백인이든 사람들은 그의 말을 들었다. 오늘날 빌리 그래함이 이와 비슷한 존경을 받고 있다. 이는 그의 뛰어난 고결성과 일생의 봉사 때문이다. 거의 50년 동안 그의 말은 세계 리더들에 의해 주목을 받고 있다. 헤리 투르만 이래로 미국의 대통령들은 빌리 그래함의 리더십과 현명한 조언을 구했다. 참 리더인지를 확인하고자 할 때 그 리더십의 증거는 팔로워 속에서 찾을 수 있다. 참 리더가 말할 때 사람들은 듣는다. 이것이 휴톤의 법칙이다. 성경에 나오는 인물 중에 사무엘이 이러한 존경을 받았다고 할 수 있다. 그의 삶은 고결하였고, 일생을 헌신된 주의 종으로 살았기 때문이다. 〈사무엘상〉 7장 15절에서 "사무엘이 사는 날 동안에 이스라엘을 다스렸으되"라고 되어 있는 것을 보아도 그에 대한 존경이 그를 리더로 만들었다.

굳건한 토대의 법칙

신뢰는 리더십의 기초이다. 리더의 성공과 실패는 신뢰에서 큰 차이를 보인다. 이는 마치 주머니에 돈을 집어넣기도 하고 내놓기도 하는 원리와 같다. 좋은 리더십 결정을 한다면 이는 자신의 주머니에 돈을 집어넣는 것과 같고, 만약 좋지 못한 결정을 한다면 주머니에서 돈을 꺼내는 것과 같다.

모든 리더는 처음에 지도자의 자리에 올랐을 때 주머니에 상당한 양의 돈을 갖고 출발한다. 그다음부터 돈을 더 벌어들이기도 하고 더 쓰기도 한다.

신뢰를 쌓으려는 리더는 유능함과 관계성의 인격이 필요하다. 능력 문제에서 실수를 했다 하더라도 리더로서 성장할 가능성을 보인다면, 사람들은 실수를 용서하고 신뢰할 것이다. 그러나 사람들은 인격적으로 잘못된 리더는 신뢰하지 않는다. 리더십에서 인격 부족은 치명적이다. 신뢰가 리더십을 굳건하게 한다. 삼손은 이러한 신뢰의 법칙을 잘 보여준 인물이다. 그가 강력하게 시작하지만 빈약하게 끝이 나고만 삶을 산 것도 결국 신뢰의 중요함을 보여준 그림자라고 할 것이다.

사람은 자연스럽게 자신보다 더 강한 리더를 따른다. 사람은 우연히 다른 사람을 따르지는 않는다. 존경하는 사람의 리더십을 따른다. 덜 숙련된 리더십을 가진 사람은 더 숙련된 리더십을 가진 사람을 따른다. 종종 강력한 리더가 자신보다 약한 리더십을 가진 사람을 따를 수 있다. 하지만 그것은 이유가 있다. 예를 들어 강력한 리더십을 가진 사람이 직책에서 우러나오는 존경심 때문에 자신보다 약한 리더십을 가진 사람을 따르든지, 또는 과거의 업적에 대한 존경에서 그 사람을 따를 수 있다. 어떤 경우는 지휘체계 사슬에 따른 것일 수 있다. 하지만 이런 경우를 제외하고는 일반적으로 팔로워는 자신보다 훌륭한 리더에게 매력을 느낀다.

일반적으로 리더십 능력이 강한 사람일수록 더 빨리 다른 사람들에게 자신의 리더십을 인식시킨다. 사람들이 처음으로 모였을 때 무슨 일이 일어나는지를 보라. 서로 관계를 맺기 시작할 때, 그룹의 리더들은 즉시 서로 주도권을 잡으려 한다. 그들은 자기들이 생각하는 방향으로 사람들이 함께 가주기를 바란다. 하지만 처음에 사람들은 몇 가지 다른 방향으로 마음대로 움직인다. 그러나 서로 잘 안 후에 그들은 누가 가장 강력한 리더인지를 알게 되고 그를 따르게 된다. 성경에 나오는 드보라가 이러한 것을 잘 보여주는 모델이라 하겠다. 드보라의 성공적인 리더로서의 여행은 〈사사기〉 4장 1절에서 5장 1절, 그리고 5장 31절에서 잘 드러난다.

직관의 법칙

리더는 리더십의 성향으로 모든 것을 평가한다. 리더십의 직관은 종종 훌륭한 리더와 그냥 좋은 리더 사이를 구분하는 중요한 요소가 된다. 훌륭한 리더십 직관을 갖고 태어난 사람이 있는가 하면, 리더십을 개발하고 연마하여 오늘에 이른 사람이 있을 것이다. 그러나 이 모든 것은 계속해서 발전하고, 어떤 의미에서 리더십 직관은 타고난 능력과 습득된 기술의 조합이라고 해야 할 것이다. 타고난 능력에 습득된 기술이 첨가되면 리더의 직관은 급격히 상승한다. 이런 성향은 리더십의 목표를 이루는 데 보이지 않는 요소들을 다루고 이해하고 사용하는 능력이라고 할 수 있을 것이다.

성공적인 지도자는 가능한 자원(자금, 원자료, 기술 그리고 가장 중요한 사람)의 측면에서 모든 상황을 본다. 직관이 있는 리더는 사람들 가운데 지금 무슨 일이 일어나고 있는지를 직감한다. 그는 거의 즉각적으로 사람들의 희망과 두려움, 관심 등을 안다. 리더는 그 순간에 일어난 것들을 읽을 수 있는 능력을 갖춘 사람이다. 그리고 리더는 사람들이 지금 어디에 있으며, 앞으로 어디로 갈 것인지를 안다. 마치 바람의 변화를 냄새 맡는 사람과 같다.

모세의 장인 이드로가 그러한 직관을 가진 리더라고 할 수 있다. 모세의 리더십이 습득된 것이라고 한다면 이드로의 리더십은 은사로 주어진 것이라고 할 수 있을 것이다. 백성을 이끄는 모세의 모습을 본 이드로는 뺨을 얻어맞고 정신이 번쩍 든 느낌이 들었을 것이다. 모세는 이드로에게 하나님이 히브리 백성을 위해 하신 일을 말했고, 이드로는 하나님께 감사를 드리며 그분을 영화롭게 하기 위해서 번제를 드렸다. 그러나 그다음 날 이드로는 모세가 홀로 그 모든 일을 하려고 하는 것을 보았다. 그리고 그는 즉시 사위에게 이렇게 말했다. "그대의 하는 것이 선하지 못하도다"(출 18:17).

이드로는 즉시 문제가 있음을 알았고, 그 문제가 지도자와 백성에게 어떤 영향을 주고 있음을 알았다. 리더십과 관련해서 이러한 파악을 했다는 것은 깨끗한 방과 같다. 그는 하나도 놓치지 않았다. 모세도 훌륭한 리더이다. 하지만 그는 자연적인 리더는 아니다. 모세의 리더십은 40년간 광야에 다니면서 그의 백성을 이끈 결과 날마다 향상된 것이다. 반면에 이드로는 100만 명이 넘는 불평하는 백성을 본 순간 그것을 직관하고 다루는 방법을 알고 있었다. 직관은 곧 읽는 것이다. 직관적인 리더는 읽는 자이다. 이런 방식으로 직관을 생각한다면 더욱더 직관적인 자가 되는 법을 배울 수 있다.

자석의 법칙

자신이 어떤 사람인가에 따라 끌어당기는 사람이 결정된다.

효과적인 리더는 항상 좋은 사람들을 찾는다. 우리는 모두 자신의 조직 안에 있었으면 하는 사람들을 마음속에 갖고 있다. 얻을 수 있는 사람은 자신이 원하는 것에 따라 결정되는 것이 아니라, 자신이 누구인가에 따라 결정된다. 대부분은 자신이 지닌 특징과 같은 특징의 사람이 자신을 따르게 되어있다.

물론 리더가 자신과 다른 사람들을 모집하는 것은 가능하다. 그러나 자신과 다른 성격의 사람들은 자신에게 자연스럽게 매력을 느낄 수 없다는 것을 인식하는 것이 중요하다. 리더는 자신과 같은 종류의 사람들로 하여금 주로 매력을 느끼게 한다. 자신이 끌어당기는 사람들은 자신과 유사한 리더십 능력을 갖췄다. 그들이 갖춘 능력은 궁극적으로 고용 제도나 인사자원부 또는 지원자 관리에 달린 것이 아니다. 그것은 자신에게 달렸다. 즉 자신이 더 좋은 사람들을 이끌기를 원한다면, 자신을 발견해야 한다.

리더들은 자신이 원하는 사람들에게 매력을 느끼게 하는 것이 아니라 자신과 같은 사람들에게 매력을 느끼게 한다. 아합 왕은 그를 '이스라엘에 고통을 주는 자' 그리고 '나의 대적자'라고 불었다. 아합 왕의 아내 이세벨은 그를 죽이기를 원했다. 그러나 하나님을 사랑했던 사람들은 이 사람에게 몰려와 리더가 되어 줄 것을 구했다. 나는 지금 엘리야에 대해서 이야기하고 있다. 그는 고대 이스라엘의 모든 선지자 중에서 가장 유명하고 극적인 삶을 산 사람이었다고 여겨진다. 엘리야의 리더십은 불로 특징지어진다(열왕기상 16:29-17:24; 18:20-46; 19:11-21 열왕기하 1:102:25; 4:1-37). 그는 하나님과 진리를 위한 격렬한 열정을 소유하였다. 리더로서 가장 기념할 만한 사건은 그가 갈멜 산에서 바알의 거짓 선지자들과 대결하던 때의 일이다. 거기서 그는 하나님께 불을 구하여 쌓아 놓은 재단을 불살라 줄 것을 구했다. 하나님이 그를 하늘로 데려가려고 불 마차를 보내 주시고, 이 땅에서 그의 삶을 일순간에 끝나게 하신 것도 불로 특징 지어지는 그의 극적인 인생을 잘 보여 준다.

엘리야의 삶은 자석으로 특징지어질 수 있다. 바알의 선지자들을 무릎 꿇게 했을 때, 그는 백성을 자기편으로 끌어들일 수 있었다. 하지만 그는 거기서 그 이상의 일을 했다. 그는 자신과 같은 부류의 사람들이 매력을 느끼게 해 주었다. 선지자 그룹이 그를 따르게 되었던 것이다. 여기에는 엘리야 영감의 '갑절'을 구했던 그의 후계자 엘리사도 포함된다. 결과적으로 엘리야 이후에 그 횃불을 든 엘리사는 같은 종류의 격렬한 리더십을 발휘했다. 그리하여 그는 전임자보다도 더 큰 결과를 얻어냈다.

엘리야는 어떻게 자신과 유사한 사람들을 끌어당길 수 있었는가? 자석의 법칙이 그 대답이다. 당신이 어떤 사람인가에 따라 당신이 끌어당기는 사람이 결정된다. 자석에 대한 진리와 그것이 어떻게 리더십에 영향을 주는가에 대해 생각해 보자.

모든 리더는 끌어당기는 힘이 있다. 모든 리더가 사람들을 끌어당긴다. 높은 카리스마를 가진 리더는 종종 많은 사람을 끌어당긴다.

하지만 평범한 리더들에게도 따르는 자가 있다. 만약 따르는 자가 없다면 그는 리더가 아니라고 말할 수밖에 없다. 리더는 모두 영향을 주는 사람들이기 때문이다.

리더의 끌어당김이 다른 사람들에게 지적, 감정적 또는 의지적으로 영향을 준다. 모든 리더가 같은 방식으로 영향을 주지도 않는다. 매우 훌륭한 리더는 여러 방면에서 따르는 자들과 교감을 한다. 엘리야의 경우가 그렇다. 끌어당기는 그의 매력은 모든 방면에서 사람들에게 영향을 주었다. 그것에 대한 완전한 실례는 바알의 거짓 선지자를 패배시킬 때의 일이다.

그는 먼저 하늘로부터 불을 구함으로써 백성과 교감을 시도했다. 그래서 군중 속에 있던 회의주의자들도 하나님이 살아 계신다는 증거를 얻었다. 하지만 그것만으로는 충분하지 않았다. 그는 자신의 메시지에 좀 더 감성적인 영향을 주려고 도랑의 물까지 핥게 했다. 마침내 백성은 "여호와 그는 하나님이시로다"(왕상 18:39)라고 외쳤다. 의지적인 단계에서 엘리야가 백성과 교감을 시도한 부분은 "바알의 선지자를 잡아라."(왕상 18:40)라는 그의 외침에서 볼 수 있다. 백성은 바알의 선지자들을 처형하려고 그들을 따라가 붙잡았다.

끌어당기는 매력은 그 자체로는 좋은 것도 나쁜 것도 아니다. 리더가 그 매력을 어떻게 사용하느냐에 달렸다. 카리스마적인 리더도 여러 가지 형태가 있다. 아돌프 히틀러 같은 사람이 있는가 하면, 마더 테레사 같은 사람도 있다. 아합 왕과 같은 사람이 있는가 하면, 엘리야와 같은 사람도 있다. 끌어 당기는 힘은 돈과 같다. 그 자체로는 좋은 것도 나쁜 것도 아니다. 그것은 단지 도구일 뿐이다. 엘리야는 하나님이 주신 자신의 사명을 이루고자 유사한 마음을 가진 사람들을 끌어당기는 능력을 사용하였고, 리더십의 영향력을 훌륭히 확장했다.

모든 리더가 자기와 유사한 팔로워를 이끌지만, 확고한 리더는 자신과 유사한 팔로워뿐만 아니라 자신의 리더십을 보충해 줄 팔로워도 이끈다. 리더로서 자연스러운 경향은 항상 자신과 유사한 사람들로 하여금 매력을 느끼게 한다는 것이다. 즉 리더는 자기와 가치관, 나이 그리고 태도가 유사한 다른 사람들로 하여금 매력을 느끼게 한다. 엘리야의 경우도 마찬가지였다. 그의 리더십은 하나님을 사랑하고 예언의 은사를 받은 사람들로 하여금 이 매력을 느끼게 하지만, 확고한 리더- 자신의 감정뿐 아니라 약점도 인식하고 수용하는 리더- 는 자신의 사역을 보충해 줄 사람들도 끌어당긴다.

예를 들어 리더십이 확고하고 큰 청사진을 가진 리더는 세밀한 사람들을 끌어당긴다. 그리고 전략이 있는 리더는 재능 있는 사람들과 좋은 관계를 맺어 그들을 끌어당긴다. 지도자가 자신이 약한 부분을 잘 감당해 줄 다른 리더들을 두려워하지 않을 때, 그는 그런 리더들을 끌어당기고 그들을 자신의 사람으로 만들 수 있다.

리더의 매력은 정적이지 않다. 리더의 매력은 개발될 수 있고, 새롭게 형성되거나 성장할 수 있다. 좋은 리더들 속에서 발견되는 모든 다른 자질과 같이 매력은 개발될 수 있다. 사람들에게 비전을 제시하고 교감을 가질 수 있는 능력은 향상된다. 엘리야는 우리를 이끌기 전에는 이름도 없이 과부와 그녀의 아들을 돕는 그런 정도였다. 우리는 그의 초창기 삶에 대해서 아무것도 알지 못한다. 하지만 하나님은 계속해서 그를 준비하셔서 삶을 위한 비전을 개발시켜 주셨고, 목적을 분명히 만드셨으며, 확신을 심어 주셨다. 그리고 이 모든 것이 사람들에게 매력을 주도록 그의 수준을 높여 주었다.

리더로서 매력을 느끼게 하는 사람들을 살펴본다면 당신 자신에 대한 많은 것을 발견하게 될 것이다. 그리하여 관찰한 것은 자신을 기쁘게 해 줄 것이다.

친밀의 법칙

리더는 따라 달라고 요구하기 전에 마음을 감동시킨다. 자기 자신을 이끌려면 당신의 머리를 사용하고, 다른 사람들을 이끌려면 당신의 가슴을 사용하라는 격언이 있다. 사람들과의 친밀감은 지도자가 많은 사람에게 설교할 때만 발생할 필요가 있는 것은 아니다. 친밀감은 각각의 사람들에게도 마찬가지로 적용된다. 각각의 사람들과 강력한 관계성과 친밀성을 가지면 가질수록 팔로워는 리더를 더욱 열심히 돕기를 원한다. 어떤 리더들은 친길의 법칙과 문제를 드러내는데, 그 이유는 친밀해지는 것이 팔로워의 책임이라고 믿기 때문이다. 그러나 성공적인 리더들은 친밀의 법칙에 순응하여 먼저 주도권을 쥔다. 그들은 먼저 다른 사람들에게 접근하고 먼저 관계성을 세우려고 노력한다.

리더가 자신의 사람들과 함께 친밀해지려고 노력할 때, 조직의 역할 방식에서 그 노력의 결과를 알 수 있다. 직원들 가운데 놀라운 충성과 강력한 사역 윤리가 형성된다. 리더의 비전이 사람들의 소원이 된다. 그 영향력은 놀라운 만큼 크다.

〈열왕기상〉 11장 이후에 나타나는 르호보암의 경우가 이러한 친밀감의 효과에 대하여 잘 가르쳐 주고 있다. 원래 르호보암은 친밀감의 법칙을 알지 못했다. 그의 생애는 리더가 이기적인 목적을 추구하면서 사람들과 교감하는 것이 얼마나 불가능한지에 대해 생생한 예를 보여준다. 르호보암은 파워에 굶주린 사람이고 사람들과 교감하는 것보다 자신의 정치적인 역량을 과시하는 데 더욱 관심이 있었다. 심지어 백성에게 부과된 짐을 덜어주기만 하면 그들이 영원히 왕을 잘 따를 것이라고 약속했는데도, 그는 그런 제안을 거부하고 자신의 일정을 추진했다. 결과적으로 그는 자신의 운명을 비효과적인 리더로 낙인찍게 했다.

자신의 이기적인 일정을 추구하면서 동시에 사람들과 교감할 수는 없다. 질적으로 친밀함은 주는 데서 온다. 만약 다른 사람들과 친밀해지려고 한다면 동기를 점검할 필요가 있다.

리더의 잠재력은 그와 가까이 있는 사람들에 의해서 결정된다. 리더는 그들 속에서 위대함을 찾는다. 또한 리더는 멤버들이 그룹 속에서 위대함을 찾을 수 있도록 돕는다. 예외 없이 대단히 효과적인 리더들은 강렬한 핵심 인물들에 둘러싸여 있다. 찾을 수 있는 한 가장 훌륭한 직원들을 기용하고, 할 수 있는 한 그들을 발전시키며, 가능한 그들에게 맡겨야 한다. 바람직한 멤버로 진용을 구축할 때 잠재력이 치솟는다. 사실 리더의 잠재력은 그 리더와 함께 일하는 사람들에 의해 결정된다. 주변 핵심인물들이 강력하다면 리더는 더욱 강력한 영향력을 끼칠 수 있다. 그러나 핵심 인물들이 빈약하다면 리더의 영향력은 지극히 감소한다. 〈사무엘하〉 8장 1절 이하에 등장하는 다윗이 그러한 강력한 리더들에 의해 둘러싸인 리더였음을 보여준다.

무엇이 다윗을 위대한 인물이 되게 만들었는가? 그 대답은 간단하다. 하나님을 향한 그의 마음이다. 그렇다면 무엇이 그를 위대한 지도자가 되게 만들었는가? 그것은 좀 대답하기가 어렵다. 다윗이 위대한 지도자가 되도록 도운 것들은 많다. 그는 재능과 겸손과 용기와 비전이 있었다. 하지만 하나님을 사랑하고 섬기는 그의 마음에 뒤이어 그로 하여금 위대한 지도자가 되도록 한 것은 강력한 능력을 갖춘 사람들을 자기 주변에 있게 하고 위대한 것을 이루고자 그들과 팀워크를 이루었던 그의 능력이라고 할 수 있다. 어떤 다른 강력한 리더의 잠재력처럼 다윗의 잠재력은 그와 가까이 있는 사람들에 의해서 결정되었다. 그것이 핵심 인물 법칙의 능력이다.

확신에 찬 리더만이 다른 이들에게 권한을 나누어 줄 수 있다. 권한을 위임받은 사람들만이 자신들의 능력을 최대로 발휘할 수 있다. 리더가 다른 사람들에게 위임하지 못하거나 그렇게 하지 않으려 할 때, 그는 아무도 극복하지 못하는 장애물을 그 조직 속에 만들어 놓는 것이다. 만약 그 장애물이 오랜 기간 방치되어 있으면 조직 내에 속한 사람들은 그 일을 포기하거나 자신들의 잠재력을 극대화할 수 있는 다른 조직으로 옮겨간다.

만일 리더로서 성공을 거두기 원한다면 능력 있는 여러 리더에게 권한을 위임할 수 있는 사람이 되어야 한다. 오로지 확신에 찬 리더들만이 권한을 다른 이들에게 나누어 줄 수 있다. 그러한 측면에서 볼 때 바나바는 사람들에게 권한을 위임하는 데에 탁월했다.(사도행전 9:1-31, 11:19-30, 12:25-13:52)

리더를 길러내는 것은 리더에게 달렸다. 리더십의 출처에 대해 많은 생각을 해본 사람이라면 리더십이 앞서 가는 리더에 의해 길러진다는 것을 알 수 있을 것이다. 그들을 이끌어준 리더의 영향이 새로운 리더의 출현에 아주 중요하다는 것을 알 수 있다. 리더들을 길러내는 일은 언제나 최상위 단계에 있는 리더로부터 시작된다. 뒤따르는 자들은 리더를 길러내지 못한다. 제도적인 프로그램으로도 불가능하다. 리더가 무엇인지 알고, 그것을 직접 보여주며, 인물을 길러내는 톱 리더만이 그 일을 할 수 있다. 모세가 그러한 재생산을 보여준 인물이다.

모세의 리더십은 너무나 강력했다. 여호수아는 모세를 철저히 신뢰하였으며 설령 이 전투에서 목숨을 잃더라도 모세를 위해 죽는 것을 전혀 두려워하지 않았을 것이다. 이것이 재생산의 법칙이다.

요셉의 인도로 애굽에 내려가 살던 이스라엘 사람들이 요셉이 죽은 후에도 계속 번성하자 애굽 사람들은 이스라엘 사람들을 핍박하기 시작했다. 히브리 가정에서 버려져 파라오 공주의 양자가 되어 자란 이 아이가 장차 이스라엘을 이끌어 갈 지도자 모세이다. 모세라는 이름의 뜻은 "물에서 건져 내었다"라는 뜻이다. 모세는 파라오의 궁에서 공주의 아들로 자란다.

장성한 후에 애굽 사람이 이스라엘 사람을 치는 것을 보자 격분하여 애굽 사람을 죽이게 된다. 이것이 탄로 나자 모세는 미디안이라는 광야로 도망을 간다. 미디안에 머물던 모세는 그곳에서 십보라는 여인과 결혼하여 자녀를 낳아 살게 된다.

광야에서 40여 년을 살던 모세에게 어느 날 하나님께서 나타나신다. 하나님께서는 모세에게 사명을 주신다. 그 당시 이스라엘 백성이 애굽에서 고난 받는 것을 들은 하나님께서는 모세에게 그들을 구해내라고 명령하신다. 성경은 이 장면을 이렇게 시청각적인 모든 이미지를 동원하여 표현하고 있다.

"여호와께서 가라사대 내가 애굽에 있는 내 백성의 고통을 정녕히 보고 그들이 그 간역자로 인하여 부르짖음을 듣고 그 우고를 알고…"(출 3:7). '보고', '듣고', '알고'라는 시청각적인 동사를 계속 나열함으로 그들의 고통이 얼마나 심각한지를 보여주고 있다. 성경은 여기서 마다하지 않고 계속해서 이스라엘 백성의 고난 받는 것을 강조하고 있다.

또 하나님께서는 그러한 말을 통하여 모세의 마음이 이스라엘 백성을 구원하러 가게끔 이끌었다. 이처럼 모세의 리더십 배경은 파라오의 궁정에서 배운 통치자로서의 훈련이 아니라 하나님께로부터 나온 신권적 권위임을 알 수 있다. 하지만 하나님의 이러한 부르심에 모세는 자신의 겸손함으로 거절한다. 그의 거절 이유는, 자신은 말을 잘 못하기에 할 수 없다는 것이다(출 4:10). 기적적인 하나님의 능력으로 홍해를 건넜으며 자신들을 추격해오던 애굽의 군대를 몰살시킨 이스라엘 백성은 모세의 인도로 하나님께서 약속하신 가나안 땅으로 계속해서 나아가게 되었다.

수용의 법칙

사람들은 리더를 받아들인 후 리더의 발전을 받아들인다. 리더십의 비전에 접근하는 많은 사람이 수용의 법칙을 모두 뒤로 하고 대의만 내세운다. 그러나 리더십은 대의만 내세운다고 사람들이 따르는 것이 아니다. 사람들은 먼저 대의를 따르는 것이 아니라 가치 있는 대의를 세운 가치 있는 리더를 따른다. 사람들은 리더를 먼저 수용하고 그다음에 리더의 비전을 수용한다. 사람들이 받는 모든 메시지는 메시지를 전달하는 메신저를 통해 주입된다. 리더를 그가 추구하고 있는 대의와 따로 구분하여 생각할 수는 없다. 리더의 비전을 놓고 이것이냐 저것이냐의 선택을 추구하는 명제란 있을 수 없다. 두 가지는 항상 함께 간다.

사실 성경에 나오는 기드온을 보면 지도자가 될 것 같지 않은 사람이었다. 그는 확실히 자기 자신을 리더로 여기지 않았다(삿 6:15). 천사가 그에게 비전을 가져다주기 전까지는 평범한 사람이었으나 두 번에 걸친 하나님의 확신을 보았을 때 비전을 수용하였다. 그리고 먼저 자기와 가장 가까운 사람들에게 자신의 존재와 가치를 심어 주었고 그다음 핵심 인물들을 얻었다. 바알의 단을 훼파하고 단 곁의 아세라를 찍었기 때문이다(삿 6:30).

　바람직한 타이밍과 영향력이 주어졌을 때 행동하는 것이 중요하다. 그 결과 많은 사람이 기드온의 리더십을 완벽하게 수용했다. 그 수가 너무 많아 하나님은 그들의 일부를 돌려보내야 할 지경이었다(삿 7:2). 그리고 기드온은 책임을 다하고 사명을 다했다. 기드온에게서 볼 수 있는 수용 법칙의 순서는 소명, 통찰, 카리스마, 재능, 능력, 전달기술, 성품이다.

　리더는 팀이 승리하는 길을 찾는다. 승리자와 패배자를 구분 짓는 특징을 손가락으로 꼽는 것은 어려운 일이다. 모든 리더십의 상황이 서로 다르고 모든 위기가 도전을 하고 있기 때문이다. 그러나 승리하는 리더는 패배를 받아들이지 못한다는 공통점이 있다. 그들은 승리하는 것 외에 다른 대안을 수용할 수가 없다. 그러므로 그들은 승리하려면 무엇을 해야 할 것인지를 알고, 그 승리를 위해 온 힘을 기울인다.

　압박이 가해질 때, 훌륭한 지도자는 최선을 다한다. 그들 안에 있던 것들을 표면으로 나타내서 승리의 법칙을 실천한 지도자들은 성공 이외에 아무것도 받아들일 수 없다고 믿는다. 그들에게는 다른 길이 없다. 승리를 위해 계속 싸울 뿐이다. 요시야는 그러한 전기를 가진 사람이었다. "여호와 보시기에 정직히 행하여 그 조상 다윗의 길로 행하여 좌우로 치우치지 아니하고"(대하 34:2). 결과적으로 이스라엘은 우상을 타파하고 율법 책을 발견했으며, 하나님에 대한 참된 예배로 돌아왔다. 무엇보다도 요시야는 하나님의 마음 얻기를 원했다. 그리고 그는 일을 이루어 냈다. 성경은 그가 히브리 왕 중에 가장 경건한 왕이었다고 기록한다. 요시야가 승리했던 것처럼 승리에 초점을 맞추어야 한다.

요시야는 좋지 않은 가족 이미지를 가졌지만(왕하 21:2-6, 9), 그것을 극복하고 또 긍정적인 역할모델을 보지 못했지만 그것도 극복했다. 그에게 처해진 나라의 비참한 영적 조난도 극복했다(대하 34:33). 그리고 열린 마음으로 배우려고 했다. 또 그는 과거로부터 내려오는 장애를 제거했다. 그런 다음 승리를 위해 대가를 주고받아야 할 것도 알았다. 그는 승리의 열쇠를 인식했기 때문에 그것을 돌렸다.

동력은 리더의 가장 좋은 친구다. 리더는 동력(추진력)을 창출해 내는 자이다. 팔로워는 그 동력을 붙잡는다. 그리고 경영진들은 동력이 발동되면 그것을 계속 유지하는 일을 감당한다. 동력을 창출하는 일은 다른 사람들에게 동기를 부여받을 필요가 있는 사람이 아니라, 다른 사람에게 동기를 부여할 수 있는 사람을 필요로 한다.

모든 리더는 조직에 변화를 창출해야 하는 도전에 직면한다. 항해사들이 앞으로 움직이지 않는 배의 방향을 돌릴 수 없다는 것을 잘 아는 것처럼 강한 리더는 방향을 바꾸려면 먼저 앞으로 나아가야 한다. 동력은 조직에 커다란 차이를 만들어 낸다. 동력이 없을 땐 아주 간단한 일조차 해내기가 어려워진다. 그러나 동력을 갖고 있다면 당신의 미래는 밝을 것이다. 장애물이 작게 보일 것이다. 고난이 일시적인 것으로 보일 것이다. 만약 동력을 발전시킬 수만 있다면, 거의 모든 일을 해낼 수 있다. 솔로몬은 동력을 만들어 낸 인물이다. 사울이 동력을 만들지 못했고, 다윗이 동력을 창출해 낸 인물이라면 솔로몬은 선왕인 다윗으로부터 물려받은 것이다(대하 9:22-23). 솔로몬은 다윗이 기초를 놓은 것에서부터 시작했기 때문에 그가 하나님께로부터 받은 지혜로 평화를 유지할 수 있었던 것이다.

리더는 활동이 필연적으로 성취되는 것이 아니라는 것을 안다. 리더가 우선순위를 정하지 않는다면 성장이란 없다는 말이다. 좋은 리더는 그가 소그룹을 인도하든, 목회를 하든, 중소기업체를 운영하든, 대기업을 이끌고 가든 우선순위를 정하여 일을 한다. 이럴 때 가장 커다란 개인적 보상을 가져다주는 일이 리더의 생활에 최우선 순위가 되어야 한다. 그런 일만큼 사람들에게 열정을 갖게 하는 것은 없다. 그러므로 리더는 리더십의 우선순위를 재평가하기 위한 시간을 가져야 한다.

가장 위대한 성공은 참으로 중요한 일에 자신의 사람들을 집중시킬 때 찾아온다. 베드로는 그러한 열정과 우선순위를 분명히 알고 실천한 사람이었다. 그는 교육을 제대로 받지도 못했고 평범한 삶을 살아야 할 사람이었지만 예수님을 만나자마자 그의 우선순위가 바뀌고 그것에 집중함으로 성공적인 리더가 된 것이다.

"하고 싶은 모든 말을 하고, 하고 싶은 모든 일을 했을 때, 이룬 일보다는 이루지 못한 말이 훨씬 더 많이 존재하게 된다(When all is said and done, There's not lot more said than done)."라는 말이 있다. 이 말을 리더십이라는 주제에 적용해 보면 정말 갖는 말이다. 지도자들이 하루나 이틀 동안 공동체와 함께 행동하는 것을 보는 것이 수천 마디의 글을 읽는 것보다 낫다. 그러면 당신은 그 충고에 어떤 지혜가 있는지를 알 수 있을 것이다. 내 친구는 그것을 이렇게 표현했다. "나는 엠 그리핀의 책을 읽을 필요가 없다. 나는 이미 연극을 보았다." 내 친구가 표현한 말은 그것 자체로 끝을 맺기에 나쁜 생각은 아니다. 만일 당신이 어떤 공동체를 이끌려고 애쓰고 상황이 어떻게 돌아가는지 궁금하다면 답을 찾으려 이 글을 읽지 말고 당신이 이끄는 사람들을 향하여 눈을 돌려 그들에게 물어보라.

리더십은 단독 행동이 아니다. 우리는 공동체 속에서 다른 사람들과 함께 일할 필요가 있는 것이지 그들을 움직일 필요가 있는 것은 아니다. 사람들은 수단이 아니라 목적이다. 리더십이란 단지 공동체 구성원의 필요를 채우기 위한 수단일 뿐이다. 그래서 우선순위를 정해 집중해야 한다.

희생의 법칙

리더는 앞으로 나아가려면 포기해야 할 것을 포기한다. 오늘날 많은 사람이 기업의 최고경영자가 되기를 원한다. 왜냐하면 최정상에서 기다리는 포상은 자유와 권세라고 믿기 때문이다. 하지만 그들은 리더십의 참된 본질이 희생이라는 것을 깨닫지 못한다.

앞으로 나아가기를 원하는 리더는 더 많은 권리를 포기해야 하는 일에 직면한다. 사람들은 지도자에게 희생을 끝없이 요구한다. 또 희생은 한순간에 지급되는 것이 아니라 진행되는 모든 과정에서 요청된다. 환경은 사람마다 다르지만 원리는 변하지 않는다. 그러므로 리더십은 희생을 의미한다 하겠다.

모세는 이러한 희생을 극단적으로 보여준다. 그는 애굽의 왕자였으며 모든 좋은 것을 다 가지고 또 배웠던 사람이지만 그의 일생은 백성을 위한 희생으로 일관했다(출 2:1-4:31, 12:31-42, 히 11:23-29).

가나안까지 가는 동안 이스라엘 백성은 하나님께서 주신 만나라는 양식과 메추라기를 먹고살았다. 매일 아침 꼭 필요한 만나를 내려 주셨으며 백성이 고기가 먹고 싶다고 말하자 하나님께서는 메추라기 떼를 몰아 백성에게 잡아먹게도 하셨다. 물이 없어 부르짖을 때도 하나님께서는 바위를 명하여 물을 내게 하여서 이스라엘 백성의 갈증을 해결해 주셨다.

이렇게 세심하게 인도해 주시는 하나님이심에도 백성이 어려움을 당할 때마다 모세는 백성의 원망을 모두 받아 주었으며 백성이 하나님을 거역하여 징계를 받을 때는 하나님 앞에 서서 백성의 잘못을 빌고 용서하여 달라고 간구하였다. 희생의 연속이었다. 그래서 성경의 기자는 모세를 평가할 때 "이 사람 모세는 온유함이 지면의 모든 사람보다 승하더라."(민 12:3)라고 평가하였다. 모세의 인내와 온유함은 가히 대단하다고 할 수 있을 정도다.

이뿐만 아니라 모세는 백성의 수 없이 많은 잘못을 하나님께 들고 나아가 용서를 빌고 백성의 죄를 담당하기도 하였다. 그뿐 아니라 그는 자신의 생명이 끊어진다고 하여도 백성을 위한 일이라면 언제든지 행하는 사람이었다.

이스라엘의 위대한 지도자 모세, 그는 하나님의 특별한 은혜를 입은 사람이었으며 죽은 이후 3500년이 지난 지금까지도 이스라엘 백성에게 영원히 남아 있는 지도자이다. 그의 지도력은 그의 온유함과 인내에서 나오며 하나님만을 철저하게 의뢰하는 영적인 힘에서 나왔다. 이 모든 것이 자기희생의 결과였다고 보아도 무난할 것이다.

모세는 온유와 겸손함을 무리 가운데 나타냈으며 그 지도자적인 자질과 인격은 백성에게 상당히 인상 깊게 느껴졌을 것이다. 또한 그는 모세 오경을 하나님의 영감 가운데서 기록함으로써 하나님의 살아 계심과 하나님의 능력과 계획을 만세에 알리는 일을 시작하였다. 성경의 시작이 모세로부터 출발하였음은 참으로 경이적인 일이다. 이것은 이스라엘뿐 아니라 온 세계와 만세에 끼친 대단한 영향력이다. 또한 그는 자신이 없을 때를 대비하여 자신의 일을 수행할 수 있는 후계자 여호수아를 세웠다. 미래를 대비하는 것, 백성에 대한 책임 등을 갖추고 있었던 모세는 참으로 지도자로서 거장이라 할 수 있다.

지도자는 인내로서 희생하는 자이다. 하나님은 위대한 리더가 될 수 있도록 육신적, 정신적, 물질적으로 때로는 드러나게, 때로는 은밀하게 연단시키고 강하게 훈련하신다. 희생을 위해서 말이다. 그리고 모세의 예에서 보듯이 하나님은 지도자를 직접 부르신다. 교회 안팎에서 크고 작은 여러 모양의 지도자들을 불러 세우신다. 성령의 주권은 특별한 사역과 사명을 위해 특별한 사람을 부르신다. 모세에서 보듯이 리더는 영적 싸움에서 지휘관이므로 성령의 지도력 은사를 받아 훈련과 교육에 의해 탁월한 영적 무기를 개발해야 한다. 왕 중 왕이신 하나님의 부르심과 그에 합당한 영적 무기인 성령의 은사를 주신다. 모세가 보여주는 또 다른 한 면은 말씀을 통한 훈련이다.

원하는 것을 얻을 수 있도록 다른 사람을 도와주면
당신은 인생에서 필요한 모든 것을 얻을 수 있다

지그 지글러

사회에서 당신에게 가장 중요한 사람은 누구인지 생각합니다.

당신이 많이 의지 해야 할 사람은 누구인가?

누가 당신에게 크게 의지하고 있는가?

그 사람들에게 더 나은 서비스를 제공하고자

오늘 당신이 할 수 있는 일은 무엇인가?

희생의 리더십

희생의 리더십

바울이 디모데에게 에베소 교회의 리더십에 대하여 자세하게 일러준 일이 〈디모데전서〉 3:1-7에 기록되어 있다. 에베소 교회가 지도자 부재 상태로 있는 동안에 거짓 선지자들과 이상한 교리들이 침투해 들어와 어지럽혔기 때문이다. 이단 사상과 사이비 신앙의 위험은 오늘날 교회에서도 여전히 중요한 문제로 남아 있다.

신약 시대의 리더십은 한 마디로 'servant leadership'이다. 개신 교회 내에서 지도자들이 얼마나 섬기는 자의 자세를 가졌는가에 따라서 그 교회는 그만큼 건강해지고 말씀 안에서 더욱 성숙해진다. 교회의 질은 교회 지도자의 섬기는 태도에 달렸다. 성경에는 리더십에 관한 교훈들이 풍부하다.

(1) 예수님: 소수와의 친밀함

　지도자가 공동체의 구성원과 적당한 거리를 유지해야 한다는 것이 경영학의 전형적인 가르침이다. 특별한 관계를 맺는 것이 다른 사람의 질투를 불러일으킬 수도 있고 또 친한 사람에게 지시하는 것이 어려워지기 때문이다. 우리 주님은 이러한 조언을 무시하셨다. 그분은 총애하는 사람을 두셨다. 예수님께서는 열둘을 택해서 그들과 특별한 관계를 맺으셨고 그들과 더불어 생애의 반을 보내셨다. 나아가 열둘 가운데 핵심적인 세 사람, 즉 베드로, 야고보, 요한과 더욱 친밀한 관계를 맺으셨다. 예수님께서는 그들을 선택하셔서 변화산의 찬란한 영광의 자리에 함께 있게 하셨고, 겟세마네 동산에서 절망의 심연에 그들이 함께 해주기를 원하셨다.

　지도자가 고독하다는 것은 실존적 문제이다. 고독의 문제를 잘 극복하려면 적어도 한두 사람과의 친밀한 관계가 필요하다는 사실을 발견한다. 원한다든지, 바란다든지, 하고 싶다는 말을 쓰지 않고 필요하다는 표현을 썼다는 사실에 주목하라. 지도자에게는 이런저런 아이디어들을 나누고, 삶을 나누고, 있는 모습 그대로를 염려 없이 드러내 보일 수 있는 누군가가 필요하다. 어떤 사람은 그것이 약점이라고 할 것이다. 그러나 그것이 예수님의 강점이었다.

(2) 베드로: 수많은 실수를 덮는 열심

　허세를 부리는 어부 베드로는 큰 실수를 저질렀다. 그는 어색한 순간에 항상 엉뚱한 말을 했다. 예수께서 그의 발을 씻으려고 했을 때 처음에는 거절하다가 다음에는 온몸을 씻어달라고 했다. 예수님의 변화된 모습을 목격한 충격에서 아직 벗어나지 못한 채 언덕 위에 초막을 짓자는 어리석은 제안을 불쑥 했다(막 9:5-6). 예수님께 십자가를 지기 위해 예루살렘에 올라가서는 안 된다고 말했다. 깊이 상처를 받으신 예수님은 "사단아 내 뒤로 물러가라."라고 책망하셨다. 그는 겟세마네 동산에서 기도하지 않고 잠들었다. 물론 그런 후에 큰 실수를 저질렀다. 계집종이 쳐다보는 작은 압박에 몰려 주님이 난간에서 지켜보는 가운데 그분을 부인했다.

이러한 과실에도 그는 부흥하는 교회의 지도자가 되었다. 왜일까? 베드로에게는 주님과 주님의 일에 대한 불붙는 열심이 있었기 때문이다. 주님을 따르고자 그물에 가득한 고기들을 내버려두고 떠났던 사람이 베드로였다. 예수님께서 열두 제자에게 당신이 누구인지를 물었을 때 베드로만이 선뜻 대답하는 용기를 가지고 있었다. 그리스도를 십자가에 못 박아 죽이기로 했던 바로 그 적대적인 유대지도자들 앞에서 베드로는 대담하게 선포했다. "하나님 앞에서 너희 말 듣는 것이 하나님 말씀 듣는 것보다 옳은가 판단하라. 우리는 보고 들은 것을 말하지 아니할 수 없다."(행 4:19-20)

(3) 바울: 전염성 있는 확신

사도 바울은 "마땅히 생각할 그 이상의 생각을 품지 마라"(롬 12:3)고 했다. 많은 지도자가 그 말을 오해하여 공개적으로 자신의 능력을 비하하고, 성공의 맛을 느낄 때마다 남몰래 자신을 채찍질한다. 그러나 바울은 이런 식으로 행동하지 않았다.

　누구든지 자랑할 이유가 있으면 자랑한다. 바울도 그랬다. 나는 고린도 교인들이 바울의 지도권을 넘어뜨렸을 때 보인 담대한 접근 방식에 매료되었다. 바울은 아주 긴 논쟁을 통해 자신의 사도적 권위에 대한 표지들을 과시한다(고후 10-20장). 바울은 자신이 파선되었고, 죽을 뻔했고, 매를 맞았고, 예수님에 대한 특별한 환상을 받았고, 자비량으로 일했다는 사실을 밝히면서 그들이 찾아갈 수 있는 어떤 영적 조언자보다 자신이 자격 있음을 말하고 있다. 하나님이 주신 은사와 소명을 거절하는 것은 하나님을 의심하는 것이다.

　리더십에 있어서 자기 확신보다 더욱 필요한 덕목을 알지 못한다면 문제가 되겠지만, 자기가 어디로 가고 있는지를 확실히 알고 확고한 걸음으로 출발하는 사람은 항상 사람들을 끌어들인다. 확신을 건방진 것과 혼동하지 말아야 한다. 건방진 것은 무감각이나 상상력이 결핍된 결과이다. 확신은 어떠한 장애물이건 극복할 수 있다는 내적 확신으로부터 나온다. 확신은 온화한 부모님의 조건 없는 사랑으로부터 올 수 있다.

　확신은 매일의 과업을 잘 처리하는 경험으로부터 나올 수 있다. 확신은 하나님께서 당신이 그분의 뜻을 행하도록 역사하셨다는 사실과 그분의 능력 안에서 당신은 실패할 수 없다는 사실을 아는 것으로부터 나올 수 있다. 어떠한 경우이든지 확신은 낭비되어서는 안 될 귀한 자원이다. 확신을 즐기도록 해야 한다.

(4) 예수님: 섬김이 극치를 이룰 때가 리더십

어떤 지도자들은 자신이 속한 공동체를 이용한다. 그들은 구성원이 자신의 개인적 이득을 위해 존재한다고 생각한다. 예수님의 생각은 정반대였다. 돌아가시기 전날 밤, 예수님께서는 손에 수건을 들고 무릎을 꿇고 제자들의 발을 씻기셨다.

"너희가 나를 선생이라 또는 주라 하니 너희 말이 옳도다. 내가 그러하다. 내가 주와 또는 선생이 되어 너희 발을 씻겼으니 너희도 서로 발을 씻기는 것이 옳으니라. 내가 너희에게 행한 것 같이 너희도 행하게 하려 하여 본을 보였노라." (요 13:13-15)

"나를 기념하여 이것을 행하라"는 말씀이 성만찬의 실천을 위한 명령인 것처럼 발을 씻기라는 말씀 역시 우리가 실천해야 할 똑같은 명령이다. 우리는 성찬식을 기념한다. 하지만 세족식은 거의 잊힌 문화다. 물론 우리는 먼지 이는 길을 샌들을 신고 걸을 필요는 없다. 하지만 이것은 봉사에 대한 기본적이고 고귀한 상징이다.

우리가 선호하는 아이디어를 포기하고 섬김을 받는 자들의 필요에 따라 움직이는 것은 힘든 일이다. 그러나 이것이 섬김 리더십의 본질이다. 다시 말해 다른 사람에게 능력을 부여하고자 권력이 가진 특권을 기꺼이 포기하는 것이다. 나에게 있어서 이것이 특히 쉽지 않다. 예수님은 어떻게 그러하셨는지 궁금하다. 좀 더 구체적으로 예수님의 리더십적 특성을 중심으로 고찰해보자.

예수님 스타일

통계학과 예수님의 리더십 스타일은 비교될 수 없다. 주님은 양들을 소중히 하신다. 양들에 대한 사랑은 추상적 개념이 아니며 "나는 나의 백성을 사랑한다"는 일종의 경구로 대체될 수 없다. 양을 향한 사랑은 철저히 개인적이다. 주님은 개체로서 하나하나 그의 양 무리를 아신다.

예수님의 양들은 주님을 어떻게 아는가? 그들은 우연하게 머리로 또는 이해함으로 아는 것이 아니다. 그들은 자기를 향한 목자의 사랑을 감지함으로써 안다. 양들은 두려움과 의심이 많다. 그러나 목자이신 주님을 볼 때 모든 의심과 두려움이 사라지는 것이다. 양들은 목자의 애정과 관심에 반응하게 된다.

예수님 당시의 양과 목자를 생각해 보자. 팔레스타인 목자들은 자기에게 맡겨진 양들을 안전하게 지켰다. 구약 성경에서 다윗은 양들을 공격하는 사나운 발톱을 가진 사자를 싸워서 죽였다. 양떼에 대한 목자의 깊은 헌신을 이해할 때 우리는 예수님께서 목자로 우리를 부르신 이 비유의 말씀에서 더 큰 통찰력을 얻게 된다.

선한 목자는 자신의 생명을 아낌없이 쏟아 부으면서까지 양들의 필요를 최우선으로 한다. 예수님께서는 〈스가랴〉 13장 7절을 인용하여 제자들에게 자신의 죽음을 예고하셨다. 또한 그는 말씀하셨다. "오늘 밤에 너희가 다 나를 버리리라 기록된바 내가 목자를 치리니, 양 떼가 흩어지리라 하였느니라."(마 26:31)

아이러니하게도 선한 목자를 치는 것이 바로 양들의 안전을 보장해 주었다. 그는 기꺼이 자신의 양들을 위해 생명을 바치셨다. 이것이 바로 우리에게 제시된 예수님 리더십 스타일의 한 원리이다.

선한 목자는 양을 알듯이 선한 지도자는 제자들을 안다. 만약 이 원리가 이상하게 들린다면 그것은 아마 우리가 지도자란 단지 출발선의 최선두에 있는 자 즉, 상원의원이나 장군, 행렬의 선두자와 같이 그의 무리로부터 멀리 떨어져 있는 사람이라고 생각하기 때문일 것이다. '앞장을 선다는 것' 그것은 리더십의 한 측면이다. 그러나 참된 목자는 또한 섬김과 자기희생을 의미하는 것이다.

예수그리스도는 지도자를 남을 섬기는 사람으로 부르셨다. 그런데 대부분 사람이 남들보다 앞서가며 그들이 따라오도록 하는 것을 좋아한다. 예수님은 우리를 종으로 부르셨는데, 우리는 명령하기를 더 좋아한다.

현명한 목자는 푸른 초장을 향하여 더 좋은 곳으로 끊임없이 양들을 인도해 간다. 소란함이나 긴장 혹은 갈등이 없는 잔잔한 물가로 양들을 인도해 간다. 그러나 모든 목자가 다 현명한 것은 아니다.

미국에서 제일 큰 체인점을 실례로 들면, 이 체인점은 정상 가까이 올라갔지만 변화하는 시대에 대처하지 못해 무너지고 말았다. 그러나 그 체인점과 경쟁하던 다른 체인점의 지도자는 손님의 상향적인 경제변동을 주의 깊게 연구하였고 거기에 걸맞게 가게 수준을 향상시켰다. 그런 다양한 활동을 통해 지금도 건재하고 금융, 부동산, 보험, 소매점 등을 거느린 성공적인 기업이 되었다.

이 두 번째 체인점의 지도자는 '그것과 함께 함으로' (with-it) 성공한 것이다. 이 말은 사업적인 용어로 "사람들의 욕구에 민감하게 변화에 기민하게 움직여 시대에 앞서며 정보에 빠름"을 의미한다.

참된 목자는 양떼를 이동시킬 때 '그것과 함께 함으로' (with-us)를 사용한다. 예수님의 칭호 중 하나가 '임마누엘' (Emmanuel)인데 그것은 "하나님이 우리와 함께 하신다."라는 뜻이다. 이 말은 바로 주님께서 우리가 걷는 길이 아무리 거칠고 힘들지라도 결코 우리를 떠나거나 버리지 아니하신다는 것을 상기시킨다.

오늘날 지도자의 참된 과제는 이와 같은 특성을 결합하는 것이다. 우리는 친밀한 접촉을 요구하는 한편 앞으로 계속 전진해야 한다. 예수님께서 제자들에게 마지막으로 하신 말씀 가운데 바로 이러한 특성이 포함되어 있다. "너희는 가서 모든 족속을 제자로 삼아 아버지와 아들과 성령의 이름으로 침례/세례를 주고 내가 너희에게 분부한 모든 것을 가르쳐 지키게 하라. 볼지어다. 내가 세상 끝 날까지 너희와 항상 함께 있으리라 하시니라."(마 28:19-20). 그들은 계속해서 전진하였고 주님은 그들과 더불어 나아가셨다.

예수님은 행동계획을 가지고 계셨다. 그는 결코 제자들이 예루살렘의 소집단으로 머물러 있기를 원하지 않으셨다. 그러나 그들은 지상명령을 이해하지 못했으며 그것에 바로 순종하려고 하지도 않았다. 〈사도행전〉의 기록을 보면 제자들은 예루살렘 근처에 머물러 있었다. 그들은 거기서 영구히 머무르는 것에 만족하는 것 같았다. 그러나 목자는 그의 양들이 중동의 한 작은 구석에서 사그라지는 것을 허락지 않으셨다. 〈누가〉는 다음과 같이 말하고 있다. "그날에 예루살렘이 있는 교회에 큰 핍박이 나서 사도 외에는 다 유대와 사마리아 모든 땅으로 흩어 지니라." (행 8:1)

사도들은 예수 그리스도께서 그들을 밀어내고자 박해를 허락하실 때까지 움직이려 하지 않았으며 모험을 하려고 하지도 않았다. 일단 그들이 움직이자 믿음은 문명화된 세계로 널리 퍼져 나갔다. A.D. 325년 기독교는 로마제국의 공식종교가 되었다.

이런 개념을 사업이나 교계에도 이행해 보라. 예수님의 리더십 스타일은 모험을 명령하고 있다. 지도자는 자기의 제자들이나 고용인, 주주들, 교인들 앞에 서서 새로운 사상을 가지고 가능성을 제시해야 한다. 그리고 "자, 우리가 그것을 시도해 봅시다."라고 말해야 한다.

1970년대 중반, 스탄이라는 한 젊은 제약회사 외판원이 대중을 위한 건강세미나를 하고자 의사와 병원과 함께 일했다. 몇 년 후 스탄의 아이디어는 많은 미국 병원에서 공인되어 시행되었다.

스탄은 또 다른 아이디어를 가지고 있었는데 그것은 예방의학이었다. 그는 회사원의 질병을 예방하고자 기업과 함께 일하는 기발한 계획을 생각해 냈다. 그의 연구에 의하면 직원들이 매년 여러 날을 결근하는데, 그것은 회사의 재정손실을 가져왔다. 그래서 이런 많은 결근을 없앨 수 있다는 것을 그의 연구는 보여주었다.

그의 융통성 있는 프로그램은 체중을 줄이고 운동을 하는 사원들에게 성과급을 제공하는 것이었다. 회사는 당장 돈이 들었지만 그는 장기적으로 돈을 절약할 수 있다는 것을 보여주었다.

스탄은 자신의 아이디어를 7백 개 이상의 회사와 상담하였다. 그러나 그 어떤 회사도 모험을 하지 않았다. 그들은 갖가지 이유를 끌어다 대며 그 프로그램의 가치를 인식하려고 하지 않았다. 그러나 1980년대 초에 이르러 대기업들이 이 예방의학 개념을 받아들이기 시작했다.

스탄의 딜레마는 비전 있는 지도자에게는 항상 있는 일이다. 비전 있는 지도자는 앞을 내다보는 능력이 있으며 '양들' 이 보아야 하는 것을 상상할 수 있는 능력이 있다. 그들은 도로의 모퉁이와 우회로 그리고 전환점을 예견할 수 있다. 때때로 그들은 다른 사람들이 이해하는 것과 상관없이 앞으로 나아가야 한다. 〈누가복음〉의 전환구절에서 이러한 면을 볼 수 있다. "예수께서 승천하실 기약이 차가매 예루살렘을 향하여 올라가기로 굳게 결심하시고." (눅 9:51) 이 뒤에 기록된 계속되는 구절을 보면 제자들은 이것을 이해하지 못했다. 그들은 마을을 불태우려고 불을 보내달라는 분주한 생각 속에 있었다. 그러나 예수님은 갈보리로 향하고 계셨다.

지도자는 앞을 내다보는 특성이 필요하지만 한편 너무 앞서 나가지 않도록 주의해야 할 필요가 있다. 비전을 지닌 목자라 할지라도 마음속에는 양들의 복지를 생각해야 한다. 비전이 지나쳐 야망을 지닌 목자들을 향해 교인들이 "그는 자신의 왕국을 건설하는 중이다."라고 말하는 것을 듣는 것보다 더 나쁜 일은 없을 것이다.

엠파이어 빌딩은 위험한 것이다. 처음으로 컴퓨터를 생산했던 회사들 중 한 회사가 파산했는데 그 원인은 회사를 너무 무리하게 확장했기 때문이었다. 그 회사의 판매대표들 중 하나가 후에 말하기를

"그는(발명가이자 사장) 제일 크게 되고자 했다. 그러나 최고가 되는 것에는 관심을 기울이지 않았다. 그는 언제나 좋은 직원을 고용할 수 있으리라 생각했기 때문에 직원들이 사퇴할 때 관심을 기울이지 않았다."라고 했다.

지도자로서 우리 자신은 어느 분야에서든지 그들이 동역자이든 고용인이든 혹은 교인이든 가족이든지 우리가 그들을 돌보고 있다는 것을 알 수 있도록 그들과 함께 거하는 특성을 필요로 한다. 우리는 모든 사람의 최고 친구는 될 수 없지만 모든 사람과 어울리며 그들에게 열려 있어야 한다.

한 대형 패스트푸드 식당 사장은 개방정책을 가지고 "이 회사의 어떤 사람도 언제든지 나를 만날 수 있습니다."라고 말한다. 그리고 그의 사원들은 그 사실을 안다. 그는 아주 바쁘지만 경청할 수 없을 정도로 바쁘지는 않다. 매년 50% 이상 되었던 직원의 변동이 5% 이하로 떨어졌다.

신뢰성 있는 지도자는 다른 사람과의 관계를 잘 이루어 사원으로 하여금 앞으로 나아가도록 한다. 대부분 사람은 자기가 처한 곳에서 안락하게 쉬기를 원한다. 그리고 그것이 생활태도가 되어버리면 새로운 것을 추구하려고 하지 않는다. 효과적인 리더는 계속해서 말한다. "계속 앞으로 나아가라."

예수님은 이러한 균형을 유지하는 방법을 알고 계셨다. 한편 그는 제자들에게 자신의 임재와 평안을 성경을 통해서 주실 것을 약속하셨다. 그리고 또한 그들에게 눈을 돌려 중동의 무명 도시에서 세계로 향하도록 하셨다. 누가가 바로 이런 원리가 포함된 그분의 말씀을 기록하였다.

"오직 성령이 너희에게 임하시면 너희가 권능을 받고 예루살렘과 온 유대와 사마리아와 땅 끝까지 이르러 내 증인이 되리라 하시니라."(행 1:8)

무엇이 훌륭한 목자를 만드는가? 양과 목자와의 친밀한 관계를 생각하라. 서구문화에서 양을 보려면 멀리 여행해야 한다. 대형목장제도는 예수님께서 제자들에게 리더십을 설명하셨던 것과 같은 생생한 이미지를 설명하는 데는 도움이 되지 않는다.

목자는 자신의 양들이 만족해하고 잘 먹고 또 안전하게 잘 자라는 것을 통해 보람을 느낀다. 목자의 정력은 자신의 평판을 위해 사용되는 것이 아니라 풍성한 목장에서 좋은 꼴을 양들에게 공급하는 데 사용된다. 좋은 목자는 양들에게 폭풍으로부터 안식처를 제공하고자 노력을 아끼지 않는다. 그들은 양들을 위해 무자비한 적들과 질병과 위험한 장소들을 끊임없이 살핀다.

좋은 목자는 일출에서 일몰까지 양떼들의 안전을 위해 하루를 헌신적으로 사용한다. 심지어 밤에도 그들은 쉬지 않는다. 그들은 두 귀를 열어 놓은 채 선잠을 자며 조그마한 낯선 소리에도 일어서서 양들을 보호할 준비가 되어 있다.

예수님께서 자신이 선한 목자라 하심은 바로 자신이 다른 목자와 다름을 말씀하셨던 것이다. 당시의 많은 종교 지도자는 자신이 이스라엘의 목자라고 주장하였으나 예수님은 그들을 위선자로 보셨고,

자기중심적이어서 양떼를 인도하지도 보호하지도 못하는 자로 보셨다. 예수님은 자신을 말 그대로 '탁월한 목자'라고 말씀하셨다.

예수님은 "너희는 나의 리더십에서 보호와 동행과 안전을 발견할 수 있을 것이다."라고 말씀하셨다. 이 모든 책무가 예수님의 넓으신 어깨에 걸머져 있는 것이다. 그의 마음속에는 모든 온유함이 있으며 결코 냉랭하거나 소홀함이 없었다. 그는 선한 목자이시며 사랑함이 바로 그의 스타일이시다.

진정한 용기

오늘날 대중은 리더에게서 진정한 용기를 가진 리더십을 보기를 원한다. 예수님은 사역을 시작하실 때 그의 제자들을 부르면서 거창한 약속을 하지 않으셨다. 성경의 모든 기록을 살펴보면 "나를 좇으라."(요 1:43)고 말씀하지 않으셨다. 더욱 놀라운 것은 예수님께서 자신의 뜻을 이루고자 세도가를 양성하지 않으셨다는 사실이다. 사도 요한은 밤중에 예수님을 찾아온 니고데모의 이야기를 기록하고 있다. 그는 니고데모를 관원인 '바리새인의 한 사람'이라고 말하고 있다(요 3:1). 이 이야기를 통해 니고데모가 유디 지배계급에 속한다는 것을 추론할 수 있다. '분리주의자들'이란 뜻의 보수주의적 조교계급인 바리새인이 예수님께 왔다는 것을 의미한다.

니고데모가 초기 개종자가 되었다는 것은 아주 우쭐할 수밖에 없는 일이었을 것이다. 예수님은 또한 고위직에 제자들을 두고 있다고 뽐낼 수도 있었을 것이다. 그러나 예수님께서는 다른 사람보다 니고데모를 더 특별하게 환영하지 않으셨다. 예수님께서는 어떤 유인책이나 약속도 하지 않으셨다. 예수님은 사람의 지위를 보고 어떤 칭찬이나 호감을 나타내지도 않으셨다.

오늘날 지도자의 기준에서 보면 예수님과 니고데모와의 대화는 가장 어리석은 실수를 범한 사람들 중 하나이다. 판매 교육의 처지에서 본다면 판매자는 구매자에게 아첨해야 한다. 하지만 니고데모에게는 도전을 하셨다. 즉 타협이 아니라 도전이 예수님의 리더십의 특징임을 보여주는 것이다.

하지만 예수님의 리더십 스타일은 각 상황이 요구하는 대로 융통성이 있다. 군중이 성전에 모여 있을 때, 주님은 하나님의 성전을 더럽힌 환전상들에게 공개적으로 분노하기를 주저하지 않으셨다. 반면 니고데모에게는 조용히 일하시는 면모를 보여주셨다. 날이 저문 후 조용한 밤의 적막 속에서 주님은 니고데모와 심각하면서도 끈기 있는 지적 토론을 벌이시는 것을 주저하지 않으셨다. 진리는 모든 것에 우선하므로 용기 있게 진리를 전하셨음을 보여주는 것이다.

용기에는 대가가 따른다는 것을 예수님의 리더십은 보여준다. 오늘날 사회에 더 많은 도덕주의자가 필요치 않다 치더라도 실천할 수 있는 용기와 방향을 가르쳐주는 지도자는 필요하다. 우리가 당연히 해야 할 바를 할 수 있도록 용기를 불어 넣어주는 그리스도와 같은 분이 필요한 것이다.

참된 리더는 전투에서 그 진정한 용기를 드러낸다. 16세기의 영적 거두 마틴 루터는 독일 의회에 출두하여 목숨을 건 발표를 하였다.

"나는 성경의 증거에 의해(왜냐하면 나는 지지 받지 못하는 교황과 교황의 권위를 믿지 않기 때문이며 또 그들도 때론 오류를 범하거나 자기모순에 빠지는 것이 명백하므로) 또 내가 호소하는바 성경의 명백한 추론에 의해 오류를 범하지 않는 한 결코 그 어떤 것도 철회할 수 없으며 철회하지도 않겠다. 왜냐하면 우리의 양심에 반하여 행동하는 것은 나를 안전하게 하거나 자유롭게 할 수 없기 때문이다. 이 토대 위에서 나는 입장을 견지할 것이다. 그 밖에 다른 것은 할 수 없다. 하나님께서 나를 도우신다. 아멘."

결국 용기는 역사를 일으키고 말았다. 용기에 따르는 대가를 치를 준비가 되어 있을 때 하나님은 역사하신다. 사도 바울은 하나님을 기쁘게 하는 문제와 인간의 인정을 받는 문제 사이에서 괴로워했음을 말해준다(갈 1:6 이하). 하지만 그는 "이제 내가 사람들에게 좋게 하랴, 하나님께 좋게 하랴, 사람들에게 기쁨을 구하랴, 내가 지금까지 사람의 기쁨을 구하는 것이었더라면 그리스도의 종이 아니니라."(갈 1:10) 이처럼 예수님이 보여주신 리더십의 두 번째는 용기다.

온유의 리더십

'예수 그리스도의 마음을 품으로'(빌립보서 2:5)라는 말은 예수 그리스도가 보여준 사고의 틀을 가지라는 의미이다. 이것이 있어야 우리에겐 그리스도인의 삶이 표현될 수 있다. 예수 그리스도 사고의 틀은 십자가에 요약되어 있다. 예수님은 근본 하나님의 본체나 하나님과 동등 됨을 취할 것으로 여기지 않으셨다(빌립보서 2:6).

하나님과 같이 되려던 아담과 반대의 모습이지 않은가. '더 높이'가 아니라 사람을 위하여 자기를 낮추신 것이다. 그는 또한 자기를 비우셨다(빌립보서 8절). 그는 높은 지위에서 누릴 수 있는 모든 특권을 완전히 내어놓으셨다. '더 많이'를 추구하는 현대의 사고에 찌들어 있는 자신을 되돌아볼 문제이다. 그리고 그는 죽기까지 복종하셨다(빌리보서 2:8). 아버지의 생각에 자신을 내어드린 것이다. 우리 시대로 말하면 '더 강한' 자아를 요구하는 세상에 맞서 하나님의 의지에 따를 결심을 한 것과 같다.

하나님은 그리스도의 이 모습으로 말미암아 그를 높이어 모든 만물에게 그를 주(主)라 시인하게 하셨다(빌립보서 2:11). 그리스도가 십자가에서 보여준 그 '마음의 태도'로 인하여 만물은 '서로 하나되는' 선물을 얻은 것이다. 그리스도인의 공동체가 가지는 뚜렷한 특징이라면 십자가 아래에서 생각의 틀이 같아진다는 사실이다. 이것은 자유함이 없는 사고의 틀이 아니다. 이 세상에서는 이 생각의 틀보다 상대를 향해 '인격으로서의 아름다움'을 그렇게 풍성하게 담아낼 것이 없는 그러한 생각의 그릇을 말한다.

그러하니 영적인 은혜가 자기에게만 있으면 무엇 하겠는가(빌립보서 2:1). 하나님은 다른 사람의 관심을 돌아보게 하시려고 나를 풍성하게 하시는 것이 아닌가(빌립보서 2:3). 그러므로 사람이 각각 자기 일을 돌아볼 뿐만 아니라 다른 사람의 일을 돌아보도록 예수 그리스도의 마음을 품는 것은 그리스도인으로서 근본이라 하겠다. 남을 나보다 낫게 여기는 마음, 그것은 다른 이의 장점과 은사를 보며 나의 약한 점과 한계를 보는 것이다. 세상의 마음을 버리지 않고는 이 마음이 찾아들 수 없기에 우리는 자기 양심(selfish ambition, '다툼')과 자기 과대평가(vain conceit, '허영')를 버려야 한다.

그러한 마음의 틀을 갖춘 자에겐 그리스도인으로서 삶의 태도가 보인다. 제일 먼저 나타나는 태도는 '항상 복종'(빌립보서 2:12)이다. 이것은 비굴하게 사는 태도가 아니다. 세상에서 항상 굽실거리는 것이 아니다. 이 태도는 '교회 공동체'를 정황으로 가진다. 이 태도는 '너희 구원을 이루라'는 명령의 근간이다. '너희', 바로 하나님 나라이다. 서로 항상 복종함으로 우리는 하나님 나라를 완성해 간다. 또한 두렵고 떨림으로 이뤄야 하는 것은 이 일이 우리의 특권이자 책임이기 때문이다.

그런데 이 일은 우리로 말미암아 이뤄지지 않고 우리 '안'에서 행하시는 하나님 덕분에 가능하다. 하나님은 단지 우리 안에 '계시는(be)' 분이 아니다. 하나님은 능동적으로 움직이시는 분이다. 그리고 우리로 하여금 그 움직임에 따라오게 하신다. 어떻게 그리하시는가. 그것은 하나님의 뜻을 따라 행하고자 하는 '소원'을 주심을 통해서이다(빌립보서 2:13). 우리는 프로젝트로 하나님의 나라를 이뤄가는 자들이 아니다. 하나님은 하나님의 소원을 우리 안에 주셔서 교회를 세워 가신다. 그러므로 중요한 것은 일이 아니라 '생각'이다.

또한 그 마음의 틀을 갖춘 자들은 빛들로 나타난다(빌립보서 2:15). 인격으로 말하면 속과 겉이 같고 한마음을 가진 모습이다. 삶으로 말하면 생명의 말씀을 밝히는 모습이다.

온유함(마 5:5)은 무엇인가. 쉬트렉커에 따르면 〈마태복음〉은 21장 5절에서 구약의 〈스가랴〉 9장 9절을 인용하여 예수의 온유함을 표현한다. "시온의 딸들에게 알려라. 네 임금이 너에게 오신다. 그는 겸손하시어 암나귀를 타시고 멍에 메는 짐승의 새끼, 어린 나귀를 타고 오신다."

〈마태복음〉 11장 29절에서도 예수는 온유하고 겸손한 자로 묘사된다. 마태의 '온유' 는 힘없는 자의 상태나 괴로운 상황에서 하나님의 자비로운 상태를 말하는 것이 아니라 그리스도의 새로운 율법을 성취하는 능동적 활동, 온유와 친절이라는 높은 목표에 적극적으로 헌신하는 것, 화난 잔인성 혹은 적대감이 아니라 자비에 의해 지배받는 행동을 촉구한다. 여기서 축복을 선언하는 예수는 역설적이게도 일반적으로 세상의 폭력이나 정치적, 경제적 권력의 사용을 통해서만 달성될 수 있는 것, 즉 땅의 상속을 약속한다. 그리고 여기서 마태는 약속된 땅, 이스라엘(창 15:7, 신 4:38)이나 미래 시온 나라에 관한 현실주의적 생각을 표현한 게 아니라 전승된 생각을 영성화했다. 즉 약속된 땅의 상속은 예수 그리스도 안에서 현존하는, 볼 수 없고 처분할 수 없는 하나님 나라에의 참여를 표현한다.

슈바이처에 의하면 그리스 세계도 현자와 통치자의 온유(겸손)를 칭찬했으며, 플라톤(Platon)이 소크라테스(Socrates)에 관해 말했듯이, 온유는 진정한 신(神)과 가까움을 뜻한다. 필로(Philo), 요세푸스(Josephus) 등 그리스적인 교육을 받은 학자들도 이런 생각을 받아들였으며, 팔레스타인에도 랍비 힐렌(Hillen)의 겸손을 묘사한 일화가 널리 퍼져 있었다. 그러나 예수의 이런 태도는 교만을 경계하는 철학자나 통치자의 지혜가 아니다. 예수의 언어에서 이 말은 '가난'과 결코 분리될 수 없다. 이 말은 '작음', '비천함'이라는 의미를 내포하며 아마도 '힘없음'을 가장 잘 나타낼 것이다. 이 말은 연약함과 상관없다. 이 말은 〈마태복음〉(11:29, 21:5)와 〈베드로 전서〉(3:4)에만 나온다. 마태는 예수를 그러한 겸손의 모범자로 보았다. 그래서 마태 심령의 가난함, 애통함, 온유함은 다른 사람에게 군림하려고 하지 않고, 항상 섬길 자세를 갖춘 힘없는 자가 모든 희망을 하나님에게 두는 것을 말한다.

슈바이처에 의하면 땅의 약속은 정치적 소원의 성취만이 아니라 하나님에 의해 갱신되는, 어떤 의미에서는 피안적이기도 한 세계를 말하거나(사 65:17, 66:22, 벧후 3:13), 천국으로 올려짐(에녹, 엘리야)을 말할 수도 있다. 이러한 두 생각은 서로 먼 것이 아니라 나란히 있는 것이다. 또한 두 생각은 성서에 따른 사고에서 중요한 내용을 포함한다. 한편으로 하나님의 미래는 자신의 창조를 부인하지 않고 의미 있게 그 목표로 이끈다. 이것은 인간적 노력이나 역사적 과정의 결과가 아니라 전적으로 하나님의 행위이다. 달씀을 품고만 있지 않고 그것을 '섬김' 가운데 실천하는 것이다.

예수 그리스도의 마음을 품은 자의 아름다움은 다른 사람을 더 아름답게 하는 일로 기뻐하는 모습에서 그 절정에 달한다. 사도 바울이 '너희 믿음의 제물과 봉사 위에' 자신이 관제로 드려지는 것을 기뻐했는데, 관제는 제물을 더 향기롭게 하려고 뿌리는 액세서리일 뿐이다. 그런데도 기뻐하고 기뻐할 수 있는 것은 그가 예수 그리스도의 십자가에서 보여주신 마음을 가졌기 때문이 아니겠는가. '나와 함께 기뻐하라'(18절)는 그의 마지막 초대는 우리 생각의 방향이 궁극적으로 어디까지 향해야 하는지를 깨닫게 하는 소리라고 하겠다.

온유한 것은 약한 것이 아니다. 부드러움 속의 강함이다. 간음하다 잡혀 나온 여인을 정죄하는 것만이 단호함은 아니다. 오히려 부드러움으로 그녀를 되돌리셨다. 참으로 강한 지도자만이 온유할 수 있다. 예수님께서 보여주신 리더십의 세 번째는 온유이다.

관습 깨기

일반적으로 사람은 겉이 깨끗하면 모든 것이 깨끗하다고 생각한다. 그러나 하나님께서는 겉이 중요한 것이 아니라 속마음이 중요하다고 하셨다. 참된 신앙의 본질은 단순히 외적인 규례를 지키는 것으로 되는 것이 아니라 마음이 새로워져야 한다.

참된 결정이 무엇인가? 식사 전에 손을 씻는 관습은 종교적으로 거룩함을 지키고, 몸을 위생적으로 유지하려는 것이었다. 예수님께서는 이 관습을 중요시하는 종교지도자들에게 몸의 청결은 중요시하면서 마음의 더러움에 대해서 아무런 신경을 쓰지 않는 점을 지적하셨다. 참된 경건은 마음의 정결에서부터 시작된다. 내 몸의 건강과 청결에 대해서는 철저하게 신경 쓰면서 내 마음의 정결에 대해서는 얼마나 관심을 쏟고 있는가?

　바리새인들은 하나님의 말씀을 바로 깨닫지 못하는 영적인 소경들이다. 율법을 엄격하게 지킨다고 하면서도 율법에 내재한 근본정신인 하나님의 진리를 분별하지 못한 채 형식과 겉치레에 치우쳐 있었기 때문이다. 영적 소경은 보고 들으면서도 깨닫지 못하는 상태를 말한다. 나는 하나님의 말씀을 보고 들으면서도 깨닫지 못하는 영적 소경으로 있지 않은가를 보라는 것이다.

　모든 악한 행위의 동기는 마음에서부터 나온다. 인간의 마음속에 있는 죄악의 뿌리를 예수 그리스도의 보혈로 씻어서 도려내야 한다. 그리고 성령의 능력으로 마음을 제어하는 일을 하여야 한다고 주님은 가르치셨다.

　바리새인과 서기관들이 예수님께 나아와 '장로들의 관습(유전)을 범한 것'에 대해 시비를 걸어왔다. 당시 바리새인과 서기관들은 음식을 먹을 때 꼭 손을 씻는 관습을 지켰다. 그런데 예수님의 제자들은 식사하기 전에 손을 씻지 않고 음식을 먹었다. 이것을 지켜본 그들은 예수님께 따지기 시작한 것이다. '당신의 제자들은 왜 음식 먹기 전 손 씻는 관습을 안 지키느냐? 그래서 예수님은 이들에게 이렇게 답변을 하셨다.

　"너희는 어찌하여 너희 유전으로 하나님의 계명을 범하느뇨. 하나님이 이르셨으되, 네 부모를 공경하라 하시고 또 아비나 어미를 훼방하는 자는 반드시 죽으리라 하셨거늘, 너희는 가로되 누구든지 아비에게나 어미에게 말하기를 내가 드려 유익하게 할 것이 하나님께 드림이 되었다고 하기만 하면 그 부모를 공경할 것이 없다 하여 너희 유전으로 하나님의 말씀을 폐하도다."

형식에 치우친 당시 종교인들에게 예수님의 이와 같은 답변은 구약성경을 얼마나 잘못 해석하는가를 지적하는 것이다. 그래서 한 예로 그들이 형식적으로 하고 있는 부모공경에 대한 부분을 거론한 것이다. 그들의 부모 공경에 대한 구약 성경을 해석하기를 '우리의 부모는 하나님이시다. 그러니 부모님께 효도하고 용돈을 드려야 할 것을 하나님께 바치면(고르반을 드리면) 할 도리를 다한 것이 된다.' 이렇게 생각한 것이다. 부모공경은 하나님께 헌금하는 것으로 부모공경을 땜질하는 방법이었다. 그러니 예수님은 이것을 외식이라고 했다. 순전히 눈가림이요 자기 합리화라는 것이다. 부모 공경하기는 싫고 성경에서 부모를 공경하라고는 했으니, 주위에 눈도 있고 하여 안 할 수도 없고 하자니 마음이 안내키고 그래서 어쩔 수 없이 생각해낸 것이 '영적 부모인 하나님께 헌금한 것은 부모 공경을 한 것이니 할 도리를 다한 것이다.' 이렇게 땜질을 했다. 완전히 형식일 뿐이었다. 그래서 예수님은 7-9절 말씀에서 이렇게 말씀하신 것이다.

"외식하는 자들아 이사야가 너희에게 대하여 잘 예언하였도다 일렀으되, 이 백성이 입술로는 나를 존경하되 마음은 내게서 멀도다. 사람의 계명으로 교훈을 삼아 가르치니 나를 헛되이 경배하도다 하였느니라 하시고."(마 15:7-9)

결국 인간들이란 이사야의 예언대로 형식적으로 하나님을 사랑한다고 말하면서 겨우 해낼 수 있는 것은 형식적인 법과 관습을 만들어 따라 할 뿐이라는 것이다.

구약 성경에서 부모공경은 어떤 형식을 갖추어 부모에게 때에 따라 용돈을 드리라든가 효도하라는 것이 아니었다. 왜냐하면 이런 것은 사랑과 자비 없이도 주위 사람들의 눈 때문에 잘할 수도 있기 때문이다. 하나님께서 말씀하시는 것은 '자기 부모님께서 계신 것을 보아 하나님이 계시다는 것을 잊지 마라' 는 것이다. 그러니 부모에게 형식을 갖추어 때에 따라 용돈 드리는 정도가 아니라, 하나님을 사랑하는 것을 자신의 부모에게 그 표시로 하라는 것이다. 자발적으로 기쁨으로 하라는 것이다. 결국 부모 공경이라는 것을 형식적으로 다리 주물러드리고 용돈 드리고 명절이나 생신 때 찾아뵈는 정도가 아니라, 여기에 주님 사랑과 온유와 자비가 빠지면 아무것도 아니라는 것이다. 전혀 형식에만 치우치지 말라는 것이다.

하나님의 말씀과 동떨어져 있는 형식은 종교인들끼리는 뭔가 하는 것 같다. 무슨 일이 일어날 것 같다. 자기들을 살리는 것인 양 생각한다. 그러나 형식은 사람을 살리는 것이 아니다. "입에 들어가는 것이 사람을 더럽게 하는 것이 아니라 입에서 나오는 그것이 사람을 더럽게 하는 것이니라."(마 15:11)

종교인들은 겉으로 보이는 의식적인 형식을 중요시하고 있었던 것이다. 그래서 사람은 손 씻지 않고 음식을 먹으면 더러워진다는 것이다. 곧 형식에 참여함으로 깨끗해질 수 있다고 본 것이다. 그러나 예수님은 아니라는 것이다. 사람이 어떤 의식적인 관습에 참여하느냐에 따라 깨끗해질 수 없다는 것이다. 도리어 입에서 나오는 것이 사람을 더럽게 한다는 말을 통해 이미 인간이란 더러운 것밖에 나올 것이 없는 존재라는 말이다. 어떤 더러움이 나옵니까? "마음에서 나오는 것은 악한 생각과 살인과 간음과 음란과 도적질과 거짓 증거와 훼방이니 이런 것들이 사람을 더럽게 하는 것이요, 씻지 않은 손으로 먹는 것은 사람을 더럽게 하지 못하느니라."(마 15:19-20) 이처럼 예수님은 규정들과 대결하셨다.

하나님께서는 이런 것이 인간에게서 나오지 않기를 원하고 있다. 속에는 시커먼 것이 가득 차 있고 겉으로 하나님을 사랑한다. 그런 말로 땜질하기를 원하고 있지 않는다. 삶의 내용으로 행동으로 주님을 사랑 하다는 것을 보여 달라는 것이다. 이런 사람이 있기 때문에 형식이나 의식을 중요시하는 사람들이 화를 내는 것이다.

그래서 형식적인 사람은 예수님과 충돌하는 것이다. 하나님이 말씀하신 내용이 빠진 형식에만 치우쳐 사는 사람 때문에 예수님이 죽으셔야 했던 것이다. 그러면 진짜 하나님을 사랑하고 하나님을 바르게 경배하는 사람들의 마음은 어떤 것인가?

제도와 규정은 그것이 성경에 근거하지 않을 때 버려야 할 것임을 주님은 보여주셨다. 가나안 여자 하나가 자신의 딸이 귀신들려 예수님께 도움을 청한다. 불쌍히 여겨 달라고 했다. 이때 예수님께서는 한 말씀도 하지 않았다. 제자들은 '예수님 어찌해서 보내시지요?'라고 했다. 그러자 예수님께서 이렇게 대답했다. "나는 이스라엘 집의 잃어버린 양 외에는 다른 데로 보내심을 받지 아니하였다." 이때 여자가 예수님께 절하고 자기를 도와 달라고 했다. 그러자 예수님께서는 그 여자에게 아주 모독적인 말을 했다. "자녀의 떡을 취하여 개들에게 던짐이 마땅치 않다." 그러나 그 여인은 의외의 대답을 했다. "주여 옳소이다 마는 개들도 제 주인의 상에서 떨어지는 부스러기를 먹나이다." 결국 그 딸은 나을 수 있었다.

이와 같은 모독적인 말을 듣고도 주님 아니면 안 되겠다고 하던 그 여인의 믿음이 분명 주님을 사랑하는 사람의 심정이다. 자신에게서 선한 것이 나올 것이 없다는 것을 알고 자신이 개와 같은 취급을 받아도 마땅하다는 이 마음이 주님을 찾는 마음이다.

이 사건 속에서 주님은 이스라엘인 모두가 개와 같은 이들이었는데도 불쌍히 여기심이 있었기 때문에 구원될 수 있었음을 보여주는 것이다. "예수께서 거기서 떠나서 갈릴리 호숫가에 이르러 산에 올라가 거기 앉으시니 큰 무리가 절뚝발이와 불구자와 소경과 벙어리와 기타 여럿을 데리고 와서 예수의 발 앞에 두매 그쳐 주시니 벙어리가 말하고 불구자가 건전하고 절뚝발이가 걸으며 소경이 보는 것을 무리가 보고 기이히 여겨 이스라엘의 하나님께 영광을 돌리니라."(마 15:29-31)

벙어리가 말하고 불구자가 건전하고 절뚝발이가 걷고 소경이 보게 되는 일이 벌어진다. 이들에게 선한 것이 보이지 않았다. 이들은 형식과 관습을 따라 뭔가 한 것이 없었다. 그러나 그들이 온전해 진 것은 그들에게 달린 것이 아니라, 예수님에게 달렸던 것이다.

예수님은 인간이 만들어 놓은 의식이 중요하지 않다고 하신다. 주님이 원하는 것은, 나에게서 나오는 것이라고는 더러움밖에 없다는 것을 알고 개같이 취급당하기까지 하면서도 자비를 구하는 마음을 찾고 있다. 기진맥진한 병자들과 병신들과 같을지라도 우리를 온전하게 하시는 분은 오직 예수님밖에 없다는 것을 알고 주님을 섬겨 달라는 것이다. 이것이 주님이 바라는 마음이다. 그러므로 근원으로 돌아가는 것이 참된 리더십임을 주님은 보여주셨다.

그러므로 진정한 지도자는 관습보다 사람이 필요로 하는 것을 중요시한다는 것을 알 수 있다.

그리스도인은 언제나 영적으로 세상 사람과는 다른 생각과 행동을 해야 하는 것을 말씀한다. 무슨 일이든 무엇을 하든 누구를 만나든 항상 그리스도인은 참되어야 한다. 무엇에든지 경건하고 옳은 것, 깨끗한 것을 생각하고 행동해야 한다. 이런 삶을 살려면 우선 세 가지 관계 면에서 바른 생각과 행동을 가져야 한다.

첫째로, 만일에 물질 덕분에 기뻐하고 세상의 것이 이루어질 때에는 기뻐하며 사람들의 칭찬을 듣는 것으로는 기뻐하지만, 하나님과의 관계에서 기쁨이 없다면, 하나님께서 주신 신령한 복과 은혜로 인한 기쁨이 없다면 이런 사람은 참그리스도인이 아니다. 바울은 기뻐하라고만 말하지 않는다. 항상 기뻐하라고 말씀한다. 기뻐할 만한 현실을 만났을 때에 기뻐하는 것은 당연한 일이다. 그런 때는 누가 시켜서 기뻐하지 않는다. 그러나 정말 지키기 어려운 것은 도무지 기뻐할 수 없는 참담한 현실을 만났음에도 기뻐하라는 것이다. 이것은 하나님의 명령이다. '기뻐하는 것이 좋다'는 정도가 아니라 '기뻐하지 않으며 죄다' 하는 말씀이다. 기뻐하지 않으면 죄를 짓는 것이다.

둘째로, 그는 모든 사람에게 관용하라고 했다. 이 '관용' 이라는 단어는 부드러운 마음, 용서하는 마음, 이해하는 마음을 말한다. 이는 '옳은 일보다 무엇인가 더 큰 것'을 말한다. 그러나 이 관용이라는 덕은 수양에서 나오는 것이 아니다.

천성적으로 관용의 덕이 다른 사람보다 더 있는 사람이 있다. 그런데 또 어떤 사람은 다른 사람보다 모든 문제에 대하여 항상 예리한 관찰을 하는 사람이 있다. 어떤 사람은 아주 내성적이고 차분한 마음을 가진 사람이 있고, 또 어떤 사람은 열광적이고 외향적인 기질을 가진 사람이 있다. 이는 다 선천적으로 타고난 기질이거나 수양으로 만들어질 수가 있다. 이런 사람들은 아마 성경 본문에서 말씀하는 관용에 대한 권면을 잘 순종한다고 생각할 수 있을 것이다. 그러나 이런 관용을 말하는 것이 아니다.

세상의 용서, 자비, 사랑을 말하는 것이 아니다. 불교에서 말하는 자비나 용서하는 마음이 아니다. 모든 사람에게 관용하라는 말씀은 하나님의 사랑을 받지 못한 사람은 할 수 없다. 하나님의 사랑, 아가페의 사랑은 범죄 하여 심판과 저주 가운데 있는 우리를 위해서 독생자를 보내주신 그 사랑이다. 여기서 말하는 관용은 일반적으로 말하는 덕이라고 하는 너그러운 마음에서 나오는 것이 아니다. 주 안에서 기뻐하라는 말씀과 같이 관용도 주 안에 있는 것이다.

이 관용은 천성적으로 너그럽고 부드러운 사람보다 냉철하게 판단하는 사람에게서 나오는 것이다. 열광적으로 믿는 사람에게서 많이 발견된다. 우리가 누구에게 어떤 용서를 받았는가? 지극히 거룩하시고 거룩하신 하나님께서 우리의 죄를 다시는 묻지도 않으시고 기억하지도 않으신다는 이 완전한 용서를 믿는다면 관용을 베풀지 않을 수 없다. 예수님의 리더십 스타일은 관용으로 인도하시는 것이었다. 하나님께서 우리를 용서하는 것과 우리가 우리 인생을 용서하는 것과는 차원이 다르다. 하나님은 우리로서는 도무지 납득할 수 없는 거룩함과 완전하신 하나님이시다. 그러나 이 하나님의 사랑은 그 공의보다 더 풍성하셔서 죄로 말미암아 멸망 가운데 있는 우리의 죄를 용서하시되 예수님이 그 값을 다 치른 것이다. 이 사랑을 어디에다 비교하여 말할 수 있겠는가? 하늘을 두루마리 삼고 바다를 먹물 삼아도 그 크신 사랑은 다 기록할 수 없다. 만입을 가지고도 그 은혜를 다 찬양하지 못한다. 그렇다면 이 용서를 받은 우리도 우리에게 잘못한 자들을 용서하라는 것이다. 관용은 무조건 용서가 아니다. 죄를 미워함이 없이는 죄인을 사랑할 수 없다. 자신이 죄인임을 알지 못하는 사람은 이 관용을 못 한다. 하나님께 먼저 자신이 용서받은 것을 생각하는 사람이 관용한다. 옳은 것보다 더 높은 것, 더 큰 것이 사랑이다. 관용이다.

예수님은 관용을 비유로서 제자들에게 가르치셨다. 한 달란트라 해도 상당한 돈이다. 그런데 일만 달란트를 어떤 임금에게 빚을 진 어떤 사람이 있었다. 이 사람은 도무지 갚을 길이 없었다. 자녀와 처를 판다고 해도 자신이 종이 된다고 해도 평생을 해도 그 얼마라도 갚지 못할 빚을 졌는데, 임금이 가만히 보니까 도무지 갚을 수 없는 것을 알므로 그 빚을 다 탕감해주었다. 그런데 이 사람이 옥에서 나와 자기 친구 하나를 만나는데 그 친구가 자기에게 백 데나리온이라는 돈을 빚졌다. 이 돈은 노력하면 얼마든지 갚을 수 있는 액수였다. 그런데 이 사람은 그를 용서하지 않고 옥에 넣었다. 이를 안 임금이 어떻게 했겠는가? 그 사람을 도로 잡아서 영원한 옥에다 가두었다. 용서하지 않는 자는 용서받기 어렵다. 리더라고해서 용서 받을 일이 없을 수 없기 때문이다.

〈주기도문〉에 "우리가 우리에게 죄지은 자를 사하여 준 것 같이 우리 죄를 사하여 달라"는 말씀은 우리가 우리에게 잘못한 자들에게 그 죄를 사하여 준 것 같이 하나님께서도 우리의 죄를 사해 주신다는 말씀이 아니다. 우리가 이미 하나님 앞에서 우리의 죄를 용서받았는데 이 놀라운 용서를 받은 우리가 또 하나님께 용서를 받아야 할 죄를 날마다 범하고 있다는 것이다. 그런데 우리가 이 용서를 받았고, 용서를 받아야 할 것을 잊고 우리에게 잘못한 자의 죄를 용서하지 않는다면 어떻게 우리가 하나님께 용서받은 자이며, 이 자를 하나님께서 또 용서하시겠느냐는 말씀이다(빌 4:5).

스데반이 돌에 맞으면서도 관용한 것은 주님 앞에 설 것을 바라보았기 때문이다. 또 이 관용을 '모든 사람에게 보여서 알게 하라'고 했다. 용서를 실천하라는 것이다. 관용은 나 자신과의 문제가 아니라 객관이 있기 때문에 숨길 수 없다.

호세아에게는 선택의 여지가 없었다. 하나님은 그에게 창녀와 결혼하도록 명령하셨다. 성읍 내의 모든 백성은 고멜이 매춘부였다는

희생의 리더십

것과 결혼증서가 그녀의 기본적인 성질을 바꾸지 못한다는 사실을 알았다. 호세아는 고멜에게 버림받았고 성읍 백성에 의해 공개적 조롱거리가 되었지만, 계속하여 고멜에 대한 자신의 사랑과 이스라엘 백성에 대한 하나님의 사랑을 선포했다. 호세아는 무조건적 사랑이 본질적으로 가진 하나님의 취약성을 그대로 보여주었다. 얼마나 많은 사람이 반응했는지 우리는 모르지만, 한 가지 사실은 분명히 알고 있다. 모든 연약함의 흔적을 감춘 사람을 따르는 것보다 동료가 지적하는 내용을 그대로 드러내고 인정하는 편이 더 쉽다. 호세아는 장차 오셔서 관용을 베푸실 주님의 모형이었던 것이다.

대부분 지도자는 공동체 구성원 중에서 지적이고, 명확하고, 부유하고, 매력적인 사람들의 필요에 더 관심을 두게 마련이다. 약자를 사랑하는 것은 힘들다. 그러나 여전히 그들이야말로 리더십과 특별한 관심과 보호와 지도와 격려가 필요한 사람들이다. 사회의 건강도를 측정할 수 있는 유일하고도 가장 탁월한 지표는 비참한 환경에 처한 사람들을 어떻게 대하느냐는 것이다.

아모스는 여로보암 왕과 제사장 아마샤와 이스라엘의 아름다운 백성이 자행하는 불의를 보았다. 그리고 그들이 자신의 어리석음을 볼 수 있도록 도우려 했다. 그는 예의를 갖추지 않았다. "가난한 자의 머리에 있는 티끌을 탐내며 겸손한 자의 길을 굽게 하며…"(암 2:7). 그는 돌려서 말하지 않고 직설적으로 말했다. "사마리아 산에 거하는 바산 암소들아 이 말을 들으라. 가난한 자를 학대하며 궁핍한 자를 압제하며, 상아 상에 누우며 침상에서 기지개 켜며"(암

5:21, 24). 아모스는 실패했다. 이스라엘의 권력구조는 갖지 못한 자들을 돌보라는 가진 자들에 대한 하나님의 명령을 심각하게 받아들이지 않았다. 그러나 하나님의 경고에 충실한 것이 리더가 할 수 있는 최선의 것인 때가 있다. 리더는 지도할 수 있다. 따를 의무는 다른 사람의 몫이다.

관용은 목양적 지도자(shepherding leader)에게 필요한 자질이다. 이 유형의 지도자는 그의 팀 동료를 깊이 사랑하고 온화하게 양육하고 일관성 있게 도우며 그의 말을 인내심을 가지고 경청하고 부지런히 그를 위해 기도함으로써 그 팀이 수행해야 할 일을 성취할 수 있도록 한다. 목양적 지도자와 함께 일 할 때는 또 다른 역동적인 분위기를 느낄 수 있다. 팀 구성원들은 그들의 목자를 성심껏 도왔고 그들의 지도자가 중요하게 여기는 것을 그들도 중요하게 여긴다는 것을 알 수 있다. 만약 그것이 기독교적이라면, 그것이 사회를 위한 것이라면, 그리고 우리의 지도자를 계속 모실 수 있는 일이라면, 우리가 그것을 하겠다는 분위기 말이다.

또 관용은 팀을 세우는 지도자, 팀을 만드는 지도자(team-building leader)를 말한다. 팀을 세우는 지도자는 사람들에 대해 초자연적이라고도 할 수 있는 통찰력(insight)을 가지고 있다. 그들은 적절한 능력과 성격을 가진 지도자들을 찾아내고 훈련하며, 또한 다른 팀 구성원에게 잘 맞는 지도자를 찾아 연결한다. 이러한 유형의 지도자는 가장 적절한 결과를 배출할 수 있는 사람들을 적절한 장소에 배치한다. 팀을 세우는 지도자가 사람을 적소에 배치한다.

용서의 리더십

초기 기독교인들은 예수님을 통해 용서를 배웠다. 자신의 삶에서 가장 암울한 순간, 예수님은 아버지께 자신을 처형하는 자들을 용서해 달라고 간절히 구하셨다. 그로부터 1년가량 지난 후 최초의 기독교 순교자인 스테반 역시 예수님과 같은 간절한 기도를 올렸다. "주여, 이 죄를 저들에게 돌리지 마옵소서."(행 7:60)

용서란 단지 "나는 너에게 나쁜 감정이 없다"고 말하는 것이 아니다. 용서란 죄를 지은 사람이 하나님에 의해서도 용서받기를 바라는 것을 포함한다. 사실 이처럼 간구하는 것은 쉬운 일도 아니거니와, 설령 간구한다 하더라도 우리 내심은 그렇지 않은 경우가 많다. 하지만 예수님과 스테반이 보여주신 것처럼 그것은 가능한 일이다.

예수님에게서 배울 수 있는 중요한 리더십은 용서이다. 예수님께서는 제자들에게 기도를 가르쳐 주실 때 용서하는 방법을 함께 가르쳐 주셨다(눅 11:1-4). 우리는 매주 교회에서 주기도문을 암송하고 있지만 그것이 무엇을 의미하는지는 무심할 때가 잦다. 하지만 만일 우리가 주기도문의 사회적인 말들을 진지하게 받아들인다면 주기도문을 외우고 싶어 하는 사람은 얼마 되지 않을 것이다. 우리는 "우리의 죄를 사하여 주옵시고(혹은 그냥 지나쳐 주옵시고)"라고 암송한다. 주기도문을 암송하면서 우리는 분명 우리가 다른 이들을 용서한 만큼만 하나님께서 우리를 용서해 달라고 부탁하고 있다. 실제로 이렇게 되기를 바라는 사람이 어디에 있는가?

그리스도를 구세주로 영접한 사람들은 용서의 경험이 있다. 그러므로 우리는 다른 사람을 용서할 수 있다. 용서의 방법을 알려면 하나님의 용서를 연구해야 한다. 〈요한복음〉 3:16-17에서 우리는 하나님의 용서 이유와 방법을 발견하게 된다.

"하나님이 세상을 이처럼 사랑하사 독생자를 주셨으니 이는 저를 믿는 자마다 멸망치 않고 영생을 얻게 하려 하심이니라. 하나님이 그 아들을 세상에 보내신 것은 세상을 심판하려 하심이 아니요, 저로 말미암아 세상이 구원을 받게 하려 하심이라."

하나님께서는 자신이 창조한 피조물을 사랑하시기 때문에 예수 그리스도를 통해 그들을 구원하고자 하셨다. 하나님의 사랑은 용서의 행위로 기록되어 있다. "가서 다시는 죄를 범하지 말라."

이 이야기는 고무적인 동시에 우리를 침울하게 간드는 것이기도 하다. 예수님께서 여인에게 하신 말씀을 다시 생각해 보라. "다시는 죄를 짓지 마라." 예수님께서는 이를 통해 이렇게 말씀하신 것이다. "앞으로 영원히 죄를 짓지 마라."

이 여인이 다시는 간음하지 않았을 것이라 믿고 싶지만 다른 죄들에 대해서는 어땠을까? 그녀는 자기의 약한 성격과 이기적인 행동, 거짓말, 탐욕과 같은 것들을 완전히 버렸을까? 물론 그녀는 그렇게 했다! 어떻게 알 수 있는가? 예수님께서 그녀를 다시 용서하셨던 기록이 없기 때문이다.

〈요한일서〉 2장 1절에 나타나는 최초의 말씀은 예수님의 말씀과 비슷한 것 같다. "나의 자녀들아 내가 이것을 너희에게 씀은 너희로 죄를 범치 않게 하려 함이라." 이 말씀은 자기 백성을 향한 은총의 의미를 보여주고 있다. "만일 누가 죄를 범하면 아버지 앞에서 우리에게 대언자가 있으니 곧 의로우신 예수를 대적하시지만, 우리의 타락한 본성을 알고 계시기에 우리를 위해 자신과 화해할 길을 만들어 주신다."

용서란 잘못된 일을 기억에서 완전히 지워버리는 것이다. 진정한 용서란 잘못된 일에 대한 고통이 사라지고, 다시는 그런 상황으로 격정에 휩싸이지 않게 되는 것이다. 진정으로 용서한 사람은 가슴이 조여들거나 목소리가 떨리지 않고서도 그 일을 이야기할 수 있다.

일단 고통이 사라져버리고 나면 잘못된 일에 대한 기억도 점차 잊히게 된다. 마이클 유셉은 말하길 "특히 나에게 고통을 준 사람이 누구인지에 대해서도 잊어버리게 되는 것이다. 실례로 나는 십 년 정도 알고 지내던 사람이 있는데, 언젠가 그는 확실치는 않지만 말이나 행동으로 내게 커다란 상처를 준 적이 있다. 하지만 이상하게도 그 일이 어떤 것이었는지 기억하려고 했지만 기억이 나지 않았다. 그때 나는 불현듯 깨닫게 되었다. 이미 그 사람을 용서했기 때문에 기억해야 할 필요가 없었던 것이다. 나는 그 문제를 기억할 수 없도록 인도하신 하나님께 감사드렸다. 나는 용서에서 무엇이 중요한지를 확실히 깨닫게 된 것에 감격했다"

용서해 달라는 부탁을 받을 때 "용서할 수는 있지만 잊을 수는 없다"고 얘기하는 사람들이 있다. 용서한다고 말하면서도 잊지 않으면 무얼 어쩌겠다는 것인가. 누군가의 잘못을 기억한다는 것은 그 문제로 노여움의 불길이 자기 속에서 불타오르도록 하는 것이고, 그것을 잊어버리는 것은 그 불길을 아예 없애버리는 것이다.

라이베리아에 선교사로 파송되었던 유니스(Eunice)가 용서에 대해서 해준 말이 있다고 마이클 유셉은 이야기 한다.

"그녀는 한 아프리카 남자의 도움을 받고 있었는데, 어느 날 그녀는 그가 자기 집에서 옷가지들을 훔치는 현장을 목격했다. 그는 '제발 용서해 주세요. 잘못했어요. 다시는 훔치지 않겠어요.' 라고 빌었다. 결국 그를 용서해주었고 계속해서 일할 수 있도록 배려해 주었다. 하지만 그 일이 있은지 한 달이 지나기도 전에 그녀는 그가 다시 도둑질하는 것을 붙잡았다. '이것 좀 봐요. 또 훔치고 있잖아요.' 그러자 그 똑똑한 친구는 그녀를 바라보며 물었다. '선생님은 어떤 종류의 기독교인 인가요?' 당황한 유니스가 대답할 말을 찾기도 전에 그 남자의 말은 계속되었다. '선생님께서 저를 용서하셨다면 제가 훔쳤던 일을 잊어버리고 계셨어야 할 텐데요.' 덧붙여서 그는 이렇게 말했다. '선생님께서 그 일을 잊어버리셨다면, 그런 일은 또다시 일어나지 않았을 겁니다.' 이 남자가 자기의 잘못된 행동을 변명한 말이 비논리적이라는 것은 차치하고라도, 이 이야기는 내게 큰 도전이 되었다. 나는 다른 사람을 용서한다고 하면서도 그 사람이 또 다른 잘못을 저지르기를 기다리는 사람들을 안다. 그들은 기다렸다는 듯이 '그럼 그렇지, 내가 생각했던 대로군' 하고 말한다."

기독교인 리더십의 진정한 특징은 지도자들의 용서할 수 있는 능력에 달렸다. 사람들이 우리를 좌절시키는 일들이 해결할 수 없을 만큼 복잡한 것이라 할지라도 예수님의 말씀을 기억하는 것보다 더 나은 길은 없다. "나도 너를 정죄하지 아니하노니 가서 다시는 죄를 범하지 말라."

진정한 용서란 하나님의 도우심으로만 가능하다. 우리 대부분은 복수할 기회를 찾거나, 적어도 용서하기 전에 누가 옳았는지를 증명하고 싶어 한다. 교인들이나 직장동료, 혹은 우리에게 해로운 일을 말하는 고용원들에 의해 상처를 입은 적이 있다 해도, 또 친척 중에도 만날 때마다 우리를 괴롭히고 여러 방법으로 시비를 거는 사람들이 적어도 한둘은 있다 해도 이런 상황에 부닥치게 될 때에도 리더는 용서를 준비해야 한다.

사람들이 무엇을 두고 시비 거는지 곰곰이 생각할 수 있다. 또한 그들의 잘못과 악한 의도, 추악함 따위를 생각할 수 있다. 혹은 "내가 옳다는 것을 보여주지"라거나 "그 인간이 후회할 때까지 갚아줄 거야"라고 말하면서 '정의'를 부르짖을 수도 있다. 또 리더는 어쩌면 '복수'를 시도할 수도 있다.

우리 대부분은 복수하고 싶어 한다. 또 그럴 수도 있다. 예수님께서는 우리에게 그 방법을 가르쳐 주셨다. 예수님께서는 이렇게 말씀하셨다. "또 네 이웃을 사랑하고 네 원수를 미워하라 하였다는 것을 너희가 들었으나 나는 너희에게 이르노니, 너희 원수를 사랑하며 너희를 핍박하는 자를 위하여 기도하라."(마 5:43-44)

복수하기를 원하는가? 그 혐오스러운 자, 무지한 자, 감정이 없는 자, 완악한 자, 무례한 자, 간교한 자를 위해 기도하라는 것이 주님이 가르치신 리더십이다.

원수에게 복수할 만한 정당한 이유를 가진 사람이 있다면 그는 바로 예수님일 것이다. 하지만 주님은 사람들이 자신을 대제사장에게 끌고 갈 때에도 자신의 결백을 증명하거나 설명하려 하지 않으셨다. 예수님께서는 이렇게 말씀하셨을 뿐이다. "내가 드러내어 놓고 세상에 말하였노라. 모든 유대인들이 모이는 회당과 성전에서 항상 가르쳤고 은밀히는 아무것도 말하지 아니하였거늘"(요 18:20).

빌라도 앞에 서게 되었을 때, 예수님께서는 자기 자신을 변호할 두 번째 기회를 얻으셨다. 하지만 예수님께서는 자신에 대한 그 폭력적인 고발과, 그들의 거짓됨, 죄악된 행위들을 증명하려고 하지 않으셨다(요 18:28-38). 이것은 비난받는 자들의 일반적인 행위라고 할 수는 없다. 그것은 용서하시는 분인 예수님의 스타일이다.

그러므로 능력 있는 지도자는 사람들의 잘못을 잊어버리는 지도자이다. 사람들에 대한 원한을 품은 채로는 도무지 그들과 함께 일할 수 없다. 다른 사람을 용서할 수 있도록 자신을 준비시키는 방법으로 다음의 세 가지를 제시할 수 있을 것이다.

첫째, 자기검증

때로 우리는 원한을 품거나, 상처를 받고 분노하게 되는 이유가 무엇인지 자기 자신에게 질문을 해 보아야만 한다. 신실한 친구가 내게 이렇게 말한 적이 있다. "자네의 감정을 상하게 할 수 있는 사람은 자네밖에 없네. 다른 사람들은 자네가 아직도 예수 그리스도께 맡겨 버리지 않은 자네 삶의 민감한 부분을 자극했을 뿐일세."

다른 사람들이 우리의 열등감이나, 바보처럼 보일까 봐 두려워하는 마음, 업무에 대한 능력이 부족하다는 느낌 등을 자극할 수도 있다. 그들은 더욱 개선되어야 할 우리의 부족한 부분을 지적해 주는 호의를 베푸는 것인지도 모른다.

둘째, 원수를 위한 기도

여러분을 음해하는 사람들과 경쟁자들, 비판자들의 이름을 적어서 매일 같이 하나님 앞에 그들을 맡겨드리지 못하는 이유라고 기도하지 마라. "하나님, 존을 처벌하시고 그가 정신 차리도록 인도하여 주옵소서. 그에 대해 불쌍한 마음을 품을 수 있도록 인도해 주소서."라고 기도하라.

셋째, 치유에 대한 기대

우리는 화해하려고 노력할 필요가 있고, 그렇게 되기를 기대해야 한다. 우리는 "하나님, 저는 존이 행한 일을 용서하고 또 잊어버리게 될 것을 알고 있습니다."라고 말할 수 있는 개방성을 가짐으로써 상처들이 치유되도록 시도해야 한다. 그것은 우리가 원하기만 한다면 가능한 일이다. 지도자는 용서받았기 때문에 용서할 수 있다.

원칙을 정했으면 죽음 앞에서도 지켜라

「손자병법」의 저자인 손자가 오나라의 왕인 합려에게 채용될 때의 일화가 있다. 그 일화는 흔히 그 어떤 방법보다 원칙이 중요함을 일깨울 때 사용되는 이야기이다.

　오랜 옛날 흔히 강태공이라고 불리는, 낚시로 소일하며 때를 기다리던 태공망 강자아가 무왕과 문왕을 도와 주(周)나라를 건국하였다. 이후 태공망에게 하사된 나라가 제(齊)였고, 그 제나라 출신의 젊은 병법가 손자(孫子)가 오(吳)나라 왕 합려(闔閭)를 만난다.

　오나라의 명재상 오자서(伍子胥)의 소개로 합려 앞에 나타난 손자에게 합려가 말한다.

　"그대가 지은 열세 편의 병서는 다 읽어보았소. 어디 한번 실제로 군대를 훈련해 보일 수 있겠소?"

　"좋습니다."

　"여자라도 상관이 없을지?"

　"상관없습니다."

　그래서 합려는 궁중의 미녀 180명을 불러내었다. 손자는 그들을 두 편으로 나누고, 합려가 아끼는 여인 두 사람을 각각 대장으로 삼았다. 그리고 전원에게 창을 들린 다음 명령을 내렸다.

　"너희는 자기의 가슴과 좌우의 손과 등을 알고 있는가?"

　"예!"

　" '앞쪽'이라고 명령을 하면 가슴을, '왼쪽'이라고 명령을 하면 왼손을, '오른쪽'이라고 명령하면 오른손을, '뒤로'라고 명령하면 등을 보아야 한다."

　"예!"

　이렇게 구령을 정한 다음 몇 번씩 되풀이해가며 군령을 설명하였

다. 그런데 막상 북을 치며

"오른쪽!"

하고 호령하자 여자들은 웃어대기만 할 뿐 움직이지 않았다. 손자는 "군령이 분명하지가 못하고, 명령 전달이 충분치 못한 것은 장수 된 사람의 죄다." 하고 다시 세 번 군령을 들려주고 다섯 번 설명을 한 다음 큰북을 울리고

"오른쪽!"

하고 호령했다. 그러나 여자들은 여전히 웃어대기만 하였다. 그러자 손자는 이렇게 말했다.

"군령이 분명치 못하고, 전달이 불충분한 것은 장수의 죄이지만, 이미 군령이 분명히 전달되어 있는데도 병졸들이 규정대로 움직이지 않는 것은 곧 대장 된 자의 죄다."

그러고는 군령대로 두 대장을 참수하려 했다. 위에서 관병하던 합려는 자신이 아끼는 여인 두 사람이 손자의 손에 참수되려는 것에 놀란 나머지 황급히 전령을 보내어 제지하였다.

"과인은 이미 장군의 용병이 뛰어난 것인 줄 알았소. 과인에게 그 두 여자가 없다면 밥을 먹어도 맛을 알 수 없을 정도이니 부디 용서해 주기를 바라오."

그러나 손자는

"신은 이미 임금의 명을 받아 장수가 되었습니다. 장수가 군에 있을 때에는 임금의 명령을 받들지 않을 수도 있습니다."

하고, 마침내는 두 대장의 목을 베고 임금이 그다음으로 사랑하는

여자를 뽑아 새로 대장으로 세웠다. 그러고는 다시 북을 울리고 호령을 내렸다. 그러자 여자들은 왼쪽이라고 하면 왼쪽으로, 오른쪽이라고 하면 오른쪽으로, 앞으로 하면 앞으로, 뒤로하면 뒤로, 꿇어앉는 것도 일어나는 것도 모두 구령대로 따랐다. 웃기는커녕 소리마저 내지 않았다. 손자는 비로소 합려에게 전령을 보내어

"부대는 이미 갖춰져 있습니다. 내려오셔서 시험해 보십시오. 왕의 명령만 있으시다면, 군사들은 물과 불 속이라도 즐겨 뛰어들 것입니다."

하고 보고했다. 그러나 왕은 이렇게 말했다.

"장군은 훈련을 끝내고 숙사에서 쉬도록 하오. 과인은 내려가 보기를 원치 않소."

이때 손자는 이렇게 탄식했다.

"왕은 다만 병법에 대한 의논만을 좋아할 뿐, 병법을 실제로 사용하지는 못하겠군."

그리하여, 합려는 손자가 용병에 뛰어난 것을 인정했고 마침내는 그를 장군으로 등용하였다. 뒷날 오(吳)나라가 서쪽으로 초(楚)나라를 무찔러 서울인 '영'을 점령하고, 북쪽으로는 제나라와 진나라를 위협하여, 그 이름을 천하에 알리게 된 데는 손자의 힘이 컸다. 원칙이 서야 승리하는 데 그 원칙은 먼저 자신에게 엄격해야 한다.

예수 그리스도의 3대 리더십

성경에서 말하는 리더십 개념을 세 가지로 요약할 수 있다.

첫째, 리더십의 동기는 사랑(Love-the Motive of Leadership)이다.

둘째, 리더십의 방법은 봉사(Service-the Method of Leadership)로 나타난다.

셋째, 리더십의 목표는 구속(Redemption-the Goal of Leadership)에 있다.

복음서를 읽어 나가다 보면 기독교의 리더십은 세상의 리더십과는 근본적으로 다르며 섬기는 종으로서 특성을 분명히 말하고 있음을 알 수 있다. 통솔력은 그리스도의 십자가를 통한 사랑에 뿌리를 두어야 하며, 봉사로 나타나며 그 목적은 구속을 이루는 데 있으며 결과적으로 하나님의 나라를 이 땅에 실현하는 것에 있다. 복음서에 나타난 예수 그리스도의 리더십을 단 몇 가지로 모형화하는 것은 때로 위험한 시도일 수도 있다. 자칫하면 예수 그리스도의 리더십을 지나치게 규범화해버릴 수도 있기 때문이다.

복음서에 나타난 예수 그리스도의 삶은 다양한 모습을 보이고 있지만 〈마가복음〉을 통하여서는 섬기는 종의 리더십(막 10:45)을, 〈누가복음〉을 통하여서는 청지기 리더십(눅 12:42)을, 〈요한복음〉을 통하여서는 목자 리더십(요 10:11)을 찾아볼 수 있다.

1) 섬기는 종의 리더십

성경은 '지도자'란 말보다 섬기는 지도자로서 하나님의 '종'을 언급하기를 더 좋아한다. 하나님의 종으로서 지도자의 개념은 구약의 선지서에 두드러지게 나타난다. 구약에서 종은 이스라엘과 메시아를 지칭할 때 사용되었다. 특별히 이 종의 개념이 이스라엘에 사용될 때는 단순히 복종의 의미가 아니라 하나님의 특별한 사명을 의미했다.(사 44:1,2).

패트릭(John Pattric)은 '종' 의 개념이 구약에서는 '선지자' 그리고 신약에서는 '사도' 에 해당한다고 주장하면서 섬기는 지도자에게는 아홉 가지의 특징이 있다고 말했다. 하나님에 의해서 부름 받은 자, 성결함을 받은 자, 사명을 받은 자, 보존되는 자, 능력 받은 자, 인도함을 받은 자, 봉사를 통해 겸손한 자, 세상으로부터 거부당하는 자, 성교로 승리하는 자가 섬기는 지도자라고 할 수 있다.

〈이사야〉 42장 45절은 종의 개념을 하나님의 뜻을 준행하며 진리로 공의를 베푸는 자라고 정의하고 42장 1~4절에서 섬기는 지도자의 원리를 제시했는데, 하나님을 전적으로 의지하는 자, 하나님께 인정받는 자, 하나님의 성령으로 충만한 자, 하나님의 겸손을 갖춘 자, 하나님의 사랑을 가진 자, 하나님께 소망을 두는 자라고 하였다. 이는 상당히 적절한 표현이라고 할 수 있다.

첫째, 관계성의 개념이다.(빌 4:13)

둘째, 절대적인 복종의 개념이다.(요 14:21, 눅 6:16)

셋째, 겸손의 개념이다.(벧전 5:5)

넷째, 자기 부정의 개념이다.(요일 3:16, 눅 10:44-45)

예수 그리스도 리더십의 중심개념은 〈마가복음〉 10장 45절의 말

쏨처럼 섬김을 받으러 오신 것이 아니라 섬기러 오신 것에 있다.

폴 시다(Paul Cedar)는 "기독교의 리더는 철저하게 섬기는 지도자가 되어야 한다."라면서 제5장에서 섬기는 지도자의 이상적인 모델을 세 가지로 설명하였다.

첫째, 큰 자가 되고자 하면 섬기는 자가 되어야 한다.

둘째, 으뜸이 되고자 하면 종이 되어야 한다.

셋째, 우리는 예수님의 모범을 따라야 한다.

예수님이 제자들의 발을 씻기신 것이 그 대표적인 모범이었다. 박창환의 「신약해설」에 보면 "절대자가 상대자인 사람이 되셨다는 사실이 절대적인 고통을 동반한 것"이라고 했다. 성육신 자체가 수난의 종으로 오신 하나님의 아들을 나타내는 것이다.

〈마가복음〉 8장 31절 이하부터 예수님은 자신의 입으로 당신 자신이 고난을 당하러 오셨다는 것, 십자가를 지고 죽는 일이 그가 할 일이라는 것, 결국 많은 사람을 위하여 대속물이 되어 죽는 것이 그의 길이라는 사실을 밝혔다. 그러므로 기독교 지도자의 리더십 첫 번째 모형은 종의 리더십이라 할 수 있다.

2) 청지기 리더십

"주께서 가라사대 지혜 있고 진실한 청지기가 되어 주인에게 그 집 종들을 맡아 때를 따라 양식을 나누어 줄 자가 누구냐"(눅 12:42).

청지기는 헬라어로 '오이코노모스'이며 이것은 '집안일을 관리하는 사람'이라는 의미이다. 신약시대 당시 부자들은 집안일과 종들을 조직적으로 관리하는 관리인으로서 청지기를 고용했다. 청지기는 종의 신분임에도 경우에 따라서는 주인 다음 가는 특별한 신임을 받았다.

청지기의 개념은 구약의 모세(민 12:7)나 아브라함의 종 엘리에셀(창 24:2-66)에게도 나타나지만 신약의 예수 그리스도에 이르러 더욱 구체적으로 나타난다(눅 12:42-49).

청지기는 하나님의 비밀을 맡은 사람이며, 주인의 소유물을 지키고 보호하는 책임자이다. 그는 복음의 진리와 사도적인 신앙을 지키고 보호해야 한다(딤후 1:14). 청지기는 사도적 가르침의 전달자이며(딤후 2:2), 집안일을 경영하도록 계획을 세우고 조직을 짜서 지혜롭게 때를 따라 양식을 나눠주는 경영자이다(눅 12:42-43).

이처럼 기독교 지도자의 리더십 두 번째 모형은 청지기 리더십이라 할 수 있다.

3) 목자의 리더십

"나는 선한 목자라 선한 목자는 양들을 위하여 목숨을 버리거니와"(요 10:11).

〈요한복음〉 10장에는 선한 목자 되신 예수님의 모델이 제시되어 있다. 하나님은 우리의 삶을 책임져 주시는 목자이시다. 모세는 자기의 노래를 통하여 하나님을 그 백성의 목자라고 불렀다(창 49:24). 다윗은 하나님께 대하여 "여호와는 나의 목자"(시 23:1)라며 노래하였다. 〈시편〉 80편 기자는 자기 백성을 양떼처럼 인도하시는 목자 되신 하나님을 향하여 기도하고 있다. 이사야는 주권적 하나님이 목자의 마음을 가지고 계신다는 사실을 즐거워했다(시 40).

하나님은 기독교 리더가 양떼들을 돌보는 일에 실패할 때 주권적인 권위를 가지고 간섭하시겠다는 약속을 구약 여러 곳에서 말씀하셨다(렘 23:4, 겔 34:11, 슥 10:3). 지도자의 리더십 실패는 대부분이 목자로서 양들을 사랑하고 치료하고 보호하는 대신 그들을 이용하는 삯꾼 목자로 전락하게 될 때 일어난다.

결론적으로 복음서에 나타난 성경적 리더십 모형은 종, 청지기, 목자임을 알 수 있다. 그리스도는 물론 이 세 가지 리더십 모델을 다 갖추신 분이다. 그러므로 기독교 지도자의 리더십 모형 또한 종, 청지기, 목자의 리더십이 되어야 한다. 이렇게 될 때에 지도자의 리더십은 통전적(通電的) 개념으로 하나님 나라가 이 땅에 확장되는 사역에 하나님의 부르심에 대한 응답이 될 것이다.

그리고 이 모든 개념을 이루는 밑바탕을 섬기는 종의 리더십이 되어야 한다. 복음서에 나타난 예수 그리스도의 리더십을 모형으로 도식화하면 아래의 도표와 같다.

3S 리더십 = 섬기는 종 리더십(막 10: 45)
목자 리더십(요 10:11)
청지기 리더십(눅 12:42)

목양 리더십

교회지도자들도 리더십의 위기에 직면해 있다. 과연 교회지도자가 당면한 리더십의 위기는 무엇인가? 급변하는 사회의 시대적 흐름에 대처하지 못하는 목회자의 무감각, 교인들에 대한 무관심, 무열정, 무소신은 위기의 징조들이다. 뿐만 아니라, 외부로부터의 세속주의, 물질주의, 그리고 개인주의에서 비롯된 권위에 대한 사회적 거부현상, 대중전달 매체의 발달과 보급에 따른 지도자의 부정적 이미지 부각, 목회 지도자보다 학식이 뛰어난 평신도의 출현, 평신도를 참 제자와 지도자로 양육하지 못한 목양의 부족은 교회 리더십을 위협하고 있다.

위와 같은 리더십의 위기는 지도자들에게 또 다른 기회를 제공한다. 곧 리더십을 공부해야하는 당위성을 제공하기 때문이다. 위기는 곧 기회다. 리더십을 공부해야하는 또 다른 이유는 다음과 같다.

첫째로, 교회 내에 사람은 많으나 지도자가 부족하기 때문이다. 지도자로서 교회를 이해하고, 성도들을 돌보고, 하나님의 뜻을 완성할 수 있는 준비된 사람이 적다. 있어도 효율적이지 않다. 그래서 예수님도 제자들에게 '추수할 것은 많되 일꾼이 적으니 그러므로 추수하는 주인에게 청하여 추구할 일꾼을 보내 주소서 하라' (눅 10:2)고 부탁하였다. 우리가 직면한 어려운 문제는 결국 사람의 문제이다. 교회를 일으키고 세상을 변화시킬 사람을 계발하는 데 인색한 투자를 하지 말아야 한다. 실제로 우리 주변에는 높은 학력과 학위를 가진 사람이 많다. 그러나 하나님의 사람으로 훌륭히 쓰임 받을 만한 사람은 적다.

둘째는 리더십과 교회성장이 밀착되어 있기 때문이다. 지도자의 성장과 발전 없이는 교회의 부흥과 발전도 없다. 목회자의 리더십만을 강조하는 것은 아니다. 평신도 리더십도 포함된다. 학생을 변화시키려면 교사가 먼저 변해야 한다. 교회지도자는 일반 교인이 집사 이상 성장할 수 없고, 집사는 장로 이상으로 성장할 수 없으며, 장로는 목사 이상으로 성장할 수 없다는 것을 기억해야 할 것이다. 예수님도 '제자가 그 선생보다 높지 못하나 무릇 온전케 된 자는 그 선생과 같으리라'(눅 6:40)고 말씀하심으로 지도자 훈련을 강조하고 있다. 그래서 교회가 변하려면, 교회지도자가 먼저 변해야 한다.

셋째는 교회가 유기체인 동시에 조직체의 성격이기 때문이다. 교회가 무슨 조직체냐고 반론할 수도 있겠으나 교회는 분명히 조직체의 성격이다. 교회는 그리스도의 몸이기 때문에 하나님께서 성장시켜 주신다. 그러나 하나님은 사람의 노력과 능력 그리고 활동을 통해서 성장시키신다. 우리는 전자를 교회의 유기체적 특성이라 부르고, 후자를 조직체적 특성이라고 부른다. 바로 교회의 조직체적 특성 때문에 훈련을 요구하는 것이다. 이 두 가지 특성 중 어느 하나를 무시해서는 안 될 것이다.

그러므로 교회지도자는 이러한 위기를 극복할 수 있는 훈련을 쌓아야 한다. 그러면 무엇을 훈련할 것인가?

무엇보다도 먼저 교회지도자는 경건훈련과 인격훈련을 쌓아야 한다. 바울 사도가 지적한 것처럼, 교회지도자는 경건의 모양은 있으나 경건의 능력이 부족한 지도자로 전락해서는 안 되기 때문이다. 지도자의 내면에서 흘러나오는 좋은 성품만큼 사람을 설득하고 변화시키는 힘은 없다. 이것은 흔히 어른들이 말하는 '사람이 먼저 되라'는 말과 일맥상통한다. 교회지도자는 우선 하나님의 성품을 갖춘 사람이 되어야 한다.

둘째로 지도자는 효율적인 방법으로 일하는 습관을 터득해야 한다. 지도자는 무엇을 위해서, 왜 하는지, 혹은 어떻게 계획을 세우고, 어떻게 교인들과 연합하여 함께 일하는지를 알고 있어야 한다. 다시 말하자면, 지도자는 비전과 함께 목표를 세우고, 그 목표를 달성하는 방법과 능력을 쌓아야 한다.

셋째로 지도자는 좋은 열매를 양산하는 훈련을 받아야 한다. 아무리 과정이 선하고 좋았다 할지라도 결과적으로 손해를 본다면 그것은 바람직하지 않다. 정해진 목표를 섬세하고도 날카롭게 낚아채는 독수리처럼, 지도자는 목표를 달성하는 순발력이 있어야 한다. 결과적으로 지도자는 사역을 통하여 그리스도의 영광을 나타내고, 교인들의 필요를 충족시켜 주는 역할을 해야 한다.

여기서 리더십의 기본요소를 간단히 살펴보자. 리더십의 기본요소는 지도자와 따르는 자 그리고 환경 혹은 상황으로 구성된다. 이 요소들 중 어느 하나만 무시된다 해도 리더십은 발생하지 않는다. 만일 교인들의 형편과 상황을 무시한다면, 그 지도자의 리더십은 비효율적일 것이다. 물론 교인들의 상황과 환경은 교회마다 다를 뿐만 아니라, 한 교회 내에서도 시간이 지남에 따라 수시로 변하는 것이다. 그러나 교인의 상황을 무시하면 리더십은 발생하지 않는다. 교회의 상황보다도 더 우선시 되는 변수는 교인들이다. 교인들이 지도자에게 순복하고 따라가야 하는데 거부하면 지도력은 발생하지 않기 때문이다. 그래서 지도자는 교인들의 영적인 능력과 은사를 세심히 살피고 그들의 눈높이에 맞는 신앙교육으로 이끄는 것이 바람직하다. 교회지도자가 흔히 실수하는 것은 교인들의 입맛도 모르고, 먹지도 못할 음식을 마구 집어넣어 주는 것이다. 시대가 아무리 복잡 다난해도 건강한 교회는 잔재주를 부릴 필요가 없고, 건강한 지도자는 세상의 리더십을 적용하지 않는다고 할 수 있다.

결론적으로 우리가 당면한 리더십의 위기는 심각하다. 이 위기를 리더십 훈련의 기회로 삼아야 한다. 리더십은 지도자와 사람과 환경(상황)의 변수에서 발생하는 것이므로 리더십훈련은 지도자 자신의 자질과 능력을 향상시키는 것이 되어야 하며, 교인들의 능력과 수준을 파악하고, 그들이 당면한 상황을 정밀히 분석하여 교회의 목표를 달성하는 데 주력해야 할 것이다. 그래서 이 훈련은 지도자의 경건훈련과 인격훈련 그리고 전문적 지식과 기술을 연마하도록 하며, 성령의 능력에 힘입어 헌신과 열정을 품도록 강조한다.

그렇다면 참된 기독교의 리더십은 어떤 방향으로 전개되어야 할까? 지금까지 제시된 성경에서 말하는 그리고 예수님의 모범적인 리더십의 모형들은 전형적인 텍스트이다. 하지만 이 시대의 상황(context)에 맞도록 새롭게 적용의 접촉점을 찾아야 한다. 그러므로 이 장에서는 현대사회에 적용하기 위한 리더십의 방향을 살펴보고 이의 적용을 위한 토대를 찾아보도록 하겠다.

1) 현대와 리더십

21세기가 시작되었다. 기업가, 정치인, 그리고 종교계도 10년 후를 예측하지 못해 불안해하고 있다. 한결같이 다음 시대에도 살아남을 수 있을까 하고 전전긍긍하고 있다.

역사학자 아놀드 토인비는 21세기에 대하여 묻는 기자들에게 다음과 같이 대답했다고 한다. "인간의 물질문명은 뒤기를 잘하는 토기문명이다. 그렇지만 인간의 정신문명은 한마디로 말해 거북이걸음이다."

유사 이래로 인간의 역사는 끊임없이 계발되어왔다. 그것이 곧 인간의 잃어버린 실낙원을 찾아 주는 줄 알고 얼마나 많은 시간을 물질적 문명을 추구해 왔던가? 인간의 희로애락과 애증도 결국 물질의 흐름에 따라 흐르고 멈추고 했던 것이다. 그러나 물질적 수준과 정신적 수준이 불균형을 이룰 때 그 문화, 그 문명은 어이없게도 땅속에 묻혀 사람들에게 밟히는 것을 우리는 잘 알고 있지 않은가.

사람은 태어나면서부터 자기와 똑같은 복제 인간을 만들어 보관하며 사육하다가 장기가 암에 걸리거나 팔이 절단되거나 하면 자연스럽게 자신의 몸으로 이식할 것이며 그것을 전문적으로 해주는 병원 기업이 생길 것이다. 복제된 그 인간은 의식이나 이성을 가지지 못한 채 단지 몰모트처럼 사육되다가 주인의 몸을 위해 실험실의 도구로 사라져 갈 것이 틀림없다.

누가 이런 세상이 오지 않는다고 장담할 것인가? 그것이 과학의 이름으로 위대한 문명의 힘으로 얼마나 자랑스럽게 자행될 것인가?

인간의 이성과 윤리가 현재의 수준에서도 이것을 용납해야 한다는 쪽으로 기울고 있는데 몇십 년 뒤쯤에야 이런 윤리를 언급한다는 것조차 바보처럼 보이지 않을까? 그러므로 우리가 정작 개발해야 할 것은 물질문명이 아니라 영혼의 지혜와 지식일 것이다. 기독교지도자는 이러한 장밋빛 21세기의 환상에서 깨어나야 한다.

미래학자들은 한결같이 새로운 시대의 도래를 예언한다. 즉 New Age Movement이다. 지나온 어떤 세기보다도 다음 세기는 인간이 최대의 행복한 삶을 누릴 것이요 예측할 수 없을 만큼의 풍요를 누릴 것이라고 한다. 지역과 국경의 개념은 사라지고 정보가 공유되고 교육 수준은 평준화될 것이며 사람들은 출근하지도 않고 집에서 일을 보게 되며 모든 사람이 자가용을 가지게 되고 우주로 여행하며 의학 발달로 장수할 것이라는 사실을 언급한다. 정부는 정부대로 기업은 기업대로 새 시대에는 꿈의 실현시대가 될 것이라고 청사진을 걸어 놓고 사람의 마음을 사로잡는다. '우리 회사에 투자하십시오.', '우리 주로 이사 오십시오.' 그러나 미안하게도 우리의 현실은 그렇지 않다. 그것은 참으로 큰 슬픔이다.

교회는 안 그런가? 대형교회들은 대형교회대로 줄어드는 빈자리를 메우려고 행여나 성도들이 딴 곳으로 눈 돌릴까봐 101일 성경통독, 총동원 전도운동, 100일 철야, 40일 새벽기도 총진군 등 별의별 희한한 명칭을 붙여 성도들의 혼 빼기 작전에 열중이다. 중형교회는 중형교회대로 교인 배가운동, 이슬비 전도 편지 등 있는 아이디어를 다 끄집어내고 개척교회는 그 틈바구니에서 숨 돌려 안정을 유지할 시간도 없이 쫓기는 현실이다. 그런 지금 우리 성도들은 무엇을 생각하고 있을까?

경제전쟁의 치열한 현장에서 날마다 쓰러지고 또 좌절을 맛보는 우리 성도들이 과연 내일을 바라보며 소망 가운데 차근차근히 대처하는 성도가 과연 몇이나 될까?

그럼에도 사람이 관건이다. 모든 학문의 종점은 인간학이다. 모든 정치 사회 구조의 정점도 인간이다. 또한 경영에서 경영혁신의 주체가 무엇이던가? 역시 사람이다. 사람을 변화시키는 것이 목적이고 사람을 움직이는 것이 프로그램이다. 프로그램을 위해 프로그램과 소프트웨어가 필요한 것이 아니고 사람의 능력을 배가시키고자 프로그램과 아이디어가 필요하다. 사람이 바뀌어야 환경이 바뀐다.

사람이 중생해야 세상도 중생한다. 사람이 영적으로 깨어야 교회가 영적으로 깨게 된다. 세상이 변화되기 위해서 교회가 필요하고 교회를 갱신하기 위해서 사람을 갱신해야 한다.

그러므로 교회성장 프로그램은 사람을 영적으로 변화시키는 것이어야 한다. 사람들이 말씀 중심, 성령 중심으로 깨어나지 않고서는 어떤 성장도 나타나지 않는다는 사실을 알아야 한다. 교회 내의 수많은 프로그램이 프로그램만을 위한 프로그램이 얼마나 많은가? 교회의 영적 성장을 위해서는 성도들을 영적으로 성장시키고 미래를 위해 준비하는 프로그램을 개발해야 한다.

하워드 스나이더는 그의 책 「21세기 교회의 전망」에서 21세기 중요한 동향 10가지 중에 두드러진 한 가지로 성직자-평신도의 계층적 구분이 사라지고 사역자들이 공동체로 변모할 것을 내다보고 있다.

복음은 모든 세대의 모든 인류를 위한 불변의 진리이다. 예수 믿어야만 구원받는다는 진리를 바꿀 계시는 결코 없다. 그러나 복음을 전해야 할 교회가 터전을 두는 상황, 즉 환경과 그 속에 있는 사람들의 가치체계는 변모한다. 그래서 역사가 바뀌지 않으면 망한다는 것은 세상의 이치이다. 미래는 지금 준비하는 사람의 것이다.

리더십은 결국 예수님의 삶을 보고 배우는 것이다. 교회가 예수의 생애와 사역을 가르치는 것은 예수의 교훈을 가르치는 것과 똑같이 중요한 일이다. 왜냐하면 주님의 말씀이 그의 생애와 분리될 수 없기 때문이다. 그러나 새로운 시대에는 새로운 적용이 필요하다. 21세기 바람직한 목양 리더십에 대한 고찰은 그래서 필요하다.

목회자는 하나님이 인간 영혼의 돌봄과 치유를 위해서 세워주신 하나님의 대리자이다. 즉 하나님께서 인간들 가운데서 자신을 대리하여 사신의 직분을 행할 자를 선택하사, 하나님의 목회를 수행토록 위탁한 영적 지도자들이다.

다시 말해서 목회자의 일은 본질적으로 목회자 자신의 인간적인 일이 아닌 하나님의 일 즉 하나님께로부터 위임받은 것이다. 그런 의미에서 목회자는 그분의 신실한 도구이자 그분의 충성스러운 종으로서 그분의 계획을 이루어 나가도록 삼위일체 하나님께 자신을 열어 자기 안에서 새 일을 창조하게 하고 하나님의 사랑과 은혜와 능력으로 넘치게 하여야 한다. 그리고 목회자 안에 오셔서 목회자를 사용하여 일하시는 하나님께 자신을 지도하게 하여야 한다.

목회는 하나님께서 목회자에게 맡기신 거룩한 사역이다. 그러므로 목회자는 하나님의 뜻을 온전히 분별하고 다원화되는 사회 속에 적응할 수 있는 새로운 문화 적응력을 갖추고 세상의 변화에 발맞추어 그 변화를 포용하고 대처할 수 있는 모습으로 변화되어야 한다.

21세기는 사람들에게 기대와 불안을 함께 주고 있다. 또한 21세기 사회의 변화상과 구조적 변화는 목회의 기초가 흔들릴 정도로 혼란을 가져오며 목회의 근본적인 변화, 특히 목회자의 지도력을 요구하고 있다.

교회 부흥은 목회자의 강력하고 조직적인 지도력과 그가 위임하는 평신도 지도자들의 적극적인 참여 여하에 달린 경우가 많다. 교회를 책임 맡은 목회자와 평신도 지도자들이 영적인 지도자로서의 삶을 살수록 성령의 역사, 훌륭한 설교, 열정적인 기도와 함께 효과적인 지도력은 교회 성장의 영적인 차원을 대변해 주는 역동성 중의 하나라고 할 수 있다.

그러므로 지도력에 대해 올바로 알고 지도력을 개발하는 것은 교회를 맡은 목회자의 당연한 노력이며, 차라리 의무요 책임이라고 할 수 있을 것이다.

지도력에 대한 연구는 기업 경영이나 군 지휘론에서 다양하고 활발하게 연구되어 온 것이 사실이다. 이미 사회과학 분야에서는 학문으로써 굳건한 자리를 마련하고 있다. 그러나 교회에서는 그 중요성에도 최근 들어 많은 연구서가 나오고 있지만, 아직도 초보단계라고 할 수 있을 것이다. 한국교회의 목회자들은 대단한 성취 욕구가 있음에도 건전한 지도력의 결여로 지도력과 독재주의적인 형태를 혼동하고 있다.

교회에서 특히 목회자의 지도력은 사람을 권면하고 그러면서도 동시에 감동을 주어 변화를 촉진해야 하기 때문에 더욱 어려운 동시에 그만큼 중요하다고 하겠다.

교회의 지도자가 가져야 할 지도력은 일반적으로 영적이다. 교회에서 지도력은 동기 부여와 설정에도 필요하고 가치를 평가하고 무엇인가를 성취하는데도 필수적이다.

아무런 대가 없이 오직 신앙만으로 자발적으로 따르게 한다는 특징을 지닌 목회자의 지도력은 더욱 어려운 것인지도 모른다. 또한 인간의 힘만으로 되는 것이 아니라 그 권위가 하나님에게서 오지 않으면 안 되는 것이 바로 목회 지도력이다. 그래서 기독교 지도자의 요건은 능력뿐 아니라 영적인 면의 신앙과 정서적인 면 등 일반 경영의 지도력과는 전혀 다른 더욱 다양한 형태의 퍼스낼리티가 요구되는 것이다.

한국교회가 이미 중병에 걸려 이제는 능력을 발휘할 수 없다는 것은 이미 개혁의 대상이 되었다는 말과 같다. 개혁 없이는 새로운 변화를 기대할 수 없다. 바야흐로 세상은 비트(bit)로 표현되는 디지털 세상이다. 모든 매체가 디지털시대의 도래를 선언하면서 새로운 패러다임 속에 안주하면서 코페르니쿠스의 선언을 단죄하였던 오류를 범하는 것이다.

1898년 미국의 특허청장 듀엘(Chales Duell)은 '이제 발명될 수 있는 것은 모두 발명되었다."라고 했다. 이 말은 아주 틀린 말이었다. 이러한 특허청장 밑에서 무언가 새로운 아이디어와 기술의 진보가 일어난다는 것은 기적이 아닐 수 없다. 1898년 이래로 세상은 얼마나 더 많은 것을 발명하였고 발견하였는가? 사람들이 그의 말을 받아들였더라면 세상은 그때 멈추어 버리고 말았을 것이다.

그러나 문제는 오늘 우리 교회의 지도자 중에서도 이런 말을 하는 사람들이 있다는 것이다. "신학도 이제 갈 만큼 갔다." 아니면 "종교개혁 이래로 칼빈이 발견한 더 이상의 교회조직은 필요 없다."라고 말하는 사람이 얼마나 많은가? 아니 직접적으로 그런 말은 하지 않지만 유, 무언에 관계없이 그저 전통에 얽매여 더 새로운 시야를 가지지 못하는 목회자들이 또 얼마나 많은가?

우리는 주님을 위해서 더욱더 위대하고 큰일을 계획해야 한다. 이것은 오직 창조적인 사고로만 가능하다. 시대가 바뀌었고 또 급속하게 바뀔 것이다. 전혀 예측도 할 수 없는 세대들이 일어날 것이다. 이전의 사고와 가치 체계로는 도저히 설득할 수 없는 신세대가 탄생할 것이다. 다음 시대를 예견하고 꿰뚫어 보는 영안이 없다면 우리는 분명 복음의 능력이 상당히 도전을 받는 시대를 맞이하게 될 것이다. 일꾼을 미리 뽑고 키우는 일을 게을리 하면 예상치도 못한 엄청난 파국을 맞이하게 될 것이다.

다음 세대의 복음화를 위하여 지금 준비해놓지 않으면 복음전도의 접촉점을 잊어버릴지 모른다는 생각이 지배적이다. 컴퓨터를 켜 놓고 오늘 우리의 문제를 입력시켜보면 공통으로 발견되는 병리적인 현상, 그리고 성장 저해 요인들이 나타난다. 이것을 분석해 보고 또 다음 세대의 전망을 입력시켜서 어떤 세대가 도래할 것인지를 분석해 보자.

2) 현대 문명과 기독교 지도력

20세기 동안 교회가 끊임없는 도전에 시달려 왔던 것처럼 지금의 21세기도 우리의 믿음을 요구하는 엄청난 도전이 밀물처럼 몰려올 것이다. 선택은 없다. 그것이 성령의 발언이요, 주님의 명령이다. 아직 복음은 땅 끝까지 전파되지 않았고 아직 주님이 재림하시지 않았기 때문에 오늘도 제자들에게 하신 말씀 "그러므로 너희는 가서 모든 족속으로 제자를 삼아 아버지와 아들과 성령의 이름으로 세례를 내가 너희에게 분부한 모든 것을 지키게 하라"는 명령은 유효하다.

컴퓨터가 보급되면서 우리 삶의 모양새가 매우 달라졌다. 우리는 이제 한 치 앞도 예상할 수 없는 빠른 속도의 변화에 우리 스스로 놀라는 시대에 살게 된 것이다. 과연 이 21세기의 끝은 어떤 모양으로 우리 앞에 서게 될 것인가? 2000년대는 우리 교회 앞에 어떤 상황들을 전개할 것인가? 이 문제는 자못 심각하고도 큰 도전이다.

응전하여 싸울 것인가? 아니면 지켜보면서 수동적으로 따라가다가 적절하게 변화해 갈 것인가? 이것도 저것도 아니라면 세상이야 변하는 말든 고전적인 모양과 형태를 고수하며 좀 더 깊은 피안의 세계로 안주할 것인가?

성경은 선포한다. 새로운 세대가 우리에게 어떤 모습으로 전개되든지 간에 도전에 대하여 능동적이고 적극적으로 응전해야 하는 것이다. 주님의 지상명령인 '세계복음화'에 순종해야 하기 때문이다.

한국교회의 갱신과 새로운 디지털 시대의 리더십 그리고 목회를 위하여 다음의 세 가지를 살펴보아야 한다.

첫째는 하드웨어 부분이다. 즉, 주님의 지상명령 성취를 위한 성경이 말하는 교회와 그 구조론에 대한 제고이다. 도대체 주님은 21세기에 어떤 교회를 세우기를 원하셨는지 집중적으로 파고들어야 한다고 본다. 여기에 리더십의 위치가 있다.

둘째는 소프트웨어 부분이다. 즉 세계복음화를 위한 성경 말씀의 구조는 디지털시대라고 할 수 있는 21세기에 어떻게 프로그램 되고 적용되어야 하는지를 찾는 것이다. 여기에 리더십의 적용이 있다.

셋째는 파워, 즉 에너지이다. 하드웨어와 프로그램을 알고 있다고 하더라도 힘이 없으면 성공적으로 적용시킬 수 없다. 그러므로 디지털 시대에 하나님의 능력을 덧입는 원리를 제시받아야 한다. 이 끊임없는 에너지를 말씀과 기도로부터 공급받아야 한다. 여기에 리더십의 능력이 있다.

리더 앤더슨은 그의 책「21세기를 위한 교회」에서 21세기 교회의 모습을 다음과 같이 전망하고 있다.

첫째, 21세기는 정교한 사고나 신학적 체계보다는 오히려 초자연적인 것을 경험하는 데 더 많은 관심을 둘 것이다. 확산된 영적 목마

름은 효과적인 복음 전도를 위한 좋은 기회가 될 것이다.

둘째, 20세기는 통합화, 제도화, 관료주의가 특징을 이루는 반면에 21세기는 공동요소에 근거해서 사람과 그룹과의 느슨한 연관을 시도하는 네트워크를 지향하게 될 것이다.

셋째, 교회의 새로운 모습과 형태로서 열 가지 교회의 모습을 볼 수 있을 것이다. 즉 대형교회, 메타처치, 평일교회, 가정교회, 기독교사원, TV교회, 월마트교회, 새로운 형식의 교회, 무교회주의, 전통적인 교회 등이다.

또 김재헌은 이러한 현대목회의 위기를 "위험한 징조 10가지"로 설명한다.

첫째, 비전의 증발현상이다.

비전은 하나님의 교회를 성장시키는 가장 중요한 이슈이다. 2000년 들어 교회는 잃어버리고 있다. 목회란 비전이 확실하고 튼튼한 만큼 성장한다. 수많은 목회자가 너무나도 많은 성장 장애를 가지고 있다. 나 자신까지도 얼마나 많은 순간 이 장애요소를 발견하고 좌절하는지 모른다. 목회자의 인격이나 기본적 자질 결여로 다 쌓아 놓은 구조를 일시에 무너뜨리고 만다. 그러나 그보다 더 큰 문제는 목회자들이 교인들에게 제시할 비전이 없다는 것이다. 신학교가 목회자 후보생들에게 비전을 심어 주고 제시해 주지 못하는 것이다.

다음 세대를 예견하고 다음 세기를 준비해서 상황에 대처해야 할 신학 사명이 실종되고, 앵무새처럼 죽은 교리만을 줄줄 외우는 사변 신학을 공부하느라 지쳐서 제대로 깊은 공부 한번 해 보지 못한 채 졸업하는 것이 사실이다. 비전의 결여는 참으로 심각하다. 많은 목회 후보생이 왜 신학교에 와서 신학공부를 해야 하는지조차 모르고 있다. 개신교회의 성장과 부흥을 꾀해야 할 지도자로서 훈련받고 있음을 깨달아야 하는 데 대개의 신학생이 졸업 후에 무엇을 해야 할지 방향을 잡지도 못한 채 학교 문을 나서고 있다. 목숨 바칠만한 비전 없이 신학교 문을 나서고 있다는 것은 얼마나 위험한 일인가?

목표와 비전이 분명해야 방법이 나오고 아이디어가 나온다. 비전의 증발 현상은 우리가 생각하는 것보다 훨씬 심각하다. 모두 한결같이 '안 된다' 는 패배주의에 젖어 있다. 매년 10%씩 성장하던 한국 교회가 마이너스 성장을 하는 가장 큰 이유는 이 시대에 제시할 비전을 우리가 상실하였다는 것이다.

둘째, 신학 부재를 꼽을 수 있다.

우리는 과거 2000년 동안 그 어느 때보다 축적된 신학적 연구와 바탕을 갖고 있다. 그리고 전 세계적으로도 얼마나 많은 신학교를 갖고 있는가? 그렇지만 오늘 또 우리는 얼마나 깊은 신학적 빈곤을 느끼고 있는가? 계속되어온 신학적 도전 때문에 신학 목표와 목적이 상실되어 버렸다고 해야 옳을 것이다.

신학 목표는 교회를 섬기는 것이다. 교회의 목표는 그리스도의 지상 명령을 수행하는, 하나님의 명령을 수행하는 하나님의 기관이요 그리스도의 기관이다. 세계복음화를 위한 하나님의 전략적 도구요 하나님 나라의 완성을 위한 전술적 수단이다. 교회를 향하여 도전해 오는 거짓 신학을 찾아내고 분별하여 복음의 세계적인 선포를 돕는데 신학의 참 목적이 있다. 누가 교회의 성장을 막을 수 있다는 말인가?

AD 6세기가 지나 당시의 전 유럽이 복음화 되고 기독교인이 되었음에도 하나님의 열심은 아메리카, 아프리카, 아시아까지도 복음화 하시고자 "독수리가 제 새끼의 둥지를 털듯이" 그들을 내모셨다. 그래서 아시아의 동쪽 끝에 있는 우리가 복음을 들을 수 있었던 것이다.

논리가 없는 열심은 이내 사그라지는 짚불과 같다. 목사에게 신학적 근거가 빈약한 프로그램이 있다면 그 프로그램은 얼마 못 가서 열매도 맺지 못한 채 시들해지고 말뿐이다. 신학이 부재하다는 이유가 그것이다. 목사들이 교회 성장을 위해서 몸부림을 치면서도 실상은 성도들을 움직이게 할 신학적, 신앙적 근거들이 빈약하다는 것이다. 젊은 청년들이 교회를 떠난다고 아우성이다. 그것은 교회가 그 청년들에게 많은 짐을 지웠기 때문이 아니라 그들로 하여금 목숨을 내놓을만한 진리를 선포하지 못했다는 뜻이다.

마태복음 13장의 귀중한 두 비유, '밭에 감춰진 보화' 천국, 곧 하나님의 나라는 발견한 자로 하여금 완전히 미치게 하는 데에 그 능력이 있다. 참된 신학은 찾는 자에게 번득이는 보물이 된다. 한 번 보기만 해도 가진 모든 소유를 다 팔아서라도 갖고 싶은 논리적 타당성이 있어야 교회성장의 기초는 마련된다.

셋째, 불신앙이다.

지난 세기 오순절 파의 성공은 교회들에 많은 영향을 준 것이 사실이다. 와자지껄한 그 사람들이 훨씬 믿음 있어 보이는 것은 사실이다. 많은 수의 목회자들이 오순절주의자들이나 은사주의자들의 모임에 기웃거리며 그들에게서 무엇인가 배울 수 있을 것이란 기대를 하고 쳐다보았던 시간이었다. 이러한 현상은 우리의 믿음 없음을 반영한다고 하겠다. 믿음으로 행한다는 것은 지식으로만 되는 것도 아니고 그렇다고 맹목적인 열광으로 되는 것도 아니다. 전자는 메마른 경건주의로 흐를 위험이 있다면, 후자는 끝도 없는 신비주의 황홀경으로 빠져들어 성경에도 없는 기독교를 만들 소지들이 다분히 들어 있다.

믿음이 없다는 것은 둘 다를 포함하는 말이다. 다시 말해 뜨거움 없는 이성적 신앙태도 불신앙이요, 오순절적 은사주의의 끝없는 감정주의로 불신앙의 한 모습일 뿐이다.

'영성'이라고 할 때 한국인도 다분히 성령님 중심으로 생각한다. 그래서 서구인의 신앙이 정적이며 꾸준하고 지속적인데 반해 한국인의 신앙 양태는 동적이며 가변적이고 인격적으로 성숙하지 못했다. 어쩌면 인간 속에 있는 양립할 수 없는 이성과 감정의 대립이 이렇게 나타나 발전했는지 모르겠다.

그동안 한국교회의 부흥운동들이 그러한 사실을 잘 반영해 주고 있다. 종래의 교회가 너무 감정적 성령세례를 강조하여 신앙의 개인화와 초월화에 공헌했다면, 제자훈련을 하는 교회는 메마른 합리주의와 이성주의로 치달아 냉랭한 교회를 만든 감이 있다. 로버트 버크먼이 얘기한 대로 현대에서 우리는 불행하게도 사도적인 열정을 가진 목회지도자가 부족한 형편이다.

넷째, 지도력의 결핍이다.

한국교회는 심각한 리더십의 도전을 받고 있다. 장로들의 무지와 목회 침범으로 많은 목회자가 위장병에 시달리고 있다는 말이다. 훈련되지 못한 평신도 지도자들을 이끄는 데에는 탁월한 리더십이 필요함에도 이들을 바로 이끌 수 있는 지도력이 없어 교회마다 분열의 상처를 안고 있다.

결국 세상을 리드해야 할 교회가 오히려 세상의 리드에 이끌려 가는 참담한 현실을 우리는 봐야만 했다. 오죽하면 "공자가 죽어야 한국교회가 산다."고 했을까. 유교적 장유유서의 전통이 장로제도를 '원로제'로 바꾸어 버리고 말았기 때문이다.

이러한 원로제는 교회 내에서 "최고 경영자"라고 할 수 있는 담임목사의 지도력을 분산시켜 능동적인 복음사업을 수행하지 못하게 하고 있다. 목회자들이 열정을 가지고 일을 추진하도록 돕지 못하고 오히려 김을 빼는 장로제는 개혁되어야 마땅한 것이다. 하지만 목회자도 개방된 리더십을 가져야 한다. 그래서 신임투표를 통해 신임을 정기적으로 물어 '열린 리더십'을 가져야 하고 또한 장로들도 사무

투표제 등을 도입하여 '열린 리더십'의 공유를 꾀하여야 한다. 이제는 교회가 열린 리더십, 지도력을 개발하고 길러야 한다. 지상의 교회는 변화하는 세상의 체제 속에서 능동적으로 복음을 전하고 다음 세대에 하나님 나라를 확장해서 넘겨줄 책임이 있다. 절대적인 지도력이 필요한 것도 이 때문이다.

다섯째, 평신도 지도자의 부족이다.

90년대 이후 한국교회의 목회자들이 동시에 느끼는 갈등과 도전이 있다면 그것은 사역의 짐을 나누어 질 평신도 지도자들이 없다는 사실이다. 우민목회(愚民牧會)의 결과이다. 그 결과 이단들이 언제든지 양을 노략질해 갈 수 있게 되었다. 무책임한 목회의 결과이다. 이단들 앞에서나 불신앙인들 앞에서 구원의 도리를 설명할 수 있는 알곡 신자, 그리스도의 정병으로 만들어야 했는데도 불구하고 나약한 신자만 양산해 내었다. 한국교회의 쇠퇴를 촉진하는 다섯 번째 바이러스는 훈련된 평신도를 갖지 못했다는 것이다.

여섯째, 21세기에 대한 준비 부족이다.

"오늘날 교회를 바라보고 있노라면 슬픔이 앞을 가릴 때가 잦습니다. '부르심을 받은' 많은 사람 가운데 대부분이 전혀 '부르심을 받은' 사람들처럼 행동하지 않기 때문입니다. 그러한 사람들의 행위를 보면 어떤 때는 그들이 흑암의 왕국- 자신들은 그곳에서 이미 벗어났다고 생각하지만- 백성처럼 보이기도 합니다. 지구 상에 있는 교회에서 우리가 발견할 수 있는 일은 너무 많습니다. 시기, 다툼, 경쟁, 분쟁, 사랑의 결핍, 무관심 그리고 이기심 같은 것들이 바로 그것입니다. 교회에 사랑이 없고 하나님께 드릴만한 열매가 없고, 영력이 부족한 것은 신자들이 언제나 반항적이기 때문이 아닙니다. 그들은 나쁜 사람들이 아니며 버릇없는 사람들도 아닙니다. 그렇게 된 이유는 간단합니다. 그들은 아직 어린아이들입니다. 그들은 더 많이 줄 수도 없으며 더 많이 복음화 되지도 못했습니다. 그들은 반항아라서가 아니라 아직 어리기 때문입니다." 후안카를로스 오르띠즈의 말이다.

우리의 성도들은 복음화도 덜 되었을 뿐 아니라 미래에 대한 준비도 덜 되었다. 도대체 다가오는 디지털 시대에 교회가 어디로 나아가야 하고 믿는 사람들은 어떻게 대처해야 하는지 전혀 사전 가르침을 받은 적이 없기 때문이다. 성도들의 전인격과 이성이 복음화 되어야 한다. 그들의 전 생애가 그리스도께 드려지고 전 사업과 기업이 복음화 되어야 하는 것이다.

21세기를 내다보면 교회가 해야 할 일은 너무나도 많은 데 준비가 덜 된 관계로 속수무책으로 방관만 하는 것이 오늘날 교회의 모습인 듯하다. 21세기 교회가 다시 성장하려면 복음화를 가로막는 요소를 제거해야 한다.

일곱 번째, 나약한 메시지이다.

기독교는 설교의 종교이다. 일방적인 선포가 기독교의 근간이다.

다시 말해 계시의 종교라는 말이다. 하나님께서 인간에 대한 자신의 존재와 뜻을 보여 주심으로 인간이 반응하는 것이다. 계시가 아니라면 그것은 인간의 연구나 탐구에 의해서 하나님이나 실체에 대하여 나아간다는 것인데, 사람은 칼빈의 고백처럼 이성의 전적인 타락과 부패 때문에 결코 하나님을 알 수도 만날 수도 없다.

설교는 예수 그리스도의 일방적인 구원의 은혜와 그분의 이름으로만 죄 사함을 받고 영생을 얻는 '중생'이 이루어짐을 선포하는 것이다. 예수 그리스도의 대속적 죽음의 놀라운 구속사역을 증거 하려면 사람들의 죄악성을 낱낱이 파헤쳐야 하는데 그것이 또한 기독교 설교의 핵심이다. 예수 안에서 구원받고 영생 받은 자의 할 일도 오직 예수 그리스도로 새로워지는 것이다. 그리스도의 인격을 닮아 굳게 뿌리내리도록 하는 것이 설교의 중심 목적이다.

21세기를 바라보며 우리가 고민하는 것은 메시지 속에서 예수 그리스도의 사랑과 은혜가 약화되고 있다는 것이다. 예수 그리스도를 믿고 의지하는 것만으로는 부족하다는 식으로, 다원주의는 예수 아니라도 다른 구원의 길이 있다는 메시지를 내보내라고 유혹하고 있다. 죄를 지적하고 낱낱이 파헤쳐 결국은 십자가를 붙잡게 하는 강력한 메시지가 들리지 않고 있다는 것이 불길한 징조이다. 설교는 더욱 원색적으로 그러나 방법은 가장 첨단적으로 해야 할 시점이다.

여덟 번째, 기도의 쇠락이다.

기독교가 설교로 시작되어 진다. 동시에 메시지에 반응하는 인간의 기도가 필요한 종교이다. 기도란 인간이 가진 성경의 약속에 대한 믿음을 표현하고 반응하는 인간의 의지이다. 사람은 누구나 기도의 고갈을 느낀다. 하나님의 구속 사업에서 그 어떤 수단보다도 하나님의 전지전능하심과 그 경륜에 의지하는 기도가 없다면 사상누각일 뿐이다. 기도의 쇠락! 그것은 분명히 위험한 징조이다. 한국교회가 물질적 빈곤과 사회적 열악한 환경 속에서도 오늘날과 같은 경이로운 부흥을 맞이하게 된 것은 하나님밖에는 의지할 것이 없었던 지난날의 상황 때문이었다. 그러나 상황이 나아지자 기도 소리는 작아지고 기도 시간은 줄어들었다. 참으로 슬픈 일이다. 기도란 인간이 가질 수 있는 최고의 겸손이다. 그것은 하나님의 보이지 않는 손을 믿는다는 강력한 의지이다. 바람직한 리더는 올바른 비전의 목표 위에서 기도를 해야 한다.

아홉 번째, 성령에 대한 불신이다.

디지털시대 가장 큰 적은 성령의 능력에 대한 불신이다. 과학과 정보 만능의 사회는 초자연적인 하나님의 권능과 성령님의 권능에 대한 불신으로 이어지고 있다. 나아가 신자들까지도 성령님께 맡기고 그분의 역사하심에 의뢰하기보다 사람의 지혜와 방법 그리고 세상의 술수와 권력에 의지하려는 경향이 농후해지고 있다. 디지털시대에 복음의 권능을 회복하게 하려고 하나님은 교회와 그 성도들에게 보혜사 성령님을 보내어 주셨다. 오순절 마가 다락방의 성령 강림 사건은 디지털 시대를 살아가는 우리에게 큰 힘을 준다. 성령의 강림은 최후 승리에 대한 보증이다. 따라서 우리는 오순절 마가 다락방의 약속에 따라 디지털 시대를 정복할 힘을 달라고 간절히 구하고 기도해야 한다. 성령님의 부어주심을 아버지께 구하여야 한다.

열 번째, 실패에 대한 두려움과 순교정신의 결여이다.

교회의 두 적이 있다. 첫째는 외적인 핍박이고, 둘째는 내적인 타락이다. 교회사를 보면 교회가 핍박을 당할 적에는 순교정신으로 신앙의 순수함을 지켰다. '흔들리지 않고 견고한 성'인 하늘나라를 바라보며 순례자의 길을 걸어갔다. 하지만 평화의 때가 와서 내적인 혼합주의와 배금주의에 빠지면 영적으로 눈이 어두워져 어김없이 망하였고 포로가 되어 끌려갔다. 순교정신은 핍박기에만 필요한 것이 아니라 타락기에도 필요하다. 순교정신을 이야기하는 교회나 목사는 인기가 없다. 이것이 위험한 징조이다. 실패를 두려워하는 사람은 도전하지 않는다. 실패를 두려워하는 사람은 다시는 교회를 건축하거나 개척하지 않는다. 죽기를 각오하고 목회한다면 죽든지 부흥하든지 할 것이다.

이 시대에도 순교를 결심하는 리더가 필요하다. 첫째는 진리를 위해서이고 둘째는 세속화를 막기 위해서이다.

예수께서 부활하신 후에 베드로를 다시 만났다. 주님을 부인한 죄로 주눅이 들어 있는 베드로를 새벽 갈릴리에서 다시 부르시고 이렇게 물으셨다. "요한의 아들 시몬아, 네가 이 사람들 보다 나를 더 사랑하느냐?"(요 21:15).

이 질문은 세 번이나 반복되었다. 예수님을 처음 만났던 그 갈릴리 해변이요, 예수를 세 번째 부인했던 닭이 우는 그 새벽이었다. "그러하외다. 내가 주를 사랑하는 줄 주께서 아시나이다."

주님은 그에게 "내 양을 치라"고 말씀하셨다.

그렇다. 목회란 양을 치고 먹이는 것이다. 그리고 그 결과 양이 새끼를 치고 양떼가 늘어나는 것이다. 주님은 자신이 먼저 목자라고 말씀하셨고 우리도 주님의 양을 치는 목자가 되라고 하신 것이다. 우리의 양이 아니라 주님의 양을 치는 것이다.

지도력이란 결국 주님의 양떼를 먹이고 돌보는 것이다. 그 결과 양떼가 늘어나도록 하는 것 아닌가? 교회가 성장하도록 하는 것이 양을 치는 것이다.

우리가 주위에서 볼 수 있는 지도력을 살펴보는 것도 중요하리라 믿어진다. 고대 삼국지에서부터 현대의 기업 경영에 이르기까지 사람이 모인 곳에는 어김없이 어떤 형태로든 지도력이 발휘되기 마련인데, 좋은 지도력의 발휘는 결국 일의 열매를 모든 구성원에게 나눠주게 된다.

① **권위적인 지도력**

이것은 직접적인 지도력이라고 볼 수 있을 것이다. 이는 수용성이나 능동성에서 낮은 집단을 제어할 때 나타나는 지도력이다. 권위적인 지도자는 사람들의 이익을 위해서보다는 권력의 남용으로 흐를 경향이 있다.

② **방임형 지도력**

이것은 수용성이 높은 집단, 능동성이 높은 집단을 지도할 때 나타날 수밖에 없는 지도력으로 매우 협조적인 형태로 지도력이 행사될 수 있다. 그러나 방임형 지도자는 그 조직에 지도자의 존재 자체가 보이지 않으므로 조직의 와해 가능성까지 있다.

③ **과업 지향적 지도력**

과업 지향이란 사람보다 일을 중심으로 지도력을 발휘하는 사람을 말한다. 사람은 일이라는 목적의 수단으로서, 일을 맡긴 후에라도 적당하지 않으면 이른 시간에 다른 사람으로 교체되는 지도력이라 할 것이다.

④ **사람 지향적 지도력**

사람 지향적인 지도자는 일보다도 사람을 중시한다. 그러나 인정에 의한 지도력의 발휘는 결국 일 자체를 거스를 위험이 있다.

그러면 어떤 지도력이어야 하는가? 무엇보다 교회에서 지도력은 분명한 목표가 있다. 그것은 지도자가 교회를 성장시킨다는 철저한 의식이 있어야 한다. 교회성장형 리더십이란 어떤 것인가? 교회성장연구소가 제시하는 교회성장형 리더십은 다음의 7가지로 제시된다.

① **영적인 권세**

하나님의 내적 음성을 듣고 사도적 리더십을 소유해야 한다.

② 비전과 환상

　비전과 꿈을 목적으로서 의식화하라.

③ 깨어짐과 자기 항복

　개인적 야심과 교만을 극복하고 하나님께 순종하라.

④ 효과적인 의사 전달

　기도와 독서를 통해 효과적인 설득력을 갖추어야 한다.

⑤ 위임

　책임과 분령을 효과적으로 분배하여 생산성을 극대화해야 한다.

⑥ 융통성

　다양한 상황에 대처할 수 있는 "상황 리더십"을 발휘한다.

⑦ 섬김

　성경은 교회의 직분을 장로, 선지자, 사도, 집사로 크게 나눠 놓았다. 바울도 자신을 집사라고 한 적이 있다. 이것은 그리스도를 위하여 복음을 들고 종으로서 심부름을 다니는 일꾼임을 고백한 말이라고 할 것이다.

　그런데 성경 어디를 살펴보아도 교회의 특정 직분인 집사, 장로, 감독, 목사, 교사가 정규 교육을 받아야 한다는 조건이 없다. 성경이 제시하는 조건은 단지, "너희 가운데서 성령과 지혜가 충만하여 칭찬 듣는 사람 일곱을 택하라." 여기서 말하는 성령 충만이란 성령의 내적 열매인 사랑, 희락, 화평, 오래 참음, 자비, 양선, 충성, 온유, 절제를 가리킨다.

지도자의 자격 요건은 어디까지나 카리스마적 성령의 은사와 열매인 것을 알 수 있다. 대천덕 신부는 "예수님 역시 학위증이 없다"고 하신다.

초대교회 집사는 임명이 있고 한두 세대가 흘러 바울은 교회가 세워진 곳에 교회의 직원을 임명하는 문제에 대하여 디모데에게 이렇게 글을 써 보냈다. "이처럼 집사들도 단정하고 일구이언을 하지 아니하고 술에 인박이지 아니하고 더러운 이를 탐하지 아니하고 깨끗한 양심에 믿음의 비밀을 가진 자라야 할지니 이에 사람들을 먼저 시험하여 보고 그 후에 책망할 것이 없으면…."(딤전 3:8-12)

여기서 시험이란 세상의 학문을 테스트하는 학벌이 아니고 신앙의 성숙을 시험해 보라는 것이다.

오늘날 자격 남발, 직분 남발의 문제는 심각하다. 그래서 필자는 이 문제를 놓고 오랫동안 고심에 고심을 더 했다. 사람들에게 끊임없이 따라다니는 또 하나의 '죄'인 '명예욕'은 교회 안에서 직분을 하나의 감투로 여기고 서로 차지하려고 다툼이 일어나고 있다. 한국교회 안에서 교회 분쟁 요인의 제일 첫째 원인은 직분 다툼에서 일어난다는 사실을 발견한 것이다.

안수집사, 장로 투표를 앞두고 담임목사를 상대로 유 무언의 로비전이 벌어진다. 그러다가 기대했던 사람이 떨어지고 나면 그만 교회는 걷잡을 수 없는 분쟁에 휘말리게 된다.

떨어진 사람 쪽에서는 자신의 부족은 인정하지 않고 담임목사 쪽에서 힘을 써주지 않았다는 쪽으로 마음을 먹고서는 사사건건 목사의 목회 사역을 간섭하기 시작한다. 교회는 이러한 문제를 사전에 해결하도록 규정집을 만들어 두어야 한다. 목회자의 지도력은 행정, 조직, 인사 모든 분야에서 확고한 원칙과 기준에 의해서 시행돼야 한다. 그래야 조직이 견고해 진다.

우선 교회의 직분을 바로 이해해야 한다. 교회의 사명은 이중적이다. 이것은 다음 장에서 최종적으로 결론을 내리겠지만 교회의 구조나 사명의 이중성은 우리가 흔히 목양이라고 하는 '양들의 관리'와 새로운 지역에 복음을 전하는 '전교(전도와 선교)'의 사역이다.

'목양' 즉 관리나 양육, 돌봄의 사역을 위해서는 행정, 관리, 재정, 치리 등의 역할이 있고 '전교'의 사역을 위해서는 전도와 사회봉사, 구제와 국제선교의 역할이 있을 것이다.

그러므로 현대를 헤쳐 나가려는 지도자는 변해야 한다. 캘리포니아 주 샌디에이고 시에 있는 스카이라인 위슬리안 교회의 담임목사 존 맥스웰은 변화하지 않는 목회자, 변화하지 않는 교회가 도태될 수박에 없다고 지적한다. 그러면 변화란 무엇인가? 우리가 원하는 변화란 무엇인가? 물론 그것은 종말론적인 삶을 사는 것이다. 애굽에서 탈출한 백성이 가야 할 곳은 오직 하나 '젖과 꿀이 흐르는 가나안 땅'이다.

〈히브리서〉에서는 그것이 그리스도인으로 들어서는 것이라고 했다. 예수 그리스도 안에 들어가서 안식하는 것이 첫째 종말론적인 삶이요, 둘째는 그리스도와 함께 하나님의 나라를 완성하는 것이다. 이때 성도 개개인이 해야 할 일은 복음으로 백성을 구원하는 일이요, 둘째는 구원받은 백성을 복음 전도자로 변화시키는 일이다. 즉 우리는 모두 예수 그리스도의 군사가 되어서 오늘날 이 세상의 주인인 사탄 마귀와 정면으로 싸우는 일이다.

이 세상의 모든 구조적인 악과 또한 개인적인 타락은 악의 교사자인 사탄 마귀로 말미암은 것이기 때문에 사람들의 심령을 훔쳐 간 악령의 세력에 대항하여 싸우는 일이 종말론적인 삶이다. 이때 우리 교회가 해야 할 일은 자명하다. 첫째도 복음 전파요, 둘째도 복음 전파이다. 그리하여 얻는 결과는 말씀이 왕성해 가며 교회가 힘을 얻어 가는 것이다. 주의 재림 때까지 교회는 일순간도 성장을 멈추어서는 안 된다. 교회가 그리스도의 몸을 세우는 건축과 땅 끝까지 확장하는 '교회성장의 사명'을 망각해 버린다면 소금이 소금이기를 포기하는 것처럼 그 생명을 포기한 것이나 다름없다. 이를 위해서는 '溫故知新(온고지신)'의 생각으로 리더십의 시너지 효과를 극대화해야 한다.

당장 중요한 것부터 시작하라
트레이시

가장 중요한 목표를 달성하려면
현재 당신이 할 수 있는 일이 무엇인지 파악합니다.

섬기는 리더십

 섬기는 리더십

1) 섬기는 리더십

정신장애인을 위한 라르쉬 공동체 중 하나인 데이브레이크에서 원목으로 있던 헨리 나우웬은 빌 반 뷔렌과 함께 워싱턴 D.C.에 있는 인간 개발 연구소(Center for Human Development) 15주년 기념행사에서 '21세기 크리스천 리더십'에 대한 강연을 하였다. 헨리 나우웬은 25년간 성직자로, 학계에서 목회 상담과 목회 신학, 기독교 영성 신학교수로 20년을 지낸 후 깊은 내적 위협을 경험하였다. 그는 영적 죽음(심리학적 용어로 '탈진(burnout)')의 와중에서, 세계를 지배하고 싶어 한 최고의 지성인 하버드에서, 몸과 마음이 상한 사람들의 보잘것없고 숨겨진 삶을 사는 라르쉬로 옮겨 살게 되었다.

라르쉬에서의 새로운 삶은 그에게 크리스천 리더십에 대해서 말할 수 있는 새로운 언어를 제공해 주었다. 그는 복음서의 두 가지 사건 곧, 예수님이 광야에서 시험을 받으신 사건(마 4:1-11)과 베드로를 목자로 부르신 사건(요 21:15-19)을 중심으로 이야기하였다.

하나님은 우리가 행하거나 우리가 이루어 놓은 일 때문에 우리를 사랑하시는 것이 아니라 사랑 가운데서 우리를 창조하시고 구원하셨기 때문에 또한 모든 삶의 진정한 근본인 사랑을 전하도록 우리를 선택하셨기 때문에 우리를 사랑하신다는 것이다. 예수님께 닥쳤던 첫 번째 시험은 현실에 충실하라는 것이었다. 즉 돌을 빵으로 바꾸라는 것이었다. 이 요구에 예수님은 '말씀 선포' 라는 자신의 사역을 고수하셨다.

기독교 사역의 가장 핵심 된 질문은 "네가 나를 사랑하느냐?" 하는 것이다. 미래의 지도자는 예수로 성육신 하신 곧 '육신의 마음'을 가지신 하나님의 마음을 진정으로 아는 사람이다. 그러므로 미래의 크리스천 지도자에게 가장 필요한 훈련은 바로 "네가 나를 사랑하느냐?"라고 계속 물으시는 그분의 임재 안에 거하는 묵상 기도의 훈련이 될 것이다. 하나님을 참으로 잘 아는 마음으로부터 모든 말씀이 선포되고, 하나님과의 깊은 인격적 관계에서 나온 진정한 증언을 할 수 있어야 할 것이다.

예수님이 받았던 두 번째 유혹은 뭔가 굉장히 열렬한 환호를 안겨다 줄 그런 일을 해보라는 유혹이었다. 경쟁사회의 분명한 한 측면인 스타 의식과 개인주의적 영웅주의는 교회에서도 전혀 낯선 것이 아니다. 목회란 공동체적 경험일 뿐만 아니라 상호관계의 경험이며 혼자가 아니라 '함께' 사역을 하는 것이다. 다시 말해서 예수 그리스도의 본을 따르는 '섬기는 리더십(servant leadership)'인 것이다.

미래의 크리스천 지도자는 깊은 기도에 몰두한 신비주의자일 뿐만 아니라 그들 자신의 부족과 연약함을 기꺼이 고백하고 용서를 구할 줄 아는 사람이어야 한다. 이는 목회자도 그 공동체가 책임져야 할 지체이며 공동체의 사랑과 지원이 있어야 하고, 상처 입은 자아를 포함한 그의 존재 전체로 사역하도록 부름 받았음을 의미한다.

예수님이 받았던 세 번째 시험은 힘에 대한 시험이었다. 기독교 역사상 기독교 지도자들은 끊임없이 정치적인 힘, 군사적인 힘, 경제적인 힘, 도덕적이고 영적인 힘 등의 시험에 굴복해 왔다. 예수 그리스도를 따른다고 자처하는 사람들이 행사한 바로 그 '힘' 때문에 십자군도 생겨났고, 종교 재판소들이 설립되었고 인디언들이 노예화되었으며 11세기 교회 대분열, 16세기 종교개혁, 20세기 거대한 세속화 등 큰 위기들이 있었다.

예수님은 성숙이란 자신이 가고 싶지 않은 곳으로 기꺼이 이끌려 갈 수 있는 능력이라고 하셨다. 기독교 지도자의 길은 이 세상이 지나치게 강조하는 '상향적' 길이 아니라 십자가에서 끝나는 '하향적인' 길이다. 그것은 힘과 지배의 리더십이 아니라 겸손의 리더십이며 거기에 고통 받는 하나님의 종 예수 그리스도께서 나타나신다.

한국 교회는 이제 잠에서 깨어나 진정한 리더십을 회복하여야 할 때이다. 하나님의 마음을 가지고 양들을 먹이며 그들의 필요를 채워

주되, 예수님의 본을 따라 양들로 하여금 생명을 얻게 하며 그들의 생명을 더욱 풍성케 하는 거룩한 부르심에 응답하는 리더십으로 거듭나야 할 것이다.

단체의 우두머리를 지도자라 한다. 지도자에게 가장 필요한 특질이 바로 리더십(leadership)이다. 이런 면에서 리더십과 지도자를 분리할 수 없다. 그러나 리더십은 단체의 장을 맡았다고 꼭 가진 것도 아니며, 아무런 감투도 쓰지 않았다고 가질 수 없는 것도 아니다. 전혀 리더십을 발휘하지 못하는 지도자가 있는가 하면, 한 단체의 공식적인 우두머리는 아니지만 그 단체에 실질적인 영향력을 발휘하는 사람이 있을 수 있다.

그렇다면 우리는 지도자라는 '자리' 보다는 지도력이라는 무형의 '영향력'을 검토하는 것이 더욱 중요하리라. 사실, 지도자의 크기는 그가 가진 영향력으로 결정된다. 지도자는 영향력을 발휘하여 한 단체를 비전과 사명으로 이끌어 목표를 달성해 나가는 일을 하기 때문이다. 요약하자면, 리더십이란 다른 사람에게 영향을 미치는 능력, 즉 사람들을 설득하고, 생각을 불어넣고, 동기를 부여하고, 유용한 변화를 선도해 나가는 능력이라고 할 수 있다.

2) 신앙인과 리더십

리더십 개념 정의에서 '자리' 보다는 무형의 '영향력'을 중시하는 것은, 주님의 사랑과 사역으로 부름 받은 우리가 빛과 소금의 역할을 감당해야 한다면, 그것은 리더십을 발휘하는 삶을 살아야 한다는 것임을 확신하기 때문이다. 신앙인은 그 삶으로 거룩한 영향력을 발휘해야 한다. 그렇다면, 인정하든 인정하기 싫든 신앙인은 이미 지도자의 삶을 요청 받은 것이다.

따라서 자신은 한 번도 지도자의 자리에 있어 본 적이 없다는 전력 때문에 자신을 과소평가해서는 안 된다. 우리가 진정 신앙인인가 하는 문제가 중요하다. 신앙인이라면 이제 리더십을 발휘하여 살아야 하는 당위성을 갖게 된다. 또한 자신의 약점 때문에 자신의 삶이 지도자의 삶이 될 수 없다는 부정적인 사고를 벗어 던져야 한다. 하나님께서 중요한 사명을 맡기려고 사람들을 부르실 때 그 부르심에 흔쾌히 따라나선 자들도 있었지만, 모세나 예레미야는 자신의 부족함을 내세워 부르심에 즉각적인 응답을 회피했다.

〈에베소서〉 2장 10절은 "우리는 그의 만드신 바라, 그리스도 예수 안에서 선한 일을 위하여 지으심을 받은 자니, 이 일은 하나님이 전에 예비하사, 우리로 가운데서 행하게 하려 하심이니라."라고 말씀하신다. 우리는 스스로 존재하게 된 것이 아니라, 하나님께서 선한 일을 위하여 만드신 존재라는 것이다. 따라서 자기 존재의 약점을 과대평가하며 부정적인 생각을 하는 것은 자신을 창조하신 하나님의 영광을 제한하는 행위가 된다. 또한 하나님께서 우리를 지으셨다는 사실은 우리가 당당히 리더십을 발휘할 수 있는 존재임을 보증해주는 사실이다.

신앙인이 리더십을 발휘해야 하는 또 다른 이유는 예수님께서 신앙인에게 주신 거룩한 사명 때문이다. "그러므로 너희는 가서 모든 족속으로 제자를 삼아 아버지와 아들과 성령의 이름으로 세례를 주고 내가 너희에게 분부한 모든 것을 가르쳐 지키게 하라."(마태복음 28:19-20) 이 구절은 주로 선교적 차원에서 이해되어 왔다. 하지만 예수님의 명령은 통전적인 의미를 담고 있다.

세상을 온통 하나님의 법과 은총이 충만한 곳으로 만들라는 것이다. 곧 신앙인은 거룩한 사명을 위해서 거룩한 영향력을 발휘하여 세상 변혁의 주체가 되어야 한다는 의미다. 그러므로 그리스도인이라면 누구나 거룩한 영향력을 발휘하는 지도자적 삶을 살아야 한다. 이것은 거부하거나 부정할 수 없는 신앙인의 본질적 특징이다.

3) 섬기는 리더십의 중요성

리더십의 변화를 가져오는 관계에 관한 것이다. 그런데 변화를 가져오는 것은 리더의 책임이다. 많은 사람이 리더십에 대해 이야기하고 가르치고 있다. 교회 내에서도 성경에서 말하는 교훈들로 이것을 가르치고 있다. 그런데 문제는 '진짜 리더'가 어디에 있는가 하는 것이다. 하나님은 지금도 여전히 '한 사람'을 찾고 계신다. 하나님께서 믿고 어떤 일을 맡기실 그런 사람을 찾고 계시는 것이다. 크리스천은 자신에게 아무리 작은 일과 소명이 주어지더라도 그것을 행해 나를 불사르는 자세가 필요하다. 그런 사람만이 리더십을 몸으로 깨달은 사람이라고 할 수 있다. 리더십은 단지 다른 사람을 '가르치고 이끄는' 그런 것이 아닐 것이다. 성경은 분명 그렇게 가르치고 있지 않다.

"예수께서 이르시되 이방인의 임금들은 저희를 주관하며 그 집권자들은 은인이라 칭함을 받으나 너희는 그렇지 않을지니, 너희 중에 큰 자는 작은 자와 같고 두목은 섬기는 자와 같을지니라…. 그러나 나는 섬기는 자로 너희 중에 있노라." (눅 22:25-27)

그러므로 섬기는 자! 그야말로 리더가 될 자격이 있는 자이다. 하나님을 섬기듯 사람을 섬기는 자, 그가 주님이 목자로 세우시는 사람이다. 직분을 맡았다고 해서 다 리더는 아니다. 양들은 목자의 음성을 안다. 누가 진실 된 자신의 목자인지 아는 것이다. 오늘날 '목자의 명함'을 가진 사람이 있지만 '양들로부터 인정된 목자'는 과연 얼마인지 의문스럽다. 재능과 은사를 가지고, 균형 잡힌 인격으로 봉사하는 목자를 주님은 필요로 하신다.

새벽부터 일어나 양들의 필요한 것을 살피며 밤늦게 양떼를 처소로 인도한 후 '악한 적들의 공경을 막는 장막을 살핀 후에야 자리에 눕는 사람', 우리는 그런 사람을 참된 목자라고 부른다. 주님이 그와 같은 분이셨다. 그러므로 본이 되신 우리 주님을 닮는 사람이 좋은 리더다. 그런 이들은 철저히 섬기는 자다. 말씀을 단지 가르치는 것이 아니라, 말씀을 전파한 후에 그것을 깨닫도록 도와주고 아무쪼록 그것의 삶에서 실천할 수 있도록 살피고 또 자신이 먼저 시범을 보이는 그런 '섬기는 자'이다.

다른 모든 삶의 영역에서도 마찬가지다. '사역자' 또는 '일꾼'이란 언어는 '섬기는 자'라는 뜻이 있다. 이는 주님이 가르친 교훈과 일치한다. 섬기는 자가 큰 자이기 때문이다. 그러므로 직분을 가진 자는 자신의 직분에 걸 맞는 "구체적인 섬김의 모습"을 보여야 할 것이다. 그럴 때 비로소 마땅한 존경을 받을 것이다. 만일 사람들이 그의 인격에는 감명을 받지 못하면서 단지 그 직분에만 순종과 존경을 표현한다면 그 일꾼에게는 영광이 없다. "개인이나 단체의 행동에 영향을 미치고자" 한다면, "변화를 가져오는 리더십, 즉 리더와 리더를 따르는 자 모두의 비전과 가치관, 포부를 새로운 기대치 수준으로 향상" 시키고 싶다면 섬기는 리더가 되어야 한다.

우리는 때로 교회 안에서 바른 리더십이 발휘되지 못한다 해서 성급하게, 돕는 위치를 이탈해서 스스로 목자의 행세를 하려는 충동을 받기도 한다. 그러나 어린 자는 앞선 자를 마땅히 공경하고 순종해야 함이 주님의 뜻이다. 비록 앞에서 인도하는 어른이 문제를 가질 수 있으나 그것을 바꾸려는 것은 하나님의 법에서 이탈되는 인간적인 방편이다. 그러므로 성경적이지 못한 방법으로 자신의 뜻이 회중 가운데서 실행되기를 바란다면 그는 선장의 키를 마음대로 빼앗아 보려 하는 무지한 선원이 되는 셈이다. 진정한 리더를 바라는 사람은 묵묵히 섬기는 삶을 보여야 할 것이다. 주께서는 우리가 순종하며 살 때, '때가 되매' 우리를 높이시겠노라고 약속하셨다(벧 5:8-9). 섬기는 자로서 리더십을 배우고 또 주님 앞에서 맡겨진 책임을 감당해야 할 것이다.

새 율법의 선포자이신 예수님께서 과거의 한계와 모순을 초월하는 사상과 삶을 보여주신 것처럼, 리더십에 있어서도 가히 혁명적이라고 할 수 있는 새로운 개념을 보여 주셨다. 예수님께서 새롭게 보여주신 리더십 유형을 섬기는 리더십(종의 리더십, Servant Leadership)이라고 부른다. 제자들이 자리다툼에 목소리를 높이는 것을 본 예수님은 제자들을 불러놓고 매우 중요한 말씀을 하셨다.

"너희 중에 큰 자는 너희를 섬기는 자가 되어야 하리라. 누구든지 자기를 높이는 자는 낮아지고 누구든지 자기를 낮추는 자는 높아지리라."(마태복음 23:11-12)

"이방인의 소위 집권자들이 저희를 임의로 주관하고 그 대인들이 저희에게 권세를 부리는 줄을 너희가 알거니와 너희 중에는 그렇지 아니하니, 너희 중에 누구든지 크고자 하는 자는 너희를 섬기는 자가 되고 너희 중에 누구든지 으뜸이 되고자 하는 자는 모든 사람의 종이 되어야 하리라."(마가복음 20:25-28)

"또 저희 사이에 그 중 누가 크냐 하는 다툼이 난지라. 예수께서 이르시되 이방인의 임금들은 저희를 주관하며 그 집권자들은 은인이라 청함을 받으나 너희는 그렇지 않을지니 너희 중에 큰 자는 젊은 자와 같고 두목은 섬기는 자와 같을지니라. 앉아서 먹는 자가 크냐 섬기는 자가 크냐 앉아 먹는 자가 아니냐 그러나 나는 섬기는 자로 너희 중에 있노라."(누가복음 22:24-27)

이 말씀을 조금 쉽게 풀어보면 다음과 같다. "세상 사람의 리더십은 권위적이다. 계급에 따라 아랫사람을 마음대로 다룰 수 있다. 그러나 너희는 그렇지 않다. 너희는 반대다. 높은 자가 되기를 원하는 자는 섬기는 자가 되어야 한다. 노예가 되어 섬겨야 최고가 될 수 있다. 나는 너희를 섬기고 있다." 예수님은 이 말씀처럼 사셨다. 인류 구원의 대업을 이루시고자 천상의 보좌를 포기하고 종의 형체를 입고 자기비하의 겸손과 섬김과 희생을 실천하셨다(빌립보서 2:6-8). 또 유월절 식탁에서 예수님은 손수 제자들의 발을 씻어주셨다.

당시 유대에는 신분이 낮은 자가 높은 자의 발을 먼저 씻어주는 관습이 있었다. 제자들은 먼저 남의 발을 씻어준다는 것은 스스로 자신의 지위를 낮게 인정하는 결과를 가져오기 때문에, 그리고 다른 제자들보다 더 높은 지위에 있어야 한다는 명예욕 때문에 선뜻 남의 발을 씻어 주지 않았다. 권력과 명예욕이 만들어낸 어색한 분위기 속에서 예수님은 팔을 걷어붙이고 제자들의 발을 씻어 줌으로써 섬기는 종의 모습을 극렬히 보여주셨다.

그런데 흔히 섬기는 리더십에서 제기되는 혼란이 있다. 섬기는 리더십은 종의 모습으로 남을 섬기는 것을 말하는 것이 아니다. 종이 종으로서 윗사람을 섬기는 것은 섬기는 리더십이 아니다. 겸손이 중요한 덕목이기는 하지만, 그것이 핵심은 아니다. 예수님은 절대적 권위를 가지신 분이었다. 예수님의 권위는 하나님에게서 온 것이다. 섬기는 리더십 또한 커다란 권위를 갖고 있어야 한다.

섬기는 리더십은 인격과 신뢰에 관한 것이다. 섬기는 리더십은 하나님께서 인정해주시는 권위를 가져야 한다. 사람들이 인정해주고 안 해주고 하는 세상의 판단은 중요하지 않다. 하나님 앞에선 진실한 구도자라면, 예수님이 주신 비전에 감동했다면, 그 사명에 가슴 벅찬 발걸음을 옮기고 있다면, 그 사람은 하나님에게서 온 권위를 가진 것이다.

섬기는 리더십이 토대가 되는 권위가 하나님에게서 온 것이라면 그 목표 또한 하나님을 지향해야 한다. 예수님은 분명한 목적을 갖고 이 세상에 오셨고, 그 목적을 다 이루셨다. 예수님께서 모범을 보여주셨던 섬기는 리더십도 결국 이 목적을 이루는 데 사용되었다. 이 말의 의미는 섬기는 리더십에도 목적이 있다는 뜻이다. 마냥 다른 사람의 시중을 드는 것이 아니다. 마냥 다른 사람의 뜻대로 움직이는 것이 아니다. 예수님께서 반대하는 유대인 무리나 로마 집권자들은 섬긴 것이 아님을 명심해야 한다.

크리스천 지도자의 비전은 예수님께서 주신 것이다. 그 사명을 이루려면 우리는 한사람 한사람을 소중히 여기며(예수님은 한 생명의 가치를 천하보다 더 귀하다고 하셨다) 그들이 바로 설 수 있도록 즉 그들의 잠재력을 무한히 계발할 수 있도록 격려하고 도움을 주며, 그들과 함께 예수님께서 주신 최고의 명령을 준행하는 것이다. 앞에서 필자는 예수님의 마지막 명령이 통전적인 의미가 있다고 설명했다. 섬기는 리더십을 통해서, 우리는 주변의 사람을 주님의 제자로 만들어 모두 함께 변혁의 주체자로서 하나님의 나라를 완성해 가는 일에 일익을 담당해야 한다.

4) 섬기는 리더십

한 사람을 지도하여 당당히 세우는 일은 집단을 일정한 목적으로 이끌어 가는 지도력과 무관한 듯 보인다. 그러나 예수님은 한 사람의 가치를 높이 평가했다. 한 영혼이 천하보다 더 귀하다고 하셨다.

천하보다 더 귀한 인간이라는 존재는 하나님의 형상대로 창조되었기에 하나님으로부터 엄청난 잠재력을 부여받았다. 하지만 모든 사람이 자신의 잠재력을 다 발휘하며 살아가는 것은 아니다. 이것은 의존과 책임을 다함으로써 된다.

그래서 한 사람의 가능성을 다 풀어내도록 돕는 일은 매우 중요하다. 그래서 섬기는 지도자에게 요구되는 중요한 역할 가운데 하나인 멘토로서 멘토리를 잘 돌보아주는 일이다. 필 다우너(Phil Downer)는 그의 책 「Eternal Impact」에서 이제는 성동에 초점을 맞출 때가 아니라 중요성에 초점을 맞출 때라고 강조하면서, 중요성은 타인의 인생에 중요한 차이를 만들어내는 것이라고 했다. 즉, 중요한 사람이 된다는 것은 다른 사람의 인생에 자신을 투자하는 것을 뜻한다고 했다. 결국 멘토링은 시간이 지나도 사라지지 않는 영원한 효과를 만들어내는 것이라고 했다.

결론적으로 말해 섬기는 리더십은 지도자를 만드는 리더십이라고 할 수 있다. 멘토링의 목적이 한 사람의 가능성을 풀어헤쳐 더 큰 인물을 만들어 내는 것이라면, 한 사람이 자신의 잠재력과 가능성을 발현하여 지도자로 설 수 있도록 돕는 일과 일맥상통하는 점이 있다. 클래어몬트 대학원의 경영학 교수인 피터 드러커는 "후계자 없는 성공은 성공이 아니다."라고 말했다. 후계자를 세우지 않는 한국의 고질적인 전통 때문에 한국 사회가 중병을 앓는 실정은 너무나 잘 알려진 현실이다. 한 공동체가 지속적으로 발전하려면 전임자보다 더 훌륭한 지도자가 계속 배출되어야 한다.

섬기는 리더십의 목적은 예수님께서 주신 지상명령을 구현하는 것이다. 한사람 한사람을 예수님의 제자로 삼는 일, 한사람 한사람을 예수님의 가르침으로 가르치고 분부한 일을 지키게 하는 일이다. 그것은 곧 사람 속에 감추어진 잠재력을 풀어내는 일이며, 사회에 빛과 소금의 역할을 감당하는 일이며, 하나님의 나라를 이 땅에 건설하는 일이다. 따라서 섬기는 리더십은 이 귀한 사역에 동참할 일꾼을 양성해야 하며, 새 시대를 이끌어갈 지도자를 육성해야 한다. 이 목적을 위하여 끊임없이 예비 지도자를 발굴하고 훈련해 미래를 준비해야 한다. 이런 의미에서 섬기는 리더십은 지도자를 만드는 리더십이 되어야 한다.

리더십은 분명한 비전으로 시작된다. 비전은 열정을 만들어내는 미래의 그림이다. 그리고 나와 다른 사람이 따르기를 원하는 열정이다. 분명한 비전이 없는 조직은 제방이 없는 강과 같다. 그것은 흐르지도 않고 어디로 가지도 않는다.

분명한 비전은 4가지 측면을 갖고 있다.

목적- 우리가 관계하고 있는 사업이 무엇인지 나와 다른 사람들에게 말하는 것.

이미지- 모든 것이 계획대로 된다면 이루어질 일들을 그림으로 제공하는 것.

가치- 목적대로 일을 할 때 나와 다른 사람이 반드시 해야 하는 것을 결정하는 것.

최종 결승점- 나의 에너지와 다른 사람의 에너지에 지금 당장 초점을 맞추는 것.

전통적인 피라미드 구조는 계급구조의 바닥에 손님을 팽개쳐 둔 채 버젓이 유지되고 있다. 손님을 만나는 사람이 자신을 "오리"가 되도록 내버려 둔 채 상사를 기쁘게 하고 상사에게만 반응하는 한, 조직의 모든 에너지는 계급구조의 꼭대기로만 모인다. 오리가 된 그들은 손님에게 그저 "그것이 우리 회사 방침입니다.", "저는 여기서 일할 뿐이지 잘 모릅니다." 혹은 "제 상사와 이야기해 보시지요?"라고 변명할 뿐이다.

그러므로 효과적인 리더십 실행을 위해서는 전통적인 피라미드식 계급구조를 거꾸로 만들어 손님을 만나는 직원들이 조직의 꼭대기에 있게 하고 책임 있는 사람들이 되게 한다. 그러면 그들은 책임 있게 업무를 처리하고 독수리처럼 솟구칠 것이다. 반면에 지도자는 직원을 섬기고 그들의 요청에 적절히 반응해야 한다. 그래서 그들이 목적을 성취하고 비전과 방향에 따라 살도록 돕는 것이다.

섬기는 리더십은 '코치'의 역할을 감당하는 것과 비슷한데 효과적인 실행관리 체계에는 세 가지 측면이 있다. 첫째, 실행 계획이란 모든 훌륭한 실행은 분명한 목적으로 시작된다. 둘째, 매일의 지도란 한 사람의 실행을 관찰하고, 그 진보를 칭찬하고, 잘못된 노력에 새로운 방향을 부여해 주는 것을 말한다. 셋째, 실행평가란 일정 기간 한 사람의 일을 최종적으로 평가하는 것을 말한다.

대부분 지도자는 실행 계획이나 실행 평가에는 주의를 기울이지만 매일 이루어져야하는 지도 부분은 무시하는 경향이 있다. 그러나 섬기는 지도자에게는 이 매일의 지도가 가장 중요한 부분이다. 또한 자주 잊는 단계가 실행을 관찰하는 단계다. 내가 이들의 노력을 관찰하지 않는다면, 그것은 코치가 되는 것을 포기한 것이다. 예수님은 지상명령을 제자들에게 주신 후, 제자들에게 영원히 그들과 함께 계시겠다고 말씀해 주셨다. 예수님은 언제나 도울 준비를 하고 계신다. 모든 섬기는 지도자도 그와 같아야 한다.

사람의 능력을 계발하기 위한 열쇠는 그들이 올바른 일을 하도록 붙드는 것이다. 지도자는 그들의 진보를 칭찬한다. 지도자는 그것이 움직이는 목표물임을 알고 있다.

섬기는 리더십은 모든 사람을 만족시키는 것이 아니다. 물론 지도자는 사람들이 자신의 목적을 성취하고 효과적으로 일할 수 있도록 섬기고 돕기를 원한다. 그러나 지도자의 강조점은 더 높은 사명과 가치 체계에 복종하는 데 있다. 예수님은 분명히 모든 사람을 만족시키려고 하지 않으셨다. 예수님의 분명한 관심은 하나님을 기쁘게 해 드리는 것이었다.

하나님과 관계가 바르게 정립되지 않은 섬기는 리더십은 이기적인 목표로 나아간다. 섬기는 지도자는 지상의 성공보다는 영적인 중요성에 초점을 맞춘다. 부를 축적하기보다는 관대함에 더 관심을 두고, 인정받기보다는 봉사하는 데 더 관심을 두고 권력과 지위를 추구하기보다는 사랑하는 관계를 발전시키는 데 더 관심을 둔다.

**행복의 열쇠는
건강한 육체에 깃든 건강한 정신이다**

테어도어 루즈벨트

당신의 건강한 습관에서 개선해야 할 습관을 계획하고 훈련합니다.

셀프 리더십의 근간은 건강

수신제가(修身齊家) 치국평천하(治國平天下)

셀프 리더십의 출발지는 자신의 몸을 건강하게 하고 건강한 정신 즉 목적이 이끄는 삶을 근원으로 한다. 그다음 셀프 리더십이 적용되어야 할 곳은 가정이다. 매일 산처럼 쌓인 일 틈에 끼어 숨 한 번 제대로 쉬지 못하고 사는 가엾은 남편들. 그러나 퇴근 후에도 직장생활이 얼마나 고단한지 짐작조차 못 하는 철없는 아내의 등쌀에 남편은 괴로워하고 있다. 그러므로 셀프 리더십은 아내들이 먼저 배우고 확립해야 할 리더십이다.

남자들은 직장생활을 하다 보면 점심때는 뭘 먹어야 하나 망설일 때가 잦다. 그리고 막상 음식점에 들어가면 결국 어제 먹던 메뉴를 시켜 먹는 일이 허다하다. 이럴 때 남편을 위해 일찍 일어나 사랑을 듬뿍 담은 도시락을 싸 주는 아내가 있다면 얼마나 좋을까? 예쁘게 리본도 달고 가끔 묻어 두었던 얘기를 편지로 써서 도시락 안에 살짝 넣으면 어떨는지. 남편은 내 사랑에 탄성을 지르지 않을까.

직장생활을 하는 남자라면 누구나 스트레스를 받고 산다. 그 스트레스를 마음껏 없앨 수 있는 곳이 바로 가정이라는 생각이다. 대부분 가정불화는 가정 안에서 부부간의 대화 시간이 적었기 때문이다. 퇴근 후 무드 있는 음악을 틀어 놓고 남편과 칵테일 한잔을 하면서 나누는 진실한 대화, 생각만 해도 멋지지 않은가. 언제나 가까이 다가가 만져보고 싶은 아내가 되게 하면 셀프 리더십의 절반은 성공한 것이다.

모처럼 회식이 있는 날 아내에게 전화하는 남편을 믿지 못해 확인하려고 다른 직원까지 바꿔달라고 억지를 쓰는 아내. 그리고 급한 전화도 아닌데 괜히 하루 7, 8번씩 전화해대는 아내 탓에 업무도 제대로 보지 못하는 남자들은 남을 리드하기 전에 제가부터 해야 한다.

고부간의 갈등이 생기더라도 남편에게 바로 얘기하지 않는 아내. 조용히 혼자 해결하려다 정 안 되면 남편에게 최종적으로 상의하는 아내. 그리고 퇴근하는 남편을 위해 부드러운 포도주를 마련해 남편의 피로를 싹 가시게 하는 그런 아내가 만들어져야 내가 남을 리드할 수 있는 법이다. 퇴근 후 남편이 안락하고 편안함을 느낄 수 있도록 가구 색깔이나 배치도 남편과 상의해 집안을 꾸밀 줄 아는 센스 있는 여인을 둔 남자는 사회에서나 조직에서 저절로 리더가 된다.

신체적 셀프 리더십

셀프 리더십의 실천과 적용에 있어서 두 번째로 기억해야 할 것은 자신의 신체를 컨트롤하는 일일 것이다. 아무리 뛰어난 재능을 지닌 리더라고 하더라도 또 선천적인 재능과 영적인 은사를 지녔다고 하더라도 혈압 조절이나 비만 조절에 실패하여 건강을 잃는다면 그의 리더십이 발휘될 수 없다.

새뮤얼 리마는 건강은 사역을 위한 귀중한 자원이라고 강조한다. 건강한 몸, 즉 건강한 신체를 유지하려면 올바른 식문화로 식단을 성경에 기초하여 만들며 성경 원리에 따라 절제하여 건강한 신체를 유지하는 것이 셀프 리더십의 기초이다(고전 6:19-20).

사도 바울은 신체가 지닌 영적인 중요성과 그것이 리더십 수행과 가치관 구현, 인생의 목표 실현에 미치는 영향을 잘 알았기에, 신체적 셀프 리더십 실행에 대해 진지한 관심을 기울였다. 그때는 특히 의학이 발달하지 못한 때여서 바울은 자신의 신체를 제대로 보살피지 못하면 그것이 자신의 평생 사명을 위협할 수 있음을 자각했다. 그래서 그는 자신 몸에 대한 셀프 리더십을 수행하는 데 관심을 기울였다. 그는 이렇게 말했다. "그러므로 내가 달음질하기를 향방 없는 것 같이 아니하고 싸우기를 허공을 치는 것 같이 아니하여 내가 내 몸을 쳐 복종하게 함은, 내가 남에게 전파한 후에 자기가 도리어 버림이 될까 두려워함이로다."(고전 9:26-27) 바울과 같은 대 사도도 통제되지 않는 몸이, 하는 일을 망치고 또 자신의 리더십을 무너뜨릴 것을 뼈아프게 알고 있었던 것이다.

우리 몸은 현재만을 위한 것이 아니다. 언젠가는 변화되어 주님과 같이 될 소중한 몸이기에 더욱 그러하다. 그러므로 신체적인 자원을 관리하는 일로부터 리더십을 개발해야 한다. 식사와 영양관리는 그래서 중요하며 체중관리 또한 현대인에게 필수적이다. 체력을 강화하고 꾸준한 건강관리로 셀프 리더십을 발휘해야 한다.

감정적 셀프 리더십

셀프 리더십의 세 번째는 감정적 셀프 리더십이다. 누군가 천재적인 목회적 자질을 가졌다고 하자. 그는 순수한 인격과 남다른 교육, 그리고 그리스도와 교회를 향한 열정, 무한한 가능성을 가졌다고 하자. 그런 그에게 문제가 있을 수 없겠는가? 한 보고서에 따르면 목회자 대다수가 우울증 혹은 분노로 사역에 지장을 받고 있다는 것이다. 감정에 대한 셀프 리더십을 실천하지 못하면 고통스러운 결과를 안고 씨름해야 한다는 것은 역사를 통해 알 수 있다. 성경에서조차 이 영역에서 리더십을 실천하지 못하여 심각한 어려움을 겪는 일이 많다. 아브라함이 그 한 예이다. 〈창세기〉 12:10-20에서 보면 아브라함은 아름다운 아내 사라와 함께 애굽 땅으로 들어가면서 두려움에 사로잡혔다. 그는 사라의 아름다움 때문에 죽임을 당할 수도 있다는 두려움에 지배당한 나머지 자신을 보호하려고 거짓말을 하고 이 탓에 자신의 아내와 하나님의 계획을 위험에 빠뜨렸다.

후에도 아브라함은 자신의 감정과 중요한 싸움에 패배했다. 하나님께서 아내 사라를 통해 아들을 주시겠다고 약속하신 후에도 아브라함은 하나님이 그 약속을 실천하실 시간을 기다리지 못했다. 그리하여 그의 초조함 때문에 아내의 하녀 하갈을 통해 아들을 가짐으로 상황을 바꾸려 했다(창 16:1-16). 이런 감정에 의해 발생한 믿음이 실패한 결과로 아브라함의 아들 이스마엘이 태어났고, 이것은 장차 문제와 혼란거리가 되어 사라의 아들 이삭의 출생으로 성취될 하나님의 약속에 긴 그림자를 드리웠다. 지금 이스라엘과 팔레스타인 사이의 갈등과 반목은 아브라함이 자신의 초조함과 좌절감을 다스리지 못한 직접적인 결과이다.

모세, 엘리야 등 수많은 성경의 인물이 이러한 감정의 셀프 리더십에 실패함으로 좌절을 맛본 것을 기억해야 한다. 그러면 셀프 리더십에서 중요한 대상이 되는 감정은 어떤 것이 있는가? 첫째는 분노이다. 기독교의 고위 리더십 가운데서도 분노를 통제하지 못하고 터뜨림으로써 자신의 지위를 상실한 사람이 한두 명이 아니다. 1999년 10월 25일 자 〈크리스처차니티 투데이(Cristianity Today)〉지는 마크 코핀저(Mark Coppenger)가 미드 웨스턴 침례신학대학원 총장직에서 해임되었다고 하면서, 그의 "노골적인 분노"가 대학원을 이끌 능력을 회복 불가능할 정도로 손상시켰다고 보도했다.

두 번째는 두려움과 염려이다. 요즘 사람들은 문화적, 정치적, 경제적, 교육적 그리고 심지어 과학적 피해를 설명만 해도 두려워하는 것 같다. 범죄, 마약, 에이즈, 청소년폭력, 경기후퇴, 오염, 지구온난화, 기상이변, 인종갈등, 부패한 리더들, 의료시스템의 붕괴 가능성, 자연재해, 조직범죄, 도박 등 특히 9.11테러 이후에는 전 세계적인 테러공포가 사람들을 두려움에 떨게 하고 있다. 이러한 두려움은 "충격과 공포"라는 전쟁 명으로 미국이 대이라크 전쟁을 일으키게 했다. 영적인 리더들은 두려움을 이용하여 군사를 동원하는 사람이 되어서는 안 된다. 다윗 왕은 극도의 위험에 처하여 생명의 위협을 받는 것이 어떤 것인지를 아는 사람이었다. 그는 두려움으로 생기는 비관에 사로잡혀 있을 때 이렇게 토로했다. "내가 두려워하는 날에는 주를 의지하리다. 내가 하나님을 의지하고 그 말씀을 찬송하올지라. 내가 하나님을 의지하였은즉 두려워 아니하리니 혈육 있는 사람이 내게 어찌하리까."(시 56:3-4) 이처럼 리더들 자신이 두려움과 염려에 휩쓸리지 않도록 하는 것이 중요하다.

분노와 함께 셀프 리더십이 필요한 감정이 우울이다. 영국의 위대한 설교자 찰스 스펄전은 대단한 재능과 격렬한 감정을 가진 사람이었다. 솔직히 당시 가장 탁월한 설교자 중 한 사람이었던 스펄전은 삶을 위협하는 우울과 침울을 극복하고자 많은 세월을 보냈다. 우울은 극복해야 할 심각한 감정의 적이다. 기분을 잘 다스리고 사고의 훈련을 통하여 생각을 바꾸는 훈련이 셀프 리더십에 있어서 가장 중요한 요소이다.

지적 셀프 리더십

성경은 지적인 성장과 개발의 중요성에 대해 많은 것을 말해준다. 실제로 매일 매일의 삶에 지혜가 필요함을 보여주는 데 〈잠언〉이라는 책 한 권이 할애되었을 정도이다. 성경이 말하는 지혜는 단순히 "머리의 지식"을 얻는 것을 말하는 것이 아니다. 인간으로서 우리의 건강하고 전인적인 발전에 이바지하는 지식이다.

주님의 행적을 보면 지상에서의 삶에서 열렬히 지식을 추구하셨음을 알 수 있다. 아주 어린 나이에 적절한 연구에 참가하셨고 교사들과 제사장들에게 도전이 될 만한 지적 발전을 보이셨다(눅 2:47).

오늘날과 같이 다원적이고 혼합주의적인 문화 속에서 공적 리더십을 성공적으로 수행하는 데 지속적이고 종합적인 셀프 리더십만큼 필수적인 도구는 없다.

성경에 나오는 인물들의 리더십 관계

참 리더가 되려면 시간이 필요하다. 태어날 때부터 리더의 자질을 소유한 소수의 사람이 있기는 하지만 리더십의 모든 자질은 습득되고 다듬어질 수 있는 것들이다. 리더십의 21가지 불변의 법칙은 있다. 개인적, 직업적, 영적인 삶에서 리더로 성장하는 길은 성경에서 배울 수 있다.

요셉은 훌륭한 리더십 비전을 가지고 있었다. 그러나 그 리더십을 성취하기까지 그는 세 가지 부족했던 자질을 보완해야만 했다. 또 느헤미야의 커뮤니케이션 기술은 예루살렘 백성을 움직여 단 52일 만에 성벽을 재건하게 했다. 바울은 잠재력 있는 리더들을 세우고 그들에게 권한을 위임함으로써 폭발적인 성장을 가져오게 했다.

리더십은 다양하며 많은 측면을 가지고 있다. 하나님 손에 붙들린 탁월한 리더들의 다양한 리더십을 만나게 될 때 자신의 리더십도 발전하는 것이다. 새롭고 더 높은 수준의 영향력을 가질 수 있다. 「성경에서 배우는 불변의 리더십」은 참 리더로 성장하는 데 필요한 유익한 도구가 될 것이다.

수준의 법칙

사람은 외모에 잘 속을 수 있다. 종종 우리는 어떤 사람의 겉만 보고 그가 위대한 리더가 될 모든 자질을 갖추고 있다고 생각한다. 사울의 경우가 그러하다. 성경은 우리에게 이렇게 말한다.

이스라엘 사람들이 왕을 요구했을 때 하나님은 그들에게 사울을 주셨다. 그리고 모든 백성은 사울이 위대한 리더라고 생각했다. 사람들은 사울의 외양을 보았고, 하나님은 사울의 마음을 보셨다. 그렇지만 능력과 잠재성이 있었던 사울은 오래지 않아 리더십과 자신에 대한 신뢰를 추락시켰다. 그래서 하나님은 그를 대신해서 새로운 지도자를 선택하셨다. 하나님의 마음을 닮은 사람, 다윗이다.

사울은 왜 이스라엘 왕으로서 실패했는가? 반면에 연약해 보였던 다윗은 어떻게 성공할 수 있었는가? 수준의 법칙에서 그 대답을 찾을 수 있다. 리더십 능력이 한 사람의 영향력 수준을 결정짓는다. 다윗은 더 좋은 리더가 되려고 노력했고 리더십 능력을 끌어올릴 많은 경험을 했지만, 사울은 리더십을 억압하는 태도를 보였다. 사울과 다윗이 걸었던 유사한 길을 살펴보자.

1) 사울과 다윗은 경건한 사람들로부터 조언을 받았다.

사울과 다윗에게 주어진 기회의 기름 부음은 대단히 유사했다. 둘 다 히브리민족의 마지막 사사인 사무엘에게 기름 부음을 받았다. 그리고 둘 다 경건한 조언의 은혜를 입었다. 사울은 사무엘로부터 경건한 조언을 받았고, 다윗은 사무엘과 훗날 나단 선지자로부터 경건한 조언을 받았다. 그러나 군주로서 그들의 통치는 너무도 달랐다. 사울은 리더십의 본질을 참으로 이해하지 못했다. 왕으로 기름 부음 받은 날, 사울은 백성으로부터 숨었다. 나는 그가 지도자로서 자신의 무능력을 인식했기 때문에 그렇게 했다고 믿는다. 하지만 전쟁에서 승리를 맛본 후에 그는 참된 리더십을 위한 왕으로서 자신의 직책을 잘못 사용했다. 그는 칭호와 권세와 왕관은 가졌을지 몰라도 카리스마에 근거한 재판권 이상으로 왕권을 행사하지는 못했다. 그는 장군이었으나 상비군 다수를 이끌지는 못했다. 그는 자신의 이득을 보존할 수 있는 조직된 정부를 만들지 못했다. 그리고 하나님이 다시는 그에게 은혜를 주시지 않을 때도 왕의 칭호가 계속 자신을 지도자가 되게 하여 줄 것으로 생각했다.

반면, 다윗은 리더십을 성장시킬 기회를 포착했고, 전시하는 것을 배웠다. 그는 상비군을 만들었고, 적들을 정복했다. 그는 한 도시를 선택해서 그곳을 국가의 새로운 수도로 삼았다. 그리고 거기에 지속적인 정부를 세웠다. 그는 권좌에 오르기 전에 그와 같이 많은 일을 했다. 처음부터 이스라엘과 유다의 모든 백성은 다윗을 사랑했다(삼상 18:16). 다윗은 백성과 전사와 리더들에게 매력을 느끼게 했고,

그들을 잘 이끌었다. 그리하여 다윗의 리더십으로 백성은 흥왕했다.

2) 사울과 다윗은 커다란 도전에 직면했다.

모든 리더가 장애와 시험과 시련에 직면한다. 사울과 다윗도 같은 문제에 직면했다. 예를 들어 골리앗을 생각해보자. 거대한 블레셋 사람이 이스라엘 장수와 싸울 것을 청했을 때, 사울과 다윗은 모두 골리앗이 도전하는 음성을 들었다. 전쟁에서 그 거인과 정당하게 대면해야 했던 이스라엘의 가장 위대한 전사 사울은 두려워서 피하는 것으로 반응했다. 하지만, 단순한 소년에 불과했던 다윗은 골리앗의 도전에 맞섰고, 하나님의 명예를 지키고자 노력했다. 사울의 반응은 어떠했는가? 그는 자신의 갑옷을 다윗에게 주었다(어째서 그러한가. 사울이 그 갑옷을 사용하지 않으려고 했기 때문이 아닌가!). 다른 사람들이 지금 무슨 일이 일어나고 있는지를 살피는 동안, 리더는 앞으로 나아가 도전한다.

3) 사울과 다윗은 변화하고 성장할 기회를 가졌다.

자신의 결점에 직면했을 때 이 두 사람은 매우 다른 반응을 보였는데, 여기서 우리는 사울과 다윗이 서로 다른 본성을 지녔다는 것을 포착할 수 있다. 사울이 하나님께 번제를 드리라는 말씀에 불순종했을 때, 사무엘은 그를 꾸짖었다. 하지만, 성경은 그다음에 무슨 일이 일어났는지에 대해 침묵한다. 성경 어디에도 사울이 그 일로 인해 슬퍼하거나 참회했다는 기록이 없다. 성경의 이야기는 블레셋 사람들과 싸우는 사울의 모습만 보여 줄 뿐이다. 사울은 분명히 그와 같은 일만을 추구했을 것이다.

하지만, 다윗은 자신의 죄에 대한 반응이 사울과는 사뭇 달랐다. 왕은 밧세바와 간음하고 그녀의 남편을 죽음으로 내몬 후에 나단이 그를 대면하여 꾸짖었을 때 심히 탄식하여 회개했다.

나단에 대한 다윗의 반응은 그가 자신의 생애 동안 가졌던 태도를 대표적으로 나타낸다. 그는 자신의 결점을 인정하고 하나님의 용서와 복을 구하며 자신을 발전시키는 것을 두려워하지 않았다. 그것이 다윗의 리더십 능력이 더욱 향상된 이유다.

우리는 다윗으로부터 배울 수 있다. 자신의 잠재력을 개발하고 하나님께서 원하시는 사람이 되기를 원한다면 우리 생애에서 자신의 리더십 수준을 끌어올릴 필요가 있다. 그것이 우리가 다음 단계로 나아갈 수 있는 유일한 방법이다.

세상에 두려워할 것은
두려움 자체 외에는 아무것도 없다

프랭클린 D. 루즈벨트

현재 당신의 삶에서 가장 어려운 난관은 무엇인가?

무엇이 되었든 그것을, 미래에 더욱 큰 성공을 달성하도록

반드시 배워야 할 소중한 교훈을 가르쳐 주려고

당신에게 주어진 배움이라고 생각합니다.

실패는 선택이 아니다

실패하면 제로 점으로 내려가라

왜 큰 부자들은 대부분 하나같이 가난하였던 과거를 지녔을까. 어째서 중산층 이상의 가정에서 태어나 부자가 된 사람들보다는 하류층에서 태어나 큰 부자가 된 사람의 수가 압도적으로 많은 것일까. 여러 이유가 있겠지만 중요한 사실은 가난을 일찍 경험한 사람은 가난하였던 생활수준이 출발점이었기에 그곳으로 언제라도 "되돌아가는 것"을 부끄럽지 않게 생각한다는 것이다. 그들은 일이 잘못되어 갖고 있던 것을 모두 다 날리는 실패를 당해도 "제로 점으로 되돌아가" 재출발을 할 줄 안다. 수없이 많은 부자가 사업이나 투자에서 실패하거나 홍수나 화재 등으로 전 재산을 날렸다가도 재기에 성공하는 이유가 바로 거기에 있다.

그러나 중산층 이상의 가정에서 자라난 사람은 대부분 그런 어려움이 닥칠 때 제로 점으로 가려고 하지 않는다. 제로 점에서 출발하였던 경험이 없는 그들이 제로 점으로 가는 것은 "되돌아" 가는 것이 아니라 개척하여야 하는 미지의 불안한 공포다. 그 이유 때문에 그들은 실패에서 헤어나지 못하며 실패 자체를 너무 두려워하다 보니 되는 일도 없게 된다.

데드 포인트

마라톤은 지겨운 레이스다. 마치 우리 인생처럼 말이다. 인터넷에서 인상 깊게 읽은(노래 가사인지 시(時)인지 모를) 글을 옮겨본다.

지겨운 가요 힘든 가요, 숨이 턱까지 찼나요
할 수 없죠, 어차피 시작해 버린 것을
쏟아지는 햇살 속에 입이 바싹 말라와도
할 수 없죠, 창피하게 멈춰 설 순 없으니
단 한 가지 약속은 틀림없이 끝이 있다는 것
끝난 뒤엔 지겨울 만큼 오랫동안 쉴 수 있다는 것

지겨운 가요 힘든 가요, 숨이 턱까지 찼나요
할 수 없죠, 어차피 시작해 버린 것을
쏟아지는 햇살 속에 입이 바싹 말라와도

할 수 없죠, 창피하게 멈춰 설 순 없으니
이유도 없이 가끔은 눈물 나게 억울하겠죠
일등 아닌 보통들에겐 박수조차 남의 일인걸
단 한 가지 약속은 틀림없이 끝이 있다는 것
끝난 뒤엔 끝이 보이나요
조금만 더 달리세요, 곧 결승선에 들어가고
이 모든 경주는 마칠 것입니다

죽음의 한계점에서
포기하고 싶은 생각이 들 때
"1분만 더"를 외치며 극복하려 한다면
한 차원 높은 경지를 체험하는
삶을 살 수 있지 않을까요
지겨울 만큼 오랫동안 쉴 수 있다는 것

뛰다 보면, 죽을 것 같은 순간이 찾아온다. 그걸 '데드 포인트(Death point)'라고 하는데, 가슴 통증과 호흡 곤란, 두통, 현기증, 근육 통증 등이 찾아오는 현상을 '죽음의 한계점- 사점(死點)'이라 부른다. 하지만, 그 순간을 이겨내면 통증과 피로 등이 사라지면서 다시 편안한 상태가 되어 오히려 달리기가 편할 정도로 원기 왕성한 '세컨드 윈드(Second wind)' 상태가 온다. 그때는 마치 뭐에 중독된 것처럼 고통도 사라지고 쾌감마저 느껴진다. 세컨드 윈드 상태는 사점에 접어든 후 30초~2분 정도 지나면 들어가는 것으로 알려졌다. 장거리 달리기나 다른 유산소 운동 시 사점을 넘지 않고는 결코 더 먼 거리, 혹은 더 긴 시간을 달릴 수 없으며 사점을 넘어야 세컨드 윈드 상태가 가능해진다. 운동생리학적 메커니즘을 미리 알고 유산소성 운동을 하게 되면 사점 그 이후에 찾아오는 세컨드 윈드에 대한 짜릿한 경험을 맛보면서 운동량을 점차 늘려갈 수 있으나, 대개는 사점에서 포기한다.

패배의 순간이 시작이다

패배의 순간에도 뜻을 잃지 말기 바란다. 기회는 어느 곳에든 있다. 사랑과 미래는 예측하는 게 아니라 선택하는 자의 것이다. 한 가지 선택으로 잃게 될 다른 한 가지에 구애돼 머뭇거리지 말기 바란다. 남자들에게로 다가가지 말고 남자들이 네게 몰려오도록 하기 바란다. 한 번의 실패는 너에게 열 번의 경험을 심어주고 두 번의 실패는 세상을 보는 눈 100배를 심어줄 것이다. 그러므로 한 번 파국이 올 때마다, 더 나은 눈이 생길 수 있다는 것을 잊지 마라. 이것이 쌓이다 보면 척 보면 아는 '경지'에 이르게 된다. 이것을 '임기응변의 능력'이라고 한다. 진짜 좋은지 아니면 겉만 번지르르한 짝퉁인지 전문가답게 골라낼 줄 알아야 후회 없는 성공을 할 수 있다.

적당한 예(例)일지 모르겠지만 헨리 포드는 '척 보면 아는 전문가'였다. 그는 자동차를 어떻게 하면 많이 빨리 만들 수 있을까를 늘 고민하고 있었다. 그래서 공장 내의 높은 장소로 올라가 직원들의 움직임을 관찰했다. 직원들이 자동차의 자재와 도구를 가지러 기계와 기계 사이의 좁은 통로를 왔다 갔다 하고 있어 공장 내부는 혼잡했으며 이것은 비능률적이라고 생각했다.

'일을 하는 시간보다 걸어 다니는 시간이 더 많군.'

능률을 최우선으로 생각하는 포드는 이 낭비를 없애려면 어떻게 해야 할까를 궁리하기 시작했다.

'그렇다. 직원이 자재나 작업대 쪽으로 이동하는 것이 아니라, 반대로 자재와 일이 직원들 쪽으로 가는 편이 낫겠다.'

그러려면 어떻게 해야 할까? 포드의 머릿속에서 해결책이 불확실한 형태로 떠올랐다가는 사라지곤 했다. 그러던 어느 날, 포드는 시카고 소고기 통조림 공장을 견학 갔다. 그곳에서는 커다란 고기가 도르래에 매달린 채 차례차례 운반되고 있었다. 그때 포드의 머릿속에는 기발한 아이디어가 떠올랐고 마음속으로 외쳤다.

'아, 바로 저거다!'

포드의 머릿속에 떠오른 것은 도르래가 아니라 폭이 넓은 벨트를 움직이는 방법이었다. 부품을 그 위에 싣고 이동시킨다. 그리고 차례차례 부품이 조합되면 벨트에 실려 흘러간다. 이 방법에 따르면 직원은 같은 장소에 서 있게 되므로 작업의 능률은 훨씬 오르고 피로는 적게 느끼게 된다.

포드는 자신의 발상을 우선 소규모로 실험해 보았다. 제품이 미완성에서 완성으로 각 단계를 거쳐 순조롭게 흘러가도록 속도와 높이를 몇 번이나 실험하여 가장 적절한 방법을 만들어 냈다. 그 결과 지금보다 4배의 능률을 올릴 수 있었다.

이렇게 시작된 컨베이어 시스템은 포드의 생각대로 대량생산이 가능해 졌으며, 포드를 최고의 자동차 생산기업가로 만들었다. 그리고 이 방법은 자동차 생산뿐만 아니라, 다른 다양한 공업생산에도 혁명적인 영향을 주었다.

그의 생각은 시어스로벅사(Sears, Roebuck and Company)의 우편물 처리 시스템을 보면서 더욱 굳어졌다. 기업의 발전과 성공을 가져오는 창의성과 벤치마킹은 우리의 유연한 사고와 몰입하는 태도에서 나온다고 한다. 그리고 우리 주변에서 그러한 아이디어를 얻을 수 있지만, 전혀 다른 업종과 전혀 다른 장소, 그리고 사람들을 통해서 기발한 아이디어를 얻을 수 있다.

나이는 숫자일 뿐 다시 일어서는 리더가 되라

스즈키 겐지의 「남자나이 30대에 꼭 해두어야 할 일」 중에 보면, 30대에 성공한 사람의 공통 현상이 있다. 30대에 가족을 돌볼 틈도 없을 만큼 바빠 보지 못한 남자는, 남자로서의 인생은 낙제다. 현대사회는 바쁜 것이 그다음의 바쁨을 만들어 나간다. "바쁘십니까?"라고 물었을 때 "네, 대단히."라고 대답하는 사람에게는 그가 할 다음 일이 밀려오게 된다. 흔히 차분히 좋은 일을 하게 하려면 여가가 있는 사람에게 시간을 충분히 주어서 시키면 될 것 같지만, "저는 한가합니다."라고 대답하는 사람에게는 일이 전혀 돌아가지 않는다. 30대란 주위 사람들이 어떠한 일을 맡기든 소화해 낼 수 있는 나이이고, 그래야 하는 연대이다. 비단 30대에만 해당하는 말은 아닐 것이다. 지금 당장 자기 자신이 어떤 일로든 바쁘다면 그는 이미 성공의 첫 계단에 올라 있다고 생각해도 좋을 듯하다. 바쁜 것을 불평하지 말고 그것을 즐겨라.

더글러스 맥아더 장군의 기도문을 읽어 본 사람이면 '정직한 패배에 부끄러워하지 않고'라는 문구를 기억해야 한다. 실패가 없다는 것은 시련이 없다는 것이며 역경과 고난이 없다는 것인데, 하나님은 고난을 통과하지 않은 사람을 존귀하게 사용하시는 법이 없다.

"대저 의인은 일곱 번 넘어질지라도 다시 일어나려니와 악인은 재앙으로 인하여 엎드려지느니라."(잠 24:16) 실패 관리는 미래를 위한 관리이며 인생 관리이다. 그러면 실패를 딛고 어떻게 전진할 것인가? 이 질문에 저자는 몇 가지 충고를 하고 있다.

과거의 실패에서 배우는 것은 참으로 중요하다. 이점은 설명하지 않아도 알 수 있지 않은가? 그러나 우리는 과거에 얽매이지 말고 하나님이 주신 비전의 미래를 향해 우리를 끌어당겨야 한다.

첫째, 하나님은 다시 일어설 수 있도록 용기를 주신다.

하나님은 우리가 범한 한 번의 실패 때문에 쉽게 우리를 버리시는 분이 아니다. 아간의 실수는 돌이킬 수 있을 때 돌이키지 않았다는 사실을 지적한다. 인생의 실패자는 실패한 사람이 아니라 포기한 사람이라고 말한다. 다윗, 베드로는 실패에서 회개의 시간이 있었다는 사실을 주목하라.

둘째, 하나님은 두려움을 정복할 수 있도록 도와주신다.

하나님은 실패하여 엎드려 있는 여호수아에게 두려워하지 말고 놀라지 말라고 말씀하신다. 패배한 경험이 있는 우리가 모두 느꼈던 감정은 두려움이 아닌가 싶다. 두려움을 이기는 것이 믿음이고 믿음은 말씀에 근거하고 있다면 우리의 믿음이 강해지는 것은 하나님이 우리와 함께 하신다는 것을 확신할 때이다.

셋째, 하나님은 패배의 상처를 치유할 수 있도록 넘치게 축복해 주신다.

우리의 실패를 치유해 주시는 하나님. 곧 넘치는 축복을 통해 치유해 주심을 안다. '아이성' 전투에서는 탈취한 물건들을 여리고 성 정복 때와는 다르게 온 백성이 취하라고 말씀하셨다는 사실에 다시 한 번 하나님의 속성을 이해할 수 있을 것 같다.

〈누가복음〉 15장 탕자의 이야기도 마찬가지 맥락이다. 자신의 잘못을 진심으로 뉘우치는 사람에게 하나님은 놀라운 긍휼을 베푸심을 안다.

은혜의 시대에 사는 우리의 앞길을 막는 것은 죄가 아니라 회개하지 않는 마음이며 하나님의 은혜를 사모하지 않는 마음이다. 하이럼 스미스는 "가장 빠르고, 가장 똑똑하고, 가장 총명하고, 가장 부유한 사람에게 큰 승리는 오지 않는다. 큰 승리는 넘어질 때마다 일어나는 사람에게 오는 것이다."

다시 팀을 구성하라

리더는 팀이 있을 때 리더이지 혼자 있을 때는 리더가 아니다. 그러므로 일을 이루려면 무엇보다 먼저 팀을 새로이 만들어야 한다. 이때 리더는 새 역사를 창조하는 비전을 성취할 '드림 메이트'를 잘 선택해야 한다. 팀을 형성할 때는 신중해야 한다. 좋은 팀이 형성되면 과업을 성취하는 것은 어렵지 않다.

그렇다면, 어떤 사람을 드림팀의 멤버로 선택하는 것이 좋을까?

첫째, 청종(聽從)할 줄 아는 사람을 드림팀의 멤버로 선택하라.

리더는 하나님의 말씀을 잘 청종해야 한다. 동시에 드림팀에 속한 사람들은 리더의 말에 잘 청종해야 한다.

청종한다는 것은 먼저 잘 듣는 것을 의미한다. 오늘 이 시대에는 훌륭한 리더만큼이나 훌륭한 팔로워가 필요하다. 훌륭한 팔로워의 특징은 리더의 말에 청종한다는 것이다. 청종한다는 것은 소중히 듣는다는 것이다. 리더의 말에 청종한다는 것은 곧 리더가 전하는 하나님의 말씀에 청종한다는 것이다. 리더의 말에 청종할 때 하나님의 뜻을 알 수 있다. 하나님의 의도를 알 수 있다. 청종하는 자세가 있다면 수탉이 우는소리 속에서도 하나님의 음성을 들을 수가 있다.

둘째, 순종하는 사람을 드림팀의 멤버로 선택하라.

신앙의 최고봉은 순종이다. 새 역사를 창조하는 영적 거장은 순종의 사람이 되어야 한다. 하나님은 순종하는 사람을 사랑하신다. 순종하는 사람을 축복하신다. 순종하는 사람에게 일을 맡기신다. 순종하는 사람을 존귀하게 만드신다. 하나님은 불순종했던 사울 왕을 버리셨다. 하나님이 원하시는 것은 제사보다 순종이었다.

순종은 하나님께 존귀하게 쓰임 받는 비결이다. 순종은 구속의 비밀이다. 아담과 하와는 하나님의 말씀에 불순종했다. 그러나 예수님은 하나님께 죽기까지 순종했다. 하나님은 불순종하는 다수보다 순종하는 한 사람을 더욱 귀히 여기신다. 예수님 한 분의 순종으로 많은 사람이 의인이 되었다.

셋째, 철저히 헌신할 줄 아는 사람을 드림팀의 멤버로 선택하라.

새 역사를 창조하는 과업을 성취하려면 철저한 헌신이 필요하다. 큰 과업을 성취하는 일은 쉽지 않다. 성웅리더십은 사람들에게 헌신을 요구하는 일에 담대하다. 에스더는 민족을 구원하고자 헌신할 때 "죽으면 죽으리라"라는 각오를 했다. 그리고 이스라엘 백성에게 자기를 위해 금식해달라고 담대히 요청했다. 예수님은 새 역사를 창조할 제자를 부르실 때 헌신을 요청하셨다. 그들은 배와 부친을 버려두고 예수님을 좇았다. 예수님은 자기를 따르는 사람에게 철저한 헌신을 요구하셨다. 헌신은 싸구려가 아니다. 헌신은 목숨을 내놓는 결단이다.

넷째, 승리에 대한 강렬한 의지가 있는 사람을 드림팀의 멤버로 선택하라.

드림팀을 형성하는 것은 승리하기 위해서이다. 드림팀의 멤버가 되었을 때 가장 중요한 것은 승리에 대한 의지이다. 우리는 승리에 대한 강렬한 의지가 있어야 한다.

새 역사를 창조하는 영적 거장들은 열정적인 사람들이다. 지칠 줄 모르는 사람들이다. 오직 승리를 위해 전진할 뿐이다. 강렬한 의지, 뜨거운 열정이 승리를 가져온다. 어떤 역경도 강렬한 의지와 열정을 가진 사람을 막을 수 없다. 그들을 지치게 할 수 없다. 아논은 "지칠 줄 모르는 사람은 역경마저도 지치게 한다."라고 하였다. 지칠 줄 모르는 열정을 가진 사람을 보배롭게 여기고 존귀하게 여기라.

다섯째, 훌륭한 격려자를 드림팀의 멤버로 선택하라.

드림팀이 추구하는 분위기는 격려하는 분위기다. 비판하고 정죄하는 분위기가 아니라 서로 격려하고 세워 주는 분위기다. 지칠 줄 모르는 열정을 가진 리더라 할지라도 때로는 감당할 수 없는 침체를 경험하기도 하다. 이런 때에 필요한 것은 짐을 함께 나눌 수 있는 드림팀이다. 낙심 가운데 있는 리더에 힘을 줄 수 있는 격려자가 필요하다. 기도를 통해, 구체적인 말로, 함께 있어 줌으로써, 자신에게 소중한 것을 나눔으로써 격려할 줄 아는 사람을 팀원으로 선택하라.

에필로그

이순신이 삼도수군통제사에서 파직되면서 원균에게 넘겨준 조선 수군의 전력은 대략 이렇다. '군함 300여 척, 천자포 등 대포 300문, 군량미 9,914석, 화약 4천 근….' 그 수군이 1597년 7월15일 거제도 해역 칠천량에서 크게 패했다. 아니, 그냥 진 것이 아니라 '궤멸' 됐다. 삼도수군통제사 원균은 배를 버리고 육지로 달아나다 죽고, 함대는 일본군의 수륙 합동작전 앞에 무참하게 박살 나고 말았다. 경상우수사 배설이 이끌고 빠져나온 12척의 배만이 격침의 운명을 피해갈 수 있었다. 총 300척을 자랑하던 무적의 조선 수군 함대 가운데 하룻밤 사이에 160여 척이 일본군에게 격파돼 남해에 수장됐다. 일본군은 칠천량 승리 뒤 한산도 일대와 고성 일대 포구에 남은 조선 수군의 배도 찾아내 모조리 불태웠다. 이순신이 온 정열을 쏟아 부어 일본침략군의 유일한 대항세력으로 성장시킨 조선 수군. 그 피와

땀과 눈물로 일군 조선의 무적함대가 7년 동안의 임진왜란 기간에 단 한 번 처음 당한 이 참패로 사실상 궤멸한 것이다. 7월18일 패전의 소식을 들은 날 이순신은 〈난중일기〉에 이렇게 적어놓았다.

"정유. 맑음. 새벽에 이덕필이 변홍달과 함께 와서 전하기를 16일 수군이 밤 기습을 당해 통제사 원균을 비롯해 전라 우수사 이억기, 충청수사 최호 및 여러 장수와 많은 사람이 해를 입고 수군이 크게 패했다는 것이다. 듣고 있으려니 통곡이 터져 나오는 것을 이길 길이 없다."

이순신은 이때 복권된다. 수군 전멸에 경악한 선조가 경림 부원군 김명원, 병조판서 이항복, 도원수 권율 등으로부터 '이순신을 삼도 수군통제사에 재임명하시라.' 라는 제안을 받고 동의한 것이다. 선조는 이순신을 재임명한다는 교서를 내린다.

"오! 국가가 의지해 보장받은 것은 오직 수군뿐이었건만 하늘이 아직도 화 내림을 후회하지 않는지 흉적의 칼날이 다시 번뜩여 마침내 3도의 대군을 한 싸움에 다 없애버렸도다. 이제부터 바다 가까운 성읍들을 누가 막아주랴? 한산도가 함락됐으니 적이 무엇을 꺼리랴? …오로지 경은 일찍이 발탁해 수사로 임명하던 날부터 이름이 드러났고, 다시 공업을 떨치어 임진년의 대첩 후에는 변방의 군사들이 만리장성처럼 든든하게 믿었건만 지난번에 경의 직책을 갈고 죄를 입은 채로 종군하게 한 것은 사람의 도모하는 바가 착하기만 하지 않은 데서 그리된 일이라. 이 같은 패전을 당한 이제 무슨 할 말이 있으리오. 이제 특별히 경을 복권하고 복상 중인데도 뽑아내 백의종

에필로그 313

군으로부터 충청·전라·경상 등 3도의 수군통제사를 겸직할 것을 제수하노라."

이순신이 재임명 교서를 받았을 때의 정황은 어떠했을까? 조선 수군의 피해는 말할 것도 없고 수군 궤멸에 따라 지상군도 곳곳에서 그대로 무너지고 있었다. 수령들은 '적이 다시 침략해온다'는 막연한 정보만 갖고 무리하게 청야령(淸野令·적군이 아군의 시설물, 식량, 군수물자를 활용하지 못하도록 이것들을 불태우고 사람들을 소개시키는 명령)을 발동하곤 했다. 피난민은 저마다 산간으로 숨어들어 가고 성읍과 도시는 폐허로 변해 있었다.

이와 달리 일본군은 칠천량의 대승으로 조선 수군이 완전히 전멸한 것으로 판단하고 지상전 중심의 호남 점령 전략을 추진했다. 일본군은 바다를 돌아 서해에 진출하는 대신 경상도 사천에 상륙해 북서진하기 시작했다. 그 결과 남원 성을 점령하고 전주마저 점령했다. 임진왜란 이후 수군의 제해권 장악으로 안전했던 호남은 갑작스런 일본군의 진격과 학살, 약탈로 생지옥으로 변해버렸다.

1597년 8월3일 이순신이 삼도수군통제사 재임명 교서를 받았을 때 그에게는 군관 9명과 군사 6명뿐이었다. 수군이 궤멸하고 호남지역의 지상군마저 스스로 무너져 내리는 처참한 상황에서 그는 교서 하나만 들고 거대한 파도처럼 밀어닥칠 적을 맞아 싸울 준비를 해야 했다. 거의 무와 다름없는 상황에서 처음부터 시작해야 했다.

이 역경에서 순신이 선택한 길은 다음과 같은 특징이 있다.

(1) 희망부터 복원한다.

(2) 판단은 빨리, 행동은 총력전으로.

(3) 내가 잘하는 싸움으로 판을 이끈다.

(4) 죽으려 하면 산다.

일본의 국민작가로 '국사'(國師)라는 칭송을 받은 시바 료타로는 이런 이순신 열풍에 대해 이렇게 풀이했다. "일본이 메이지유신 이후 해군을 창설하고서 아직 자신이 없었기에 동양권에서 배출한 유일한 해군 명장 이순신을 연구하고 대단히 존경하게 됐다."

「근세 일본사」에는 이순신과 노량해전에 대해 이렇게 기록하고 있다. "이순신은 이기고 죽었으며, 죽고 나서도 이겼다. 조선전쟁 7년 동안에…. 참으로 이순신 한 사람을 자랑삼지 않을 수 없다. 일본 수군의 장수들은 이순신이 살아 있을 때에 기를 펴지 못했다. 그는 실로 조선의 영웅일 뿐만 아니라 동양 3국을 통틀어 최고의 영웅이었다."

한편, 구한말에 활동했던 미국의 선교사 겸 사학자로「대한제국흥망사」등 역저를 남긴 헐버트(H. B. Hulbert)는 한산대첩과 관련해 이렇게 평가한 바 있다. "한산도 해전은 조선의 살라미스 해전이라고 할 수 있다. 이 해전이야말로 도요토미의 조선 침략에 사형 선고를 내린 것이며, 도요토미의 명나라 정벌의 웅도를 좌절시킨 일전이었다."

이순신의 리더십이 탁월한 것은 그가 실패한 가운데 다시 일어선 리더십이었다는 것이다. 이 책을 쓴 목적도 이 어려운 경제의 한파 속에서 실직과 좌절의 경험을 맛본 우리 리더들에게 희망과 용기를 부어주기 위해서다.

〈행복을 찾아서〉라는 할리우드 영화가 있다. 미국의 투자가, 경영인 가드너 리치 앤 컴패니(Gardner Rich & Company) 창업자의 성공담을 이야기한 자서전이 영화화된 것이다.

크리스 가드너는 밀워키 북부에서 태어났다. 어머니 베티 진 가드너(Betty Jean Gardner)는 미혼모였고 이후 결혼을 했지만 가드너의 계부는 폭력 성향이 강해서 베티 진 가드너가 집에 불을 지른 것이 살인 미수죄로 인정되어 가드너는 위탁 양육되었다. 1972년 고등학교를 졸업한 가드너는 해군에 입대했고 제대 후에는 샌프란시스코에서 의료기기 영업일을 시작했다. 1977년 쉐리 다이슨(Sherry Dyson)과 결혼했는데, 가드너는 의사가 되려고 노력했지만 포기하고 이후 다이슨과 이혼했다. 이어 재키 메디나(Jackie Medina)와 만났으며 둘 사이에 아들 크리스토퍼가 1981년 태어났다.

증권 중개인의 직업에 매력을 느낀 가드너는 의료기기 영업을 그만두고 딘 위터 레이놀즈(Dean Witter Reynolds)사의 인턴십 프로그램에 참가해 1982년 증권거래 자격증을 취득한다. 이어 1983년 베어 스턴스 앤 컴패니(Bear, Stearns & Company)사로 이직한 후 최고의 주식 중개인, 투자가로 샌프란시스코와 뉴욕에 이름을 널리 알렸다. 1987년 독립해서 가드너 리치 앤 컴패니사를 설립했고, 이후 이 회사는 크리스토퍼 가드너 인터내셔널 홀딩스(Christopher Gardner International Holdings)로 확장해 국제적인 투자회사로 성장했다.

경제적인 성공을 거둔 이후 가드너는 집 없는 사람을 위한 거처나 의료 서비스에 많은 지원을 했으며 교육과 관련된 여러 단체의 임원으로 활동하고 있다. 2002년 미국 아버지 모임(National Fatherhood Initiative)에서 '올해의 아버지 상(Father of the Year Award)'을 수상했다. 2005년 자서전 「행복을 찾아서(The Pursuit of Happyness)」를 펴냈고, 2006년 영화화되었다.

"집은 없었지만(homeless) 희망이 없는 것(hopeless)은 아니었다."

"나에게 능력을 주시는 분 안에서 나는 모든 것을 할 수 있습니다."(빌립보서 4:13)

노숙자에서 월스트리트 정상에 오른 크리스 가드너의 꿈같은 성공담이 미국 ABC-TV 〈20/20〉 프로에 처음 소개된 후 오프라 윈프리 쇼에 초청받아 눈물바다로 만들었던 가드너가 막막할 때마다 자신에게 다짐했던 말이다.

한 청년은 세상이 알고 싶어 지구본을 샀다. 한없이 넓은 세상이 보고 싶어 고향을 떠나 나이를 속여서 해군에 입대했다.

"크리스 가드너, 그래 넌 마음만 먹으면 무엇이든 할 수 있어."

의료기 판매원이 된 그는 어느 빌딩 주차장에서 주차할 곳을 못찾는 빨간색 페라리를 향해 손을 흔들었다.

"나는 떠나니 이곳에 주차하세요. 무슨 일을 하시죠?"

"증권 중개인입니다. 한 달에 8만 불을 벌죠."

이 말은 들은 그는 즉시 증권 중개인 연수과정에 등록했고 1분1초를 아껴가며 열 달의 교육을 마쳤다. 대학 졸업장 없이 더군다나 흑인으로서는 불가능한 길임을 뒤늦게 알았다. 그러나 그는 포기하지 않았다.

"나는 탁월한 중개인이 되고 말거야."

집념으로 취업했으나 출근 첫날 해고당했다.

집에 오니 아내는 아이와 먼지 한 톨 남기지 않고 살림살이를 모두 가지고 가출해 버렸다.

주차위반 벌금 낼 돈이 없어 감방에 갇혔다. 감방생활은 서럽지 않았으나 두 번째 회사의 면접이 아까웠다. 교도관에게 부탁하여 면접을 출옥 후로 연기했다.

독신 기숙사까지 제공하는 꿈에 그리던 증권사에 입사했으나 아내가 찾아와 아이만 두고 가버렸다. 규정상 기숙사를 나와야 했다. 낮에는 일하고 밤에는 헌 유모차에 아들을 태운 채 한 어깨엔 양복 백, 다른 어깨엔 아이 물건을 담은 백, 한 손엔 서류가방, 옆구리에 기저귀박스를 끼고 잠잘 수 있는 곳이면 어디든 찾아갔다. 쉘터나 싸구려 모텔에서 공항 대합실, 지하철 화장실, 동료가 퇴근한 후 사무실 자신의 책상 아래가 그들의 잠자리였다. 싸구려 모텔을 전전하다 돈이 없어 아들과 함께 부랑인 수용소로 갔다.

매일 이사하듯 모든 짐을 싸서 출퇴근했으나 이마저도 방이 없어

기차역 화장실에서 새우잠을 잤다. 창녀들이 아이에게 돈을 주고 가는가 하면 아들을 씻기는 중에 전기가 나가버리기도 했다.

끔찍한 궁핍은 나를 더욱더 목표에 집중하게 했다.

그렇게 1년을 사는 와중에도 면허시험에 합격하려고 남보다 열 배 스무 배 열심히 공부했다.

피로와 굶주림에 정신이 아득해 올 때마다 교도소에 갇혀 있다고 생각하고 교도소에서 나갈 힘과 자유는 지식을 통해서만이 얻어질 수 있다고 자신을 채찍질했다. 장애는 언제나 너무 많았다. 그러나 목표만 버리지 않으면 길은 어딘가에 있었고 필요한 것은 다만 끈질긴 도전이었다. 늘 어깨를 펴고 걸었다. 큰 걸음이 아니라도 작은 한 발자국이라도 갈 수 있으면 괜찮았다. 벽에 부딪히면 기어올라서라도 넘어갔고 넘을 수 없으면 부수고 나갔다. 그렇게 맞서면서 정식 직원으로 채용되었으며 경쟁사로부터 연봉 30만 불에 스카우트되고 1989년에는 드디어 자신의 회사, 가드너 리치를 설립했다. 10년 만에 회사는 천만 달러의 수익을 돌파했다.

"벽에 부딪히면 그 벽을 무너뜨려라."
- Alex Tresnioski, 「When Life Gives You Lemons」 中에서